"十四五"国家重点出版物出版专项规划项目

重大出版工程规划

中华元典学术史丛书

总主编
李振宏

商君书
学术史

叶凡 王彦辉 著

山东城市出版传媒集团·济南出版社

图书在版编目（CIP）数据

《商君书》学术史／叶凡，王彦辉著. —济南：济南出版社，2022.11
（中华元典学术史／李振宏主编）
ISBN 978-7-5488-5446-3

Ⅰ.①商… Ⅱ.①叶… ②王… Ⅲ.①商鞅变法 ②《商君书》—研究 Ⅳ.①B226.22

中国版本图书馆CIP数据核字（2022）第221301号

《商君书》学术史
SHANGJUNSHU XUESHUSHI

出 版 人	田俊林
图书策划	朱孔宝　张雪丽
责任编辑	胡长娟
装帧设计	牛　钧

出版发行	济南出版社
地　　址	山东省济南市二环南路1号（250002）
发行热线	0531-86922073　67817923
	86131701　86131704
印　　刷	山东临沂新华印刷物流集团有限责任公司
版　　次	2022年11月第1版
印　　次	2023年1月第1次印刷
成品尺寸	148mm×210mm　32开
印　　张	10
字　　数	217千字
定　　价	68.00元

（济南版图书，如有印装错误，请与出版社联系调换。）
联系电话：0531-86131736）

总　序

　　从春秋战国到秦汉之际，中国历史经历了一个长达六百年的大动荡、大变革时代。在这场深刻的历史变迁中，此前思想文化领域中各种处于萌芽状态的意识形态、哲学观念、历史意识、宗教神学、文化科学等，都以成熟的形态凝聚、荟萃，而涌现出一批文化元典，为后世中华文化的发展，奠定了一个义域广阔的开放性基础。这些文化元典，包括传统所谓"六经"和先秦诸子之书，历史地奠定了中国文化的发展道路，塑造了中国文化的精神面貌，中国传统文化的文化基因，就深埋在这批文化典籍之中。

　　这批文化典籍以及后世原创性的具有开创意义的文化典籍，传统称之为"中华经典"，从20世纪90年代开始，人们改用"元典"的称谓。这一改变确有深意，但却为人留下疑惑。以笔者之见，这一称谓的改变，反映着文化观念的一大进步。"经典"表征着典籍的神圣性和权威性，经典思想意味着它的只能遵循而不能分析和质疑的属性，经典思维束缚了思想的发展。我们知道，马克思主义哲学的本质属性是其革命性和批判性，它要求我们以科学理性的态度对待传统文化，要求我们从对

"经典"膜拜和盲从的传统积习中解放出来,以更科学的态度对待传统,以更理性的态度研究传统。从"经典"到"元典",这一典籍称谓的改变,意味着我们对传统文化的研究,正在走上更为科学而理性的道路。那么,何谓"元典"?

元者,始也,首也,意谓"第一"和"初始"。这是中国最早的一批文化典籍,对于后世思想文化的发展,具有初始意义。

元者,大也,意谓宏大而辽阔。这批文化典籍提供的思想场域,涵盖了后世中国思想发展的诸多问题意识,具有全覆盖的特点。

元者,善也,吉也,有美好、宝贵和嘉言之意。这批文化典籍提供了后世中国最宝贵、善良和美好的思想修养资源。

元者,基也,根也,具有基础、根本、本源之意。这批文化典籍是后世中国文化的基础和出发点,一切思想元素都来源于此,一切思想的发展都以此为根基。

元者,要也,有主要、重要之意。这批文化典籍不是中国文化典籍的全部,但却是中国文化中最重要、最核心的部分。

总之,"元典"包含有始典、首典、基本之典及大典、善典、宝典等意蕴。"元典"称谓,既在某种程度上包含了传统的圣典、经典之义,又避开了对传统典籍非理性尊崇的嫌疑。

这是笔者以前曾经做过的表述,转述于斯。这批文化元典,包含了中国文化的基本要义，奠定了后世中华文化的发展方向，但并不意味着由文化元典所奠定的文化精神是一成不变的。从先秦元典到现代的中华文化，是一个生成、发展、传承、演变而不断提升的历史过程，是一个思想发展的生生不息的过程。

思想发展的动力何在？马克思、恩格斯说过："思想的历史除了证明精神生产随着物质生产的改造而改造，还证明了什么呢？"（《马克思恩格斯选集》第1卷，人民出版社1995年版，第292页）的确如此，中国元典精神的发展，就是和中国社会经济的发展、中国历史进程的演变，平行而进的。中国历史的每一次变革，以至每一个新的历史时代，都催促当时代哲人从元典著作中寻找答案，并从新的历史条件出发，对元典著作做出符合新时代需要的创造性阐释，为时代的发展提供精神动力。这种不断地返本开新的思想创造活动，就形成了生生不息的元典文化的学术史、思想史。

历代学人对元典精神的时代性阐释，都是元典文化精髓在更高层次上的发扬和转换，是将原有文化元典本已蕴含的文化意蕴在新形势下重新发现、重新唤起，并赋之以新的生命活力。这样，历代学人对文化元典的重新阐释，就构成了中华文化精神的发展史。我们今人所继承的中华文化传统，就是这样伴随着时代的发展在不断的阐释中形成的。中国文化精神，不仅深埋在固有的文化元典中，也活跃在历代学人对元典不断阐释的学术史之中。而要认识今天中国文化的基本精神，理解这种文化的思维特性，洞彻我们的民族心理，就需要下功夫去做元典学术史的研究工作，并把研究的成果向社会推广。济南出版社策划出版的这套《中华元典学术史》丛书，立意就正在这里。本丛书的组织者，希望我们的社会大众，能够在这套书中，看到我们民族文化的精髓和内核，了解中国思想文化发展的历史轨迹，明白民族文化的发展趋势和历史走向，从而更加科学而理性地看待我们所传承并将继续发扬光大的民族文化传统。

从这样的著述宗旨出发，我们要求著述者坚持学术史研究最重要的方法论思想，深刻揭示元典著作被不断阐述、返本开新的时代内涵，从中国历史的发展过程中阐释元典精神的生命力；

从学术史著述的基本特性出发，我们要求著述者严格遵循传统的"辨章学术、考镜源流"的学术史逻辑，清晰地描述元典精神发展演变的历史线索，以揭示中国文化精神的思想轨迹；

从本丛书的社会使命出发，我们要求著述者偏重从思想史的角度，梳理元典思想发展的线索，而不囿于传统元典研究的文献考订方面，将读者定位于社会大众，希望社会读者能够真正得到思想的启发；

从本丛书的预期效果出发，我们要求著述者恪守"学术著作、大众阅读"的著述风格，要求在坚持学术性的同时强调可读性，把适合大众阅读作为在写作方面的基本原则。

经过几年的努力，本丛书终于要和读者见面了。自我检视，这些著述已经实现了丛书设计者的初衷，达成了预期目标，可以放心地交给社会大众去接受检验了。当然，文化著述的最终评判者是读者，是真正喜欢它们的社会大众。我们真诚地希望丛书可以唤起人们对元典文化的热爱，唤起人们对自我文化传统学术史和思想史的关注，从民族文化的历史脉络中汲取营养，从而更自觉地承担起传承中华民族优秀文化传统的历史使命。

李振宏

2022 年 7 月 20 日

目　录

前　言 / 01

第一章　《商君书》的成书与流传 / 07
　　战国——大变革的时代 / 08
　　百家争鸣与变法图强 / 12
　　商鞅其人其法 / 20
　　《商君书》的成书与流传 / 28

第二章　《商君书》的内容与思想 / 45
　　《商君书》内容提要 / 46
　　《商君书》思想略说 / 54

第三章　儒学独尊时代对《商君书》的"阳违阴奉" / 69
　　法家《商君》 / 70
　　《商君书》与《商子》 / 79
　　"真伪殆未可知" / 85
　　早期的《商君书》校释 / 92
　　"窃其实，遗其名" / 100

第四章　民国时期《商君书》思想研究的新发展 / 103
　　社会观念与体制的剧变 / 104
　　《商君书》辨伪诸说 / 121
　　《商君书》思想的综合研究 / 140
　　《商君书》思想的具体评析 / 147

第五章　新中国成立至 1978 年前的《商君书》研究 / 167
　　新中国成立后 17 年《商君书》研究的沉寂 / 168
　　"评法批儒"运动中《商君书》研究的热潮 / 172

第六章　改革开放以来的《商君书》研究 / 183
　　《商君书》文本研究 / 184
　　《商君书》思想研究 / 197
　　《商君书》读本出版情况 / 269

结　语 / 273

参考文献 / 296

前　言

前　言

《商君书》也称《商子》，旧题"商鞅撰"，是一部先秦子书。子书，古代图书分类的一种，是专门记录思想者言行、学说的书。先秦诸子的思想主张，经过弟子门人累代传授、编录、附益，最后汇集成书，常题名为《××子》。《商君书》的成书，也同样经历了从单篇别传到结集定本的过程。其单篇流传的情况，在战国文献中难觅确切信息，西汉中前期也仅有个别论者如司马迁提到商君的《开塞》《耕战》篇。至于《商君书》结集成书的具体时间，也无法确定。东汉班固《汉书·艺文志》著录《商君》二十九篇，是目前所见的最早著录《商君书》的书籍。《汉书·艺文志》是在刘向《别录》、刘歆《七略》的基础上完成的，说明《商君书》至迟在西汉晚期就已编定成书。其在此后的流传过程中，间有亡佚，我们现在能看到的《商君书》实存二十四篇。这二十四篇大体都围绕富国强兵展开论述，要其宏旨乃"任法而治"也。为了取得对外战争的胜利，书中还有专门的篇章论述战略、战术方面的军事理论。一言以蔽之，《商君书》堪称一部在诸国林立、弱肉强食的时代谋求生存与发展、实施集权专制的思想指南。

《商君书》在帝制时期的中国备受冷落，被排挤在主流学术之外。众所周知，自汉武帝"罢黜百家，表章六经"以来，儒学就成为历代统治者推崇的正统思想。儒学崇尚仁政、重视教化，与"无教化，去仁爱，专任刑法"的法家势同水火，格格不入。而自《汉书·艺文志》以来，历代官、私目录书在著录《商君书》时，都将其归入诸子类（子部）法家，对于其作者商鞅，则视为一位"臭名昭著"的法家代表人物，称他为"千古罪人"，说他"刻薄""少恩"；对于商鞅之法，也斥为"弊法""苛法"，谓其"酷烈""刻深"。所以，古人对商鞅的态度就是"学者耻言""圣门羞称，后世所贱"。因此，在浩如烟海的古代典籍中，有关《商君书》的记载和研究非常有限，我们能看到的不过是历代的著录和宋代以后的辨伪而已。

　　不过，《商君书》在古代并非禁书，有时甚至得到了帝王的"青睐"。三国时刘备在临终遗诏中特别叮嘱即将继位的后主刘禅，让他闲暇之时多读书，其中就特别提到《商君书》。唐太宗贞观年间魏徵等奉命主持编修的《群书治要》节录了《商君书》中的《六法》《修权》《定分》三篇，作为"治世宝典"的"帝王学"的官方读本。究其缘由，盖因帝制中国自汉以后，治理国家的基本策略就是"霸王道杂之"，借儒家的仁义道德掩饰强权政治的本质，所谓"外儒内法""阳儒阴法"是也。是故，帝制中国对《商君书》的态度就是"阳违阴奉"，也就是朱师辙所说的"窃其实，遗其名"。

　　鸦片战争以后，国门洞开，在西方民主思想和价值观念的冲击下，中国社会开始由帝制社会向现代社会转型。辛亥革命的枪声宣告了帝制统治的结束，历史进入民国时代。民国时期，政治上长期不稳定，思想文化领域却空前活跃，民主、自由观念日益深入人心，一大批国学功底深厚并受到西方科学理论和方法训练的知识精英高扬着科学、民主的大旗，掀开了现代学科建设和学术研究的新篇章。《商君书》研究也因此走向了真正意义上的科学研究之路，在文本辨释与思想开掘方面成就斐然。一是涌现了众多的《商君书》注本，填补了《商君书》校释本的空白。这些注本各具特色，其中朱师辙的《商君书解诂定本》和蒋礼鸿的《商君书锥指》，代表了这一时期的整体研究水平。二是这一时期，在疑古思潮的推动下，产生了大量系统的《商君书》辨伪著述，大致形成非伪说、伪书说和不以真伪简单论定说三种观点。其中，不以真伪简单论定说走的是中间路线，基本取向是具体篇目具体分析，试图厘清《商君书》不同篇章的作者。这种实事求是的态度在一定程度上反击了疑古思潮，但也符合学术研究不断深化的学理逻辑，其基本思路为后学所继承和发扬。三是开创了《商君书》思想研究的新时代。中国古代也有对《商君书》具体主张的简单评说，但真正意义上的《商君书》思想研究是从民国时期开始的。当时的研究大体分为综合研究和具体评析两个方面，综合研究是对《商君书》思想的基础、核心、体系进行归纳、阐释和总体评价，集中揭示了其中的"尊君"和"愚民"思想；具体评析是就书中的具体主张如法治、农战、政治、经济、军事等方面来解读《商君书》的思想。总体来说，时人对《商君书》的法治思想是充分肯定的，甚至流露出赞赏之情。其中，关于《商君书》政治与经济思想的研究显得非常"时髦"，新的术语以及相关理论的运用，使该问题的研究多了几分"洋气"和深度，增色不少。晚清已降,国人目睹西方工商业的发达,开始批判《商君书》的抑商主张,认为这有悖"生计之学理"。

新中国成立后,迅速确立了马克思主义在学术研究中的指导地位。唯物史观、阶级分析方法及其相关术语的应用,是这一时期《商君书》研究论著表现出来的鲜明特色。但随着"左"倾思想的发展,《商君书》研究也陷于沉寂,成果寥寥。虽然其间出现了大量的《商君书》及其选篇的注译读本,但在学术范畴上来说成就不高,可能唯有高亨的《商君书注译》具有较高的学术价值;另外一个成就就是开辟了《商君书》军事思想、教育思想研究的新领域。

1978年,关于真理标准问题的讨论,极大地解放了人们的思想,最终确立了"解放思想,实事求是"的思想路线。随着改革开放的深入,学术研究日益繁荣,相关理论与方法也更趋全面与科学。20世纪90年代以来的"国学热"以及优秀传统文化的复兴,一方面促进了古代思想文化的研究,另一方面也推动了古代典籍的出版。正是在这种背景下,《商君书》的研究走向了全面深化与普及的快车道。

一是文本研究的推进。改革开放以来,《商君书》的文本研究,在学术理路上接续的是民国时代"不以真伪简单论定"的路径,不再纠缠《商君书》的真伪问题,而是将主要精力投放到该书的成书、流传和文字的校释等方面。从主流意见来说,对《商君书》应进行具体篇章具体分析的认识已形成共识。具体篇章具体分析的思路促使人们在继承和发扬前人的辨伪方法的同时,还催生了更多辨别《商君书》作者与写作时代的判定依据。

二是思想解读的拓展与深化。关于《商君书》思想源流的考辨，特别是"商学派"思想主张的发展与分期问题的认识，取得了新的进展。关于《商君书》具体思想内容的评析，或是在民国以来的法治、农战、政治、经济、军事等传统领域继续深化，或是将这些传统领域中涉及的内容如人性论、历史观、礼法关系、君民关系等进一步细化、拓展成为一个独立的话题，或是开辟全新的专题，如财政、管理、人口、生态、文学、音乐、档案等。这其中，尤以法治和农战思想的研讨最为热门。这不仅是改革开放以来西方学术理念和跨学科研究方法推动的结果，还深受国内高校学科体系发展以及不同时期各种学术思潮的影响。而且受比较史学的影响，还产生了一大批将《商君书》与周秦其他思想流派乃至西方思想学说比较的成果，这无疑是一种研究《商君书》思想的途径，但这些比较大多还停留在具体主张的异同比较方面，思想深度略显欠缺。

三是《商君书》各种读本的空前繁荣。随着出版单位企业化管理和商业运作模式的确立，加之"国学热"的推动，大量适应不同读者群的《商君书》读本被编写和出版，着实令人目不暇接。其中，不乏学术性较强的注译本如贺凌虚注译的《商君书今注今译》、张觉译注的《商君书全译》，普及版本中也有一些精简的读本如石磊译注的《商君书》、徐莹注说的《商君书》等，兼顾了学术性与普及性的要求，深受读者的喜爱。

总之，《商君书》自编定成书以来，可谓命运多舛。在帝制时代，作为"霸道"之学，《商君书》的思想精髓已被巧妙吸附于儒家思想体系之中，其书偶或出现于帝王的案头，更多不过束之于收藏家的几案。民国初建，在追逐西学和追赶西方现代文明的浪潮中,《商君书》的法治思想和农战主张契合了那个时代法制建设、实业兴国的主旋律,受到了前所未有的关注。自新中国成立至今,该书由沉寂到受到热捧,一捧于"评法批儒"运动,不过学术成就不高;二捧于"国学热",这既有学术研究的学理诉求,更有出版业的商业炒作;三捧于学术评价的硬性指标和研究生的选题瓶颈,其研究本身是学术性的,但也不乏标新立异的功利追求。《商君书》作为一部先秦元典,代表了法家学派的基本主张,需要深入研究其中的思想精华及其对中国历史的深远影响,探讨早期法家的国家至上主义如何发展为专制集权主义,辨析中国元典文化何以鼓吹实用主义而缺少科学理性和对共性价值的追问。但产生《商君书》的时代和社会毕竟早已天翻地覆,我们一定要从中挖掘出其思想精华对现代社会的指导和借鉴意义,同时思考中华文化如何才能走向世界、引领世界。

第一章
《商君书》的成书与流传

《商君书》又名《商子》，今实存二十四篇，旧题"商鞅撰"。虽然自宋代以来就有学者对该书的作者提出怀疑甚至否定，但商鞅与《商君书》的密切关系，是谁都无法割裂的。孟子有言："以友天下之善士为未足，又尚论古之人，颂其诗，读其书，不知其人可乎？是以论其世也。"所谓"知人论世"，《商君书》的研究还得从了解商鞅及其时代开始。

战国——大变革的时代

被孔子誉为"郁郁乎文哉"的周王朝在幽王时被申国联合缯国与戎夷攻灭，诸侯拥立死去的幽王的儿子宜臼为王，是为周平王。在郑、晋、秦等诸侯国的护送下，周平王将都城由镐京迁至洛邑，由此，历史进入了一个新的时期——东周（后世史学家依据都城的地理方位而称，以区别于此前定都镐京的西周）。东周分为春秋和战国两个阶段，名义上都以周天子为"天下共主"。平王东迁，并不仅仅是一次都城的转移，它蕴含着更为深层的历史意义。对周王朝而言，它宣告了周天子"天下共主"的权位渐趋衰微，"礼乐征伐自天子出"的时代已经过去，开始出现礼乐征伐"自诸侯出"乃至"自大夫出"的"无道"局面。对当时的社会来说，它带来了政治、经济、军事、文化面貌的深刻变化，正如晁福林先生所说："春秋战国政治经济文化等方面的深刻变化都可以溯源到平王东迁所掀起的社会波涛的涌动。"[①]

春秋时期，在社会形态、经济领域、政治制度、思想文化等方面已然发生了变化，但就变革的激烈程度和深刻程度而言，它

[①] 晁福林：《春秋战国的社会变迁》（上册），北京：商务印书馆2011年版，第41页。

和战国时代根本不可同日而语。西汉学者刘向在《战国策·书录》中纵论周王朝的发展情况时指出，周自文王、武王始兴以来，"崇道德，隆礼义，设辟雍、泮宫、庠序之教，陈礼乐、弦歌移风之化，叙人伦，正夫妇。天下莫不晓然论孝悌之义，惇笃之行"，乃至于"仁义之道，满乎天下"，在康王、昭王之后，"虽有衰德"，但"纲纪尚明"。一直到四五百年之后的春秋时期，周王朝的"余业遗烈，流而未灭"。等到春秋之后，"礼义衰矣"。到秦孝公时，"捐礼让而贵战争，弃仁义而用诈谲，苟以取强而已矣"。① 在刘向看来，西周"崇道德，隆礼义"的"仁义之道"在春秋时余绪尚存，到春秋之后的战国时代才彻底"捐礼让""弃仁义"。明末清初的大儒顾炎武在其《日知录》论"周末风俗"时，将春秋与战国两个时代做了对比考察，兹引录如下：

> 春秋时犹尊礼重信，而七国则绝不言礼与信矣。春秋时犹宗周王，而七国则绝不言王矣。春秋时犹严祭祀，重聘享，而七国则无其事矣。春秋时犹论宗姓氏族，而七国则无一言及之矣。春秋时犹宴会赋诗，而七国则不闻矣。春秋时犹有赴告策书，而七国则无有矣。邦无定交，士无定主，此皆变于一百三十三年之间。史之阙文，而后人可以意推者也。②

---

① ［汉］刘向：《战国策·书录》，见何建章注释：《战国策注释》附录四《刘向战国策序》，北京：中华书局1990年版，第1355—1356页。
② ［清］顾炎武著，黄汝成集释，栾保群、吕宗力校点：《日知录集释》卷十三《周末风俗》，上海：上海古籍出版社2006年版，第749—750页。

顾炎武从尊礼重信、宗主周王、祭祀聘享、宗姓氏族、赴告策书等方面比较了春秋和战国的差异,虽然语气稍显绝对,但结论中肯,较之刘向则分析得更为具体、精深。

　　所以,春秋时期历史变化的特征是:"周王朝所确立的各种典章制度开始崩解,出现了种种变化",不过,"这个时期还不是新制度大规模创建的时代,一切制度的变迁,都依托旧制度的基础而展开";同时,"旧制度在退出历史舞台前,也在不至于使自己消亡的范围内"。① 而商鞅所生活的战国时代,才堪称"古今一大变革之会也"②。

　　"战国",在今天来说是对一段历史时期的称谓。杨宽认为,这一含义沿用了西汉刘向的说法,刘向在《战国策·书录》中前后两次提到"战国时"或"战国之时"。不过,"战国"一词早在战国时期就出现了,但只是用来指称"当时参加连年战争的强国"。例如《尉缭子·兵教下》:"今战国相攻,大伐有德。"《战国策·燕策一》载苏代所言:"凡天下之战国七,而燕处弱焉。"③ 显然,用该词的本义"参与战争的国家"来代称这些国家共同创造的一段历史,十分鲜明地突出了该时代征战不绝的主题。

　　平王东迁后,随着周王室权势的衰微,周天子已无力号令诸侯。部分实力强大的诸侯国为了获取更多的政治资本,轮番演绎了一幕幕争当霸主的战争好戏,先后涌现了齐桓公、晋文

---

① 赵毅、赵轶峰主编:《中国古代史》(上册),北京:高等教育出版社2010年版,第132页。
② [清]王夫之:《读通鉴论》卷末《叙论四》,北京:中华书局1975年版,第1112页。
③ 杨宽:《战国史》,上海:上海人民出版社1980年版,第2—4页。

公、楚庄王、吴王阖闾、越王勾践五位霸主（一说齐桓公、宋襄公、晋文公、秦穆公和楚庄王）。与春秋时期的争霸战争不同，战国时期战争的目的与性质已经演变为兼并与统一。经过春秋时期战争的洗礼，到公元前453年赵、魏、韩三家分晋，基本形成了秦、楚、燕、齐、赵、魏、韩七强并立的局面，史称"战国七雄"。"七雄"为了扩大领地和掠夺人口，不断兼并周边的弱小国家。① 在蚕食周边小国和少数部族的同时，"七雄"之间的战争更是频繁而激烈，自公元前230年秦灭韩至公元前221年秦灭齐战国时代宣告结束，在长达230多年的历史时期内，发生的战事共有230余次，几乎平均每年都会发生战争。②战争从图霸转变为兼并，每个国家都面临着灭国绝嗣的危险，小国为求生存，大国渴慕称王（帝），变法革新成了一条被普遍选择的道路。战国变法自公元前422年魏国李悝变法拉开序幕，各国先后进行了内政改革，其中，尤以商鞅在秦国的变法最为彻底和典型。如果说西周和春秋时代的社会属于中国历史上典型的"封建"社会，经过战国时代的变法改制，中国社会正式步入帝制社会。在这场旷日持久的大变革时代，知识精英们在其中扮演了极为重要的角色。

---

① 杨宽：《战国史》附录三《战国大事年表》，上海：上海人民出版社1980年版，第553—584页。
② 相关统计参见中国军事博物馆编著：《中国战典》（上卷）"先秦时期的战争"条，北京：解放军出版社1994年版，第2页；《中国军事史》编写组编：《中国历代战争年表》（上册）"作战次数统计表"，北京：解放军出版社2003年版，第1页。需要说明的是，虽然《中国战典》和《中国历代战争年表》统计的数据都是230（余次），但两书关于战国开始的时间界定是不同的，前者定在三家分晋即公元前453年，后者始于公元前475年。

百家争鸣与变法图强

与分裂割据、争雄图强相伴随的是思想学术的自由争鸣。德国哲学家卡尔·雅斯贝尔斯将人类的历史划分为四个阶段,他认为在其中的第三阶段(以公元前500年为中心,约在公元前800年至公元前200年之间),"人类精神的基础同时独立地奠定于中国、印度、波斯、巴勒斯坦和希腊"。这是一个"作为一系列对全部人类(包括基督教徒)都有意义的事件"的"轴心时代",这个时代出现的新因素,诸如人类"意识到他自身和他的限度",各种对立的可能性都曾被探究,理智的派别引起了思想的迅速发展。[①] 这是一个属于全人类的思想大解放的时代。

在"轴心时代"的中国,"出现了孔夫子和老子,接着是墨子、庄子以及诸子百家"[②],中国哲学中的全部流派都产生于此。战国时期"百家争鸣"局面的出现,一般认为政治上的纷争、经济与文化上的繁荣以及士阶层的兴起是其重要条件与基础,

---

① [德]卡尔·雅斯贝尔斯著,柯锦华、范进译:《智慧之路——哲学导论》,北京:中国国际广播出版社1988年版,第68—70页。
② [德]卡尔·雅斯贝尔斯著,柯锦华、范进译:《智慧之路——哲学导论》,北京:中国国际广播出版社1988年版,第69—70页。

尤其与"士"这一群体的发展直接相关。西周时期的士，是宗法等级制中贵族阶层的最下层，既是国人，也是武士。春秋以至战国，士已经不再是一个贵族身份的称谓，而是"依据个人能力和行为定位的一个处于具有流动性的社会体系中的精英群体"①。刘泽华先生认为，战国时代的士"脱离了等级，又保持了虽然不及贵族但又优于庶民的地位"，也因此他们具有了"相对独立的人格"。而其人格独立又具体表现在流动自由、职业选择自由和思想自由上，这不是士人有意识地追求的结果，也没有相应的制度保障，它因社会大变动造成的空隙而得以存在。自由思想，不仅表现为认识主体——思想者的独立与自主，更体现在认识客体——思考的事物不受限制上，"如果把战国时期的认识开放程度与殷周和秦汉相比，战国时期几乎是全方位的开放，一切客体都可以置于认识对象之中"。②

精神独立、思想自由的结果，是推动了"百家争鸣"局面的出现。"百家"并非实指，乃是形容当时流派之多。"百家"也不是现代人的描述，早在战国就出现了这种说法，如《庄子·秋水》的"百家之知"、《庄子·天下》的"百家之学"、《荀子·儒效》的"百家之说"、《荀子·解蔽》的"百家异说"③ 等。"百家"之"家"指的是不同的学术流派。最早为每

---

① 赵轶峰主编：《中华文明史》，西安：陕西师范大学出版总社有限公司2012年版，第51页。
② 刘泽华：《先秦士人与社会》，天津：天津人民出版社2004年版，第15—31页。
③ 分别见［清］郭庆藩撰，王孝鱼点校：《庄子集释》卷六下《秋水》、卷十下《天下》，北京：中华书局1961年版，第597、1067页；［清］王先谦撰，沈啸寰、王星贤点校：《荀子集解》卷四《儒效》、卷十五《解蔽》，北京：中华书局1988年版，第147、386页。

位思想家划分学派的是司马谈，他在《论六家要旨》中将先秦学术划分为儒、道、墨、法、名、阴阳六家，要其旨归，"此务为治者也，直所从言之异路，有省不省耳"①。到班固著《汉书·艺文志》时，进一步将先秦诸子划分为儒、道、阴阳、法、名、墨、纵横、杂、农、小说，谓"十家九流"。也就是说，虽然"百家殊方"、诸子异说，但他们生活在同一个时空，面对的是同样的人生问题和社会问题，因此，他们著书立说的目的都是要"务为治者也"，区别在于"所从言之异路"而已。

如何为治？"百家殊方"。举其要者，儒、道、墨、法而已。

孔子创立的儒家学派，主张仁礼学说，强调道德修养的重要性。孔子所谓"修己以敬""修己以安人""修己以安百姓"②，后来被发展为"修身齐家治国平天下"。"修己以安百姓"的路径就是要求君主首先成为守礼的表率，然后才能"道之以德，齐之以礼，有耻且格"③。孔子的仁礼学说，被孟子、荀子继承和发展。孟子从性善论出发，认为人生下来就具备四种善端"仁、义、礼、智"，人皆有不忍人之心，经过后天的培养和光大，统治者就应该"以不忍人之心，行不忍人之政"④，此之谓"仁政"。孟子还特别强调民的重要性，在国家、君主和民的关

---

① ［汉］司马谈：《论六家要旨》，见［汉］司马迁撰，［南朝宋］裴骃等注：《史记》卷一百三十《太史公自序》，点校本二十四史修订本，北京：中华书局2014年版，第3993页。

② 程树德撰，程俊英、蒋见元点校：《论语集释》卷三十《宪问下》，北京：中华书局1990年版，第1041页。

③ 程树德撰，程俊英、蒋见元点校：《论语集释》卷三《为政上》，北京：中华书局1990年版，第68页。

④ ［清］焦循撰，沈文倬点校：《孟子正义》卷七《公孙丑上》，北京：中华书局1987年版，第232页。

系上，提出了"民为贵，社稷次之，君为轻"①的著名论断。荀子主张性恶论，专门写了一篇《性恶》集中讨论人性之所以为恶的问题。人的本性既然是恶的，那如何才能行善？他认为"人之性恶，其善者伪也"，即人的"善"是后天人为培养的结果，即人性之恶可通过"圣王之治，礼义之化"而"合于善"。②因此，治理国家就要"隆礼重法"，"隆礼至法则国有常"，主张"人君者隆礼尊贤而王，重法爱民而霸"。③

老子创立的道家学说在治国问题上，是从天之道论及人之道的。老子将万物的本源称为"道"，它"无为无形""自本自根"。"道"的本性是自然，"道"产生万物的过程是一个自然的过程，即"道生一，一生二，二生三，三生万物。万物负阴而抱阳，冲气以为和"④。"道"虽生育万物，又无意于生，无意于养，任其自然，万物反而获得了充分发展。对社会的治理，君主应效法天之道，无为而治，无欲寡求，回归自然状态，也就是"小国寡民"的社会。老子的道家学说到战国后期发展出一个"黄老学派"。齐国在齐威王、齐宣王时期，在国都临淄的稷下建立学馆，设七十大夫位，坐而论道。当时的著名学者都纷纷来到齐国，讨论人生、社会和国家治理等问题，各家学者互相诘难，发挥自家主张，"百家争鸣"。为了论难对方，往往

---

① ［清］焦循撰，沈文倬点校：《孟子正义》卷二十八《尽心下》，北京：中华书局1987年版，第973页。
② ［清］王先谦撰，沈啸寰、王星贤点校：《荀子集解》卷十七《性恶》，北京：中华书局1988年版，第434—449页。
③ ［清］王先谦撰，沈啸寰、王星贤点校：《荀子集解》卷八《君道》、卷十一《强国》，北京：中华书局1988年版，第238、291页。
④ 朱谦之：《老子校释》，《老子德经》四十二章，北京：中华书局1984年版，第174—175页。

托古自重，其中发挥老庄学说的学者乃托名传说中的黄帝，因此被称为"黄老学派"。黄老学派的著述已经失传，一般认为马王堆汉墓出土的四篇古佚书《经法》《十大经》《道原》《称》应是黄老学派的作品。黄老学说以道家为宗，糅合儒、法，引法入道，提出"道生法"，在道论的前提下强调礼、法的重要性，主张君臣各司其职，将老子的"无为而无不为"发展为君主"无为"而臣下"无不为"的思想。

墨家创始人墨子针对当时诸侯国之间"争地以战，杀人盈野；争城以战，杀人盈城"①的残酷现实，主张"兼爱""非攻"。"兼爱"者，"视人之国若视其国，视人之家若视其家，视人之身若视其身"②。"非攻"建立在"兼爱"的基础之上，诸侯相爱则不野战，君臣相爱则惠忠，父子相爱则慈孝。实现"兼爱"与"非攻"的手段，就是必须做到"尚贤"与"尚同"，即选拔贤能的人充任各级官员来管理国家，并将人们的思想逐级统一至天子，故曰"天下之百姓皆上同于天子"，以达到"壹同天下之义"，要求以天子之是非为是非，所谓"天子之所是皆是之，天子之所非皆非之"③，否则，"天下之人异义"则"天下乱"，"唯以其能一同天下之义，是以天下治"④。由此可见，这是一种典型的专制主义思想，正如李振宏指出的那样，

---

① [清]焦循撰，沈文倬点校：《孟子正义》卷十五《离娄上》，北京：中华书局1987年版，第516页。
② [清]孙诒让撰，孙启治点校：《墨子间诂》卷四《兼爱中》，北京：中华书局2001年版，第103页。
③ [清]孙诒让撰，孙启治点校：《墨子间诂》卷三《尚同上》，北京：中华书局2001年版，第76—77页。
④ [清]孙诒让撰，孙启治点校：《墨子间诂》卷三《尚同中》，北京：中华书局2001年版，第78、82页。

"尚同"的思想，就是要"用统治者的思想统一全社会的思想"，以实现思想的绝对统一，本质上就是专制主义的主张。①

法家从人性的趋利避害出发，强调法律、政令的重要性。孔子也提出过"道之以政，齐之以刑，民免而无耻"②。《商君书·错法》称"夫人情好爵禄而恶刑罚"，《韩非子·难二》亦曰"好利恶害，夫人之所有也"。③ 很明显，这些说法并非讨论人的本性，而是指人的习性，正因为人都是趋利避害的，所以就要用爵禄激励百姓从事农战，用刑罚防止百姓结党营私来反抗君主的统治。法家在战国中前期的主张，主要是以法治取代礼治，通过变法富国强兵，如李悝在魏国变法，颁布了《法经》，商鞅在秦国制定《秦律》、推行奖励农战的政策等。法家在坚持法家立场的同时，又分为法、术、势三派。商鞅重"法"，要求"任法而治"；慎到重"势"，主张国君凭借统治者的权势制服臣民；申不害重"术"，强调君主通过任使、督责臣下的权术来加强对臣民的控制。战国末年，韩非综合"法""术""势"的思想，提出"事在四方，要在中央。圣人执要，四方来效"④。"要在中央"，就是要加强中央集权，这是自商鞅以来的法家主张；"圣人执要"，就是君主要善于用"术"驾驭

---

① 李振宏：《秦至清皇权专制社会说的思想史论证》，《清华大学学报（哲学社会科学版）》2016 年第 4 期。
② 程树德撰，程俊英、蒋见元点校：《论语集释》卷三《为政上》，北京：中华书局 1990 年版，第 68 页。
③ 高亨注译：《商君书注译》，北京：中华书局 1974 年版，第 88 页；[清] 王先慎撰，钟哲点校：《韩非子集解》卷十五《难二》，北京：中华书局 1998 年版，第 369 页。
④ [清] 王先慎撰，钟哲点校：《韩非子集解》卷二《扬权》，北京：中华书局 1998 年版，第 44 页。

臣下，由此才能"四方来效"。

"轴心时代"的诸子学说，冲破了宗教神学的藩篱，使人文主义思想大放异彩，以上举要的仅仅是灿若星辰的思想世界中几点有关国家治理的不同主张。列国异政，"道术将为天下裂"①，也为诸子周游列国、实现理想抱负搭建了平台，所谓"道不行，乘桴浮于海"②。尽管"百家殊方"，但他们大都站在君主制的立场上讨论国家治理问题，鲜有对商周以来的国家政治体制本身提出异议。于道家，无论是传世本《老子》还是帛书本《老子》，一方面提倡"无为而无不为"，另一方面又大谈帝王的南面之术。庄子也主张无为政治，他认为"君子不得已而临莅天下，莫若无为"，"帝王无为而天下功"。③ 黄老学派进而引法入道，主张推动政治变革。于儒家，孔子倡导仁爱学说，主张"克己复礼"，但又强调君子有三畏，"畏天命，畏大人，畏圣人之言"。④ 孟子凛然有大丈夫气概，"说大人则藐之"⑤，可他的仁政学说也是建立在明君贤臣统治天下的基础之上的，故曰使"贤者在位，能者在职"⑥。中国有文字记载的历史始于

---

① [清]郭庆藩撰，王孝鱼点校：《庄子集释》卷十下《天下》，北京：中华书局1961年版，第1069页。
② 程树德撰，程俊英、蒋见元点校：《论语集释》卷九《公冶上》，北京：中华书局1990年版，第299页。
③ [清]郭庆藩撰，王孝鱼点校：《庄子集释》卷四下《在宥》、卷五中《天道》，北京：中华书局1961年版，第369、465页。
④ 程树德撰，程俊英、蒋见元点校：《论语集释》卷二十四《颜渊上》、卷三十三《季氏》，北京：中华书局1990年版，第817、1156页。
⑤ [清]焦循撰，沈文倬点校：《孟子正义》卷二十九《尽心下》，北京：中华书局1987年版，第1014页。
⑥ [清]焦循撰，沈文倬点校：《孟子正义》卷七《公孙丑上》，北京：中华书局1987年版，第223页。

殷商，商周以来的国家政体就是君主制，"普天之下莫非王土"成为列国争雄的目标，如果说商鞅时代的法家在各国变法中推行的法令集中表现为国家集权主义，那么后期法家发挥的就是君主如何以势、术驾驭臣下，进而实现君主专制主义。这些尊君卑臣、"壹同天下之义"的学说迎合了各国君主的需要，因此更能得到统治者的青睐。进一步说，诸子的思想只是理论层面的对自然、人生和社会的终极关怀，充满了哲人的人生理想和社会愿景，代表了那个时代知识精英的思想高度，而要实践其国家治理学说则是最高统治者的选择。在这个过程中，法家提倡法治、重视耕战、主张专制集权的学说更适应战国时代分裂割据的形势，因此在各国得到了更多实践的机会。

商鞅其人其法

　　商鞅，出生在卫国，是卫国国君庶出的公子。按照以国号为姓的习惯，商鞅本姓卫；卫国的第一代君主是周文王的第九子康叔（姬姓，名封），所以商鞅先祖本为姬姓；又根据"诸侯之子曰公子，诸侯之孙曰公孙"的规定，商鞅也姓公孙。后世之所以习惯称他"商鞅"，是因为秦孝公赐其封地在商，因以"商"为姓，号为"商君"。商鞅少年时喜好刑名之学，后在魏国丞相公叔痤门下就任中庶子一职，得到了公叔痤的赏识。一次公叔痤生病了，魏惠王来看望他，他就向魏惠王举荐了商鞅，希望魏惠王能把全部的国事都交给商鞅打理。魏惠王听后沉默不语，并没有打算重用商鞅的意思。公叔痤见状，明白了魏惠王的心意，便说："大王若不肯重用商鞅，那就一定要把他杀了，不要让他离开魏国。"魏惠王答应后走了。公叔痤召来商鞅，将自己向魏惠王举荐他不成后又劝其杀死他的事情全部告诉了他，还让他赶紧逃命，否则就要被抓了。商鞅说："大王没有听从你的话任用我，又怎么会听你的话杀我呢？"最终商鞅没有逃走，选择了留下。当时，魏惠王离开公叔痤家后，还对随侍人员说："公叔痤病得不轻啊，太可悲了，竟然让我把国事都交给公孙鞅，他是多么昏悖啊。"公叔痤建议魏惠王重用商鞅不成又建议处死商鞅，体现的是对魏国和魏惠王的尽忠；事后又将他的建议向商鞅和盘托出，表现的是那个时代主客之间的信义。

公叔痤死后，商鞅得知秦孝公遍求贤士，于是前往秦国，并在秦孝公的支持下推行了变法。

一、商鞅入秦

秦国地处西陲，被正式封为一方诸侯时代较晚。周平王东迁时，秦襄公率兵护送有功，被正式列为诸侯，并受赐岐山以西之地。自此，秦才开始以诸侯国的身份与其他国家交往。需要指出的是，周平王赐予秦国的岐山以西之地只是一张空头支票，因为这里布满了戎、狄等少数民族部落。为了真正拥有这块土地，秦国数代统治者开始了与戎、狄等部族长达80余年的征战，终于在秦武公时期基本控制了整个关中地区。在将近一个世纪战火纷飞的年代，从国家制度建设来说，有两件事对秦国的发展具有进步意义：一是秦文公十三年（前753）秦国开始设置史官记事；二是秦武公十年（前688）秦国第一次设县——由国君直接派人进行管理。

武公之后历经德公、宣公、成公，到穆公时期，秦国一方面继续向东发展，攻伐茅津之戎，消灭梁、芮小国，赶走陆浑之戎，另一方面全力对付秦国西部的巨大威胁——西戎。秦穆公通过离间计，使西戎贤臣由余叛戎归秦，由此得以全面掌握西戎的相关情况，再加之先前使用的美人计，使戎王终日沉浸在酒食声色之中无心政事，这样，待西戎的条件成熟，穆公采用由余的谋划，向西戎进攻，取得了"益国十二，开地千里"的累累战果。由此，为患秦国多年的西戎终于被平定，成就了穆公"遂霸西戎"的霸主之名。

穆公死后，经康公、共公、桓公、景公、哀公、惠公、悼公、厉共公、躁公、怀公、灵公、简公、惠公、出子，已步入战国时代了，但此时的秦国，面对社会大变革的形势，发展显得非常缓慢。献公继位后，针对秦国的现状，出台了一些改革措施。献公元年（前384），宣布"止从死"，明令废除人殉制度。献公二年（前383），将国都由雍（今陕西省凤翔区南）往东迁至栎阳（隶属于今陕西省西安市阎良区），便于同东边强敌魏国抗争。献公七年（前378），"初行为市"，允许商业发展。献公十年（前375），"为户籍相伍"，将人口按五家为一单位（伍）编制起来，这有利于人户的调查管理和赋役的征发。需要特别指出的是，献公非常注重县制的推行。献公六年（前379），在蒲、蓝田、善明氏设县。献公十一年（前374），在栎阳设县。献公在都城栎阳所设之县，具有"军政合一的组织"的性质，为秦国在全国范围内进一步推行县制做了准备。

秦献公死后，他的儿子渠梁继位，是为秦孝公。虽然经过献公的改革，秦国取得了一些进步和胜利，但和东方的大国比起来，仍然处于劣势。当时的秦国已不再拥有河西之地，偏居西部，被视为"夷狄"，不能应邀参加诸侯之间的会盟。这在孝公眼里，是"诸侯卑秦，丑莫大焉"。有感于此，他心生对先君穆公霸业的追慕之情，于是下令求贤，诚招"能出奇计强秦者"，允诺了"尊官""分土"的优厚待遇。身在魏国的商鞅闻知此事后，便离开了无用武之地的魏国，西行来到了秦国。

商鞅入秦之后,通过宠臣景监得以求见孝公。第一次,他与孝公谈论"帝道",孝公时时打瞌睡,听不下去。五天之后,商鞅第二次见孝公,说以"王道",孝公也不中意。后来,商鞅第三次求见孝公,兜售"霸道",孝公"善之而未用"。这时,商鞅终于明白了孝公心意,知道接下来该说什么了。于是,当第四次和孝公对谈时,他大谈"强国之术",听得孝公都不觉"膝之前于席"——往商鞅跟前凑了。原来,前两次的"帝王之道",在孝公看来过于久远,等不起。而这次,商鞅口中的"强国之术"深深吸引了这位满腔热血、一心图强、意欲重振国威的青年君主。

二、商鞅变法

于是,孝公准备启用商鞅,实行变法。但历史的惯性会固化一些利益阶层,变法就意味着触动他们的既得利益,如果不能在朝臣中获得支持,变法是很难推进的。孝公因此召开御前会议,就是否应该变法的问题,让大臣各抒己见。商鞅力主变法,开宗明义地说:

> 行事迟疑不决,是不会成功的。具有超出常人的行为的人,本就遭人非议;能够提出独到见解的人,也必定被人诽毁。庸人对已经发生的事情尚不知所以,智者早就料事于前。不能和民众计议事情是否可行,只能事后让他们享有成功所带来的好处。谈论至高道德的人,不与世俗同流;成大事的人,不和常人谋划。所以,圣人如果要使国家强大,不会效法过去;如果要让民众得利,不会因循旧礼。

秦国大臣甘龙反对变法，声称：

圣人无须变更人民的习俗而行教化，智者不用改革法度就能治国。沿袭民俗施教，不用付出太多的辛劳就能成功；依据成法治国，官吏习以为常，民众也相安无事。

商鞅反驳说：

甘龙所说是世俗之见。一般人安于旧俗，读书人限于自己的见闻。这两种人为官奉法还可以，让他们讨论（守）法之外的事情就不行了。夏、商、周三代礼制不同，却均能成就王业；春秋五霸法度各异，依然享有霸业。智者创制法度，庸人受制于法；贤者变更礼制，庸人被礼制束缚。

同样反对变法的杜挚说：

见不到百倍的好处不能变法，没有十倍的功效不要更换器具。效法古制没错，遵循旧礼无过。

商鞅针锋相对：

治理国家并没有绝对不变的方法，只要有利于国家，就不能一味效法古制。所以，商汤、周武王不因循旧礼而成就王业，夏和商就因为没有变更礼制而亡国。可见反对古制的人不能否定，遵循旧礼的人不值得称颂。

孝公听后，连连称好，最终下令实行变法。

据史载，在推行变法措施之前，还有一个小插曲。为了让民众积极响应变法，商鞅导演了一幕"徙木立信"的好戏。在国都南门，商鞅立起一根三丈的木头，布告说谁能将这根木头搬到北门，就奖励他十金。民众对此感到很奇怪，没有人愿意去搬木头。见此状况，商鞅将赏金增加到五十金。重赏之下必有勇夫，果然有一人试着将那根木头从南门扛到了北门。商鞅马上兑现了他的承诺，给了徙木者五十金，以表明政府是守信的。然后，他再将已经拟好的变法令逐一颁布。根据《史记·商君列传》的记载，商鞅前后推出的变法措施约略如下：

其一，编联什伍。将人民按户编制起来，五家为伍，十家为什。什伍内部要相互监督，一家犯罪，其余诸家连坐受罚。

其二，鼓励告奸。不揭发犯罪者要被腰斩，告奸与战场杀敌同赏，藏匿罪犯与投降敌军同罚。

其三，鼓励分户。一户有两个以上男丁却不分家的，加倍收取赋税。

其四，奖励耕战。立有军功者，依据功劳大小赏赐爵位。鼓励民众上战场杀敌，但对为个人私利而内斗者，会根据情节轻重处以相应的刑罚。致力于农耕，生产粮食和布帛多的，免除其赋役。经营工商业或懈怠生业而贫困的，一律降为奴婢。国君的宗族成员如果没有军功，不得列入宗室籍。根据爵级高低，按差等赐予土地和宅地，私蓄奴婢的数量和所穿衣物规格也由爵级决定。有功者显贵荣耀，无功者即使有钱也无法享有尊贵的地位。

其五，推行县制。把小的乡村聚落合并为县，设置令、丞来管理，总共设有 31 个县。

其六，改革田制。打破原有的田间疆界，重新规划耕地，扩大每亩地的面积，统一赋税。

其七，统一度量衡。发布标准、统一的长度、容积和重量单位。

商鞅第一批变法新令颁行一年后，秦国民众到国都陈诉新法不便利的人数以千计。就在这时，秦国太子也犯法了。商鞅说："法令之所以不能贯彻执行，就是因为居高位者不遵守。"于是他准备依法惩罚太子。但太子是一国储君，不能对他施刑，于是就让太子傅公子虔、太子师公孙贾代太子受过。第二天，秦国民众就都遵守法令了。新法颁行十年之后，秦国民众非常满意，出现了路不拾遗、山无盗贼、家给人足的治世景象，而且百姓都奋勇为国作战、不敢内斗，乡里也得到了很好的治理。当初说新法有不便利者又跑来说新法好，商鞅却认为"这些都是扰乱教化的人"，于是把他们都迁徙到边境上。此后，再也没有人敢议论法令了。

经过商鞅变法，秦国实现了富强，周天子把祭祀用的肉赐给秦孝公，诸侯也都来庆贺。在对外战争中，秦取得了对魏作战的多次胜利，扭转了此前秦在两国对峙局面中的劣势地位。这些成就的取得都离不开商鞅，于是孝公将於、商之地封给他，称他为商君。

商鞅变法触动了旧贵族的既得利益，遭到了宗室贵戚的怨恨。秦孝公逝世后，太子继位，是为秦惠王。公子虔告发商鞅意图谋反，于是惠王下令抓捕商鞅。商鞅闻讯，逃亡至秦国的边境，打算在一家旅店住宿。店家不知他是商鞅，说："商鞅法令规定，留宿身份不明的人是要被连坐处罚的。"商鞅感叹说："法令的弊害（作法自毙）竟然到了如此地步！"他说完离开，准备逃到魏国。魏国人还记恨他欺骗公子卬、率军攻打魏国的事情，不肯收留他。走投无路之下，商鞅只能奔回封地，带领自己的部下做最后的挣扎，但很快就被秦军擒杀，死后还被秦惠王处以车裂极刑，并且全家被杀。

　　商鞅的生命结束了，但商鞅之法却在秦国得到延续，商鞅的一些议政文章还被收入以《商君书》为名的书中流传至今。

《商君书》的成书与流传

《商君书》作为一部先秦子书，其成书有它复杂与特殊之处。汉代对《商君书》编定之时，尚有二十九篇，经过历代的流传与散亡，留存至今者只有二十四篇，以及一段不完整的佚文。

一、先秦子书成书的一般特点

中国历史源远流长，两千年积累下来的书籍更是汗牛充栋、浩如烟海。古书的起源在何时？这是一个众说纷纭的话题，直至今天仍然没有定论。有人主张中国的图书发源于五六千年前刻画于陶器的符号——陶文，也有人认为中国最早的书当属铭刻于甲骨、青铜、石头上的"龟甲兽骨的书""青铜的书""石头的书"。我们这里所追问的"书"毕竟不同于文字记录，以上说法并不被认可。又有观点指出，我国最早的图书始于夏代，理由是夏代已经产生文字、出现史官，并且文献中多有夏代图书的记载。① 这些依据也都没有实证，恐难让人信服。目前学界

---

① 曹之：《中国古籍编撰史》，武汉：武汉大学出版社2006年版，第3—9页。

第一章 《商君书》的成书与流传

普遍接受的意见是"书于竹帛",即最初的书籍是编联成册的竹木简牍。钱存训指出"竹简和木牍是中国最早的书写材料",因为"古代文字之刻于甲骨、金石,印于陶泥者,皆不能称之为'书'。书籍的起源,当追溯至竹简木牍,编以书绳,聚简成篇,如同今日的书籍册页一般"。至于竹木应用于书写的起始时间,钱氏认为已经不可考,但"必然很早"。通过对传世文献和出土材料中"册"与"典"二字的分析,钱氏将简牍书写的历史追溯到商代初期。① 耿相新进一步通过对文字记录、书写材料制作技术、专业知识和思想观念、书写群体的著书能力等方面的考察,确信"至迟至商代后期,书籍诞生的各种条件均已具备,商代的典、册就是中国最早的具有传播意义的书,它们是中国简帛书籍的源头"。② 虽然目前难以坐实我国书籍的撰写始于何时,但其最初的形式乃是简册的说法应该可以信从。从出土的材料来看,现在我们能见到的最早的书籍实物也都是简册。

中国早期的书籍流传下来的非常少,其中"子书"就占有很大的比重。目前能够确知的对书籍进行分类的最早的目录书是《七略》,《七略》是西汉末年刘歆根据其父刘向的《别录》摘编而成的。后来东汉时期的班固又将《七略》改写为《艺文志》,作为《汉书》十"志"之一。由于《七略》已经亡佚,所以《汉书·艺文志》就成为今天我们能见到的最早的图书目录。据《汉书·艺文志》载,《七略》将天下群书分为六艺、

---

① 钱存训:《中国古代书史》,香港:香港中文大学1975年版,第83—84页。
② 耿相新:《中国简帛书籍史》绪论《书籍的起源》,北京:生活·读书·新知三联书店2011年版,第1—11页。

诸子、诗赋、兵书、术数和方技六大类，其中诸子类之下又细分为儒、道、阴阳、法、名、墨、纵横、杂、农、小说十种。《七略》或《汉书·艺文志》的分类法并不精密，尤其是随着学术和书籍的发展，不同时代出现了不同的图书分类方法。直到《隋书·经籍志》才将经、史、子、集的四部分类法固定下来，成为此后古代中国主流的图书分类法。《隋书·经籍志》子部下的细目较之《七略》的《诸子略》少了阴阳，多了兵、天文、历数、五行和医方。不论如何，子书是中国古代图书中的重要类别，而先秦子书更是流传至今、为数不多的先秦典籍中的大端。

前文已经提到，春秋战国以来，士阶层与私学兴起，思想领域出现了"百家争鸣"的繁荣景象。诸子的学说正是通过"子书"得以保存的。由于时代久远，再加之历代的整理、编辑、版印，我们如今见到的先秦子书并不是当时的原貌。根据余嘉锡的研究，周秦古书并不题写撰者，现在的本子标注作者是后人妄加的。古书大部分都是单篇别行，书名也多是后人追题。这些特点在先秦子书上表现得尤为明显。诸子学说，经过弟子门人累代传授、编录、附益，最后汇集成书。其书或自著，或追记，或自著与追记掺杂，不论是否都是诸子本人撰写，也不管出自何人手笔，最后都推本先师，转相传授这是某先生之书。[①] 于是，编定成书时，自然题写某子所撰，题名《××子》。由此，作为先秦子书之一的《商君书》（又名《商子》）也是如此。

---

① 余嘉锡：《古书通例》，北京：中华书局2007年版，第188—296页。

二、《商君书》的单篇别行与结集成书

班固《汉书·艺文志》最早著录了《商君书》："《商君》二十九篇。"作者自注："名鞅，姬姓，卫后也，相秦孝公，有《列传》。"① 此时《商君书》名为《商君》，共有二十九篇，具体篇目及内容不详，属于诸子类法家。与《汉书》约略同时成书的《论衡·书解》载："管仲相桓公，致于九合；商鞅相孝公，为秦开帝业，然而二子之书，篇章数十。"② 可见，比班固年长五岁的王充当时看到的《商君书》也是数十篇。并且《论衡》中的《效力》《超奇》《案书》三篇都有提及商鞅的《耕战》，《耕战》也就是今本《商君书》中的《农战》篇。《汉书·艺文志》是根据刘歆的《七略》删减而成，《七略》又是刘歆在其父刘向《别录》的基础上完成的。我们有充分的理由认定，刘向、刘歆父子在校订群书时看到的《商君书》至少有二十九篇，或最终经过他们编定的《商君书》是二十九篇。

司马迁在《史记·商君列传》中发表评论说："余尝读商君《开塞》《耕战》书，与其人行事相类。"③ 这里的"《开塞》《耕战》书"即今本《商君书》的《开塞》和《农战》篇。那么，司马迁当时阅读的《开塞》《耕战》是在编定成书的《商君》中还是单篇流传的呢？司马迁在给诸子立传时，一般都会阅读

---

① ［汉］班固撰，［唐］颜师古注：《汉书》卷三十《艺文志》，北京：中华书局1962年版，第1735页。
② 黄晖：《论衡校释（附刘盼遂集解）》卷二十八《书解》，北京：中华书局1990年版，第1153页。
③ ［汉］司马迁撰，［南朝宋］裴骃等注：《史记》卷六十八《商君列传》，点校本二十四史修订本，北京：中华书局2014年版，第2718页。

传主的相关论著。除了这里提到的《商君列传》，司马迁在《管晏列传》中也言及："吾读管氏《牧民》《山高》《乘马》《轻重》《九府》，及《晏子春秋》，详哉其言之也。既见其著书，欲观其行事，故次其传。至其书，世多有之，是以不论，论其轶事。"① 据此，余嘉锡认为"司马迁《史记》所作诸子列传，大抵为读其书有所感而发"，"故传中必叙其所著书，又言余读其书某某篇"。② 若按余先生所言，则"读商君《开塞》《耕战》书"可以理解为读《商君》书中的《开塞》《耕战》篇。

比司马迁早出生三四十年的刘安主持编著的《淮南子·泰族训》云："今商鞅之启塞，申子之三符，韩非之孤愤，张仪、苏秦之从衡，皆掇取之权，一切之术也，非治之大本，事之恒常，可博闻而世传者也。"③ 此处的"启塞""三符""孤愤""从衡"一般都理解为"权""术"，即商鞅、申子、韩非、张仪、苏秦等人各自代表的思想主张。此解固然不差，但考虑到《三符》和《孤愤》分别是《申子》和《韩非子》中的篇名，则《启塞》也可看作《商君书》中的一篇，亦即今本的《开塞》篇。④

更早的文献——战国末年的《韩非子》中有两处存在歧义的表述直接关系《商君书》的成书情况。

---

① ［汉］司马迁撰，［南朝宋］裴骃等注：《史记》卷六十二《管晏列传》，点校本二十四史修订本，北京：中华书局2014年版，第2599页。
② 余嘉锡：《古书通例》，北京：中华书局2007年版，第288—289页。
③ 何宁：《淮南子集释》卷二十《泰族训》，北京：中华书局1998年版，第1424页。
④ 今本《韩非子》有《孤愤》篇。《申子》已经散失，今存逸文并没有《三符》篇。但据严可均《铁桥漫稿》，"《三符》当是《申子》篇名"（见［清］严可均：《铁桥漫稿》卷五"申子叙"，丛书集成续编第158册，台北：新文丰出版公司1988年版，第56页）。

一是《南面》篇曰:"人主者,明能知治,严必行之,故虽拂于民心,立其治。说在商君之内外而铁殳重盾而豫戒也。故郭偃之始治也,文公有官卒;管仲始治也,桓公有武车:戒民之备也。"①"商君之内外",依据《史记·商君列传》赵良所谓"君之出也,后车十数,从车载甲,多力而骈胁者为骖乘,持矛而操阖戟者旁车而趋"的说法,一般理解为商君出行。但罗根泽先生认为,"商君之内外"就是"《商君》之《内外》",亦即今本《商君书》的《外内》篇,理由是:"说在商君之内外"即指"人主者,明能知治,严必行之,故虽拂于民心,立其治",这与今本《商君书·外内》篇的以下说法是相合的,即:"民之外事莫难于战,故轻法不可以使之。……故欲战其民者,必以重法,赏则必多,威则必严。……民之内事莫苦于农,故轻治不可以使之。"② 罗先生此说有待商榷。首先,《韩非子·南面》所云"人主者,明能知治,严必行之,故虽拂于民心,立其治",若说与《商君书·外内》"民之外事莫难于战……民之内事莫苦于农……"内容相应,似嫌牵强。其次,若真如罗先生所说,则"而铁殳重盾而豫戒也"一句无的放矢,置于文中,略显突兀。所以,我们认为,此"商君之内外"并非指《商君书》之《外内》篇。

二是《五蠹》篇云:"今境内之民皆言治,藏商、管之法者家有之,而国愈贫,言耕者众,执耒者寡也;境内皆言兵,藏孙、吴之书者家有之,而兵愈弱,言战者多,被甲者少也。故

---

① [清]王先慎撰,钟哲点校:《韩非子集解》卷五《南面》,北京:中华书局1998年版,第120页。
② 罗根泽:《商君书探源》,《国立北平图书馆刊》1935年第9卷第1号。

明主用其力不听其言，赏其功必禁无用，故民尽死力以从其上。"① "商、管之法"即商鞅、管仲之法，那么"商（君）之法"又指什么呢？最直接、简单的理解，就是商鞅制定、颁行的法令。也有人认为，"商（君）之法"意指商鞅之书，容肇祖先生是其代表。容先生通过对相关文献中"商君之法"的分析归纳，认为"商君之法"有"商君所定的法律"和"商君之书"（商鞅的学说）两种解释，而"《五蠹》所云'商管之法'或即商管之书"。这里的"商、管之法""孙、吴之书"，"所谓法，所谓书，似皆指书而言"。"商、管之法"与"孙、吴之书"相对，所以将书改为法。其实，商鞅、管仲之书，正是由他们制定、颁行的法律演化而成。② 容氏此解固然能自圆其说，但并不具有排他性，因为将"商（君）之法"解释为商鞅制定、颁行的法令也是可通的。

以上基本就是早期文献中有关《商君书》成书情况的全部信息。由此，我们知道，最早明确著录《商君书》的是东汉班固的《汉书·艺文志》，与《艺文志》约略同时成书的王充的《论衡·书解》篇也提到商鞅之书数十篇。西汉时期的司马迁在《史记·商君列传》"太史公曰"中言及他曾阅读过商鞅的《开塞》和《耕战》，这是确知的最早有关商鞅论著的记载。

上节已经指出，先秦子书的特点是不题撰人、没有书名、单篇别行，经过门人弟子的传授、附益，最终由后人整理编定

---

① ［清］王先慎撰，钟哲点校：《韩非子集解》卷十九《五蠹》，北京：中华书局1998年版，第451—452页。
② 容肇祖：《商君书考证》，《燕京学报》1937年第21期。

成书，题名《××子》。那么，《商君书》究竟是什么时候编定成书的呢？传世文献告诉我们至迟在东汉，但这只是下限。能够证明其在更早时期流传的材料或者只涉及其中的两篇，或者就是"一家之言"的解读，从中很难判断《商君书》的成书时代。学者于是乎另辟蹊径，开始从《商君书》的内容入手来寻求答案。已有的研究，大体是从这样一些路径入手的：或是寻检《商君书》中出现的具有时间标识的历史信息如魏襄王、秦王、孝公、乌获、长平之胜、唐蔑战死、庄蹻不得归楚等，或是将《商君书》某些篇章的内容与《战国策》《荀子》《韩非子》《史记》等相关文献比对，或是考察《商君书》的语言风格和某些特定词汇的含义，或是考证《商君书》每一篇的写作年代，以此来大致推断《商君书》的成书时间，并提出了以下略有代表性的观点：

一是战国末年说。如支伟成认为《商君书》乃是"我国法治学说当西历前三世纪时，最为发达"时期"伪托成书"，傅斯年认为《商君书》在"战国末年已甚流行"，罗根泽认为其著作年代具体可限定在公元前260年至公元前233年（韩非死年）之间，容肇祖认为"由商君的实行的变法及法治的效果，八十余年之后，遂出现了一种《商君书》"（秦昭王晚年），熊公哲认为《商君书》是韩非的学生在韩非死后杂取韩非、慎子之论作成，郭沫若认为《商君书》是韩非死后其继续留在秦国的门人"揣摩商君之意而为之"，张觉认为《商君书》应该编成于"公元前260年与公元前233年之间"，张林祥认为《商君书》的成书"上限当不早于公元前260年，下

35

限当在秦统一天下前后"。①

二是西汉初年说。如郑良树认为《商君书》在西汉初年已经汇集成书,曾振宇认为"至少在西汉初年,《商君书》已经汇编成书"。②

三是西汉末年说。如陈启天认为《商君书》"经刘向等改编,始定名《商君》",仝卫敏认为《商君书》在"西汉末年定本问世"。③

需要指出的是,主张西汉初年或西汉末年说的,指的是"编订"时间,且都强调"至少"或"已经",也就是说不排除更早成书的可能。在此之前,亦即商鞅及其死后一直到编定成书之前,它们都是单篇流传,只是各篇写作时间有先有后。

虽然目前尚无法确知《商君书》成书的具体年代,但综合各家观点来看,今本《商君书》绝大多数篇章都作于秦统一之前,尤其集中在战国末年。至于它编定于何时,应该说意义不大。编定成书,无非就是将单行的篇章汇集在一起,即便稍有

---

① 支伟成:《商君书之研究》之《商君书研究之部》,上海:泰东图书局1927年版,第10页;傅斯年:《战国子家叙论》,欧阳哲生主编:《傅斯年全集》第2卷,长沙:湖南教育出版社2003年版,第294页;罗根泽:《商君书探源》,《国立北平图书馆馆刊》1935年第9卷第1号;容肇祖:《商君书考证》,《燕京学报》1937年第21期;熊公哲:《辨商君书》,《中国学报(重庆)》1943年第1卷第2期;郭沫若:《十批判书》,北京:东方出版社1996年版,第340页;张觉:《〈商君〉杂考纠缪》,《古籍整理研究学刊》1994年第5期;张林祥:《〈商君书〉研究》,西北师范大学博士学位论文,2006年6月。

② 郑良树:《商鞅及其学派》,上海:上海古籍出版社1989年版,第4页;曾振宇:《前期法家研究——法、术、势社会政治理论的建构》,济南:山东大学出版社1996年版,第31页。

③ 陈启天:《商鞅评传》,上海:商务印书馆1947年版,第113页;仝卫敏:《出土文献与〈商君书〉综合研究》,新北:花木兰文化出版社2013年版,第229页。

删改，也根本不影响它们原有的内容和价值。所以我们认为，《商君书》各篇大体在战国末年就有单篇流传，最晚到西汉末年已经结集成书。

三、《商君书》定本的流传与校释

《汉书·艺文志》著录《商君》二十九篇，此后《商君书》都是定本流传。南朝宋时裴松之注《三国志·蜀书·先主传》，引《诸葛亮集》载先主遗诏敕后主曰："……可读《汉书》《礼记》，闲暇历观诸子及《六韬》《商君书》，益人意智。"[①] 可见，此时已称《商君书》。《隋书·经籍志》的"子·法"类著录"《商君书》五卷"，《旧唐书·经籍志》的"丙部子·法家"著录"《商子》五卷"，《新唐书·艺文志》的"丙部子·法家类"著录"《商君书》五卷……或作《商子》"。值得一提的是，成书于唐太宗贞观五年（631）的《群书治要》辑录《商君子》中的《六法》《修权》和《定分》三篇，其中《六法》不见于今本《商君书》，其《六法》篇的内容保留了一段古本《商君书》的逸文。所以，《商君书》自编订以来，在流传过程中其名先后可称《商君》《商君书》《商君子》《商子》。《隋书》和两《唐书》著录《商君书》时都只称五卷，具体多少篇不得而知。

南宋时，晁公武《郡斋读书志》的"子类·法家类"著录"《商子》五卷"，指出"本二十九篇，今亡者三篇"[②]；方崧卿

---

① ［晋］陈寿撰，［南朝宋］裴松之注：《三国志》卷三十二《蜀书·先主传》，北京：中华书局1959年版，第891页。
② ［宋］晁公武撰，孙猛校证：《郡斋读书志校证》卷十一《法家类》，上海：上海古籍出版社1990年版，第494页。

37

《韩集举正·泷吏》也提到,"《商君书》二十六篇"①。也就是说,晁公武、方崧卿当时看到的本子都只有二十六篇。晁、方之后,陈振孙《直斋书录解题》的"子部·法家类"著录"《商子》五卷",注其篇数为"《汉志》二十九篇。今二十六篇,又亡其一"②。然而奇怪的是,宋末马端临《文献通考·经籍考·商子》,明代宋濂《诸子辨·商子》,清代《四库全书·子部·〈商子〉提要》、严可均校《商君书》附《商君书附考》,以及朱师辙《商君书解诂定本·初印本自序》等,引陈振孙《直斋书录解题》著录《商子》一书的篇数时,都作"二十八篇"。③晁公武是南宋初年人,陈振孙是南宋末年人,陈振孙看到的《商君书》篇数反而比晁公武看到的多出两篇。对此,四库馆臣《〈商子〉提要》的解释是他们两家"各据所见之本"的多寡不同,并没有考虑"二十八篇"是否有误。朱师辙在《商君书解诂定本·初印本自序》中开始怀疑"二十八"可能是"二十六"之讹,只不过他认为是陈振孙著录出错了。直到张觉发表《〈商君书〉〈申子〉〈慎子〉流传考略》一文,才澄清了这数百年的以讹传讹。原来,马端临《文献通考》引《直

---

① [宋]方崧卿:《韩集举正》卷二《泷吏》,《景印文渊阁四库全书》第1073册,台北:台湾商务印书馆1986年版,第24页。
② [宋]陈振孙撰,徐小蛮、顾美华点校:《直斋书录解题》卷十《法家类》,上海:上海古籍出版社1987年版,第291页。
③ [宋]马端临著,上海师范大学古籍研究所、华东师范大学古籍研究所点校:《文献通考》卷二百一十二《经籍考·子》"法家·商子",北京:中华书局2011年版,第5965页;[明]宋濂著,顾颉刚标点:《诸子辨·商子》,北京:朴社1926年版,第29页;[清]四库馆臣:《〈商子〉提要》,《景印文渊阁四库全书》第729册,台北:台湾商务印书馆1986年版,第561页;[清]严可均校:《商君书》附《商君书附考》,上海:世界书局1935年版,第46页;朱师辙:《商君书解诂定本·初印本自序》,北京:古籍出版社1956年版,第3页。

斋书录解题》时误将"二十六"作"二十八",以至后来的《〈商子〉提要》《商君书附考》以及《商君书解诂定本·初印本自序》都沿用了《文献通考》的讹文。①

何以会以讹传讹至数百年竟无人发现呢?这恐怕与《直斋书录解题》的流传情况有关。据相关研究,《直斋书录解题》在成书之后长期是手抄流传,一直没有刊刻。故此,亲见乃至听闻此书者非常少,以至于各大官私目录书都少有著录,民间更是罕见其传本,明清之际此书原本也就亡佚了。直到今天,流传于世的《直斋书录解题》除两种旧抄残卷外,就剩三种本子:一是从《永乐大典》中辑出的四库馆辑本(简称四库辑本或馆本,也称永乐大典本、武英殿本、聚珍版本),二是卢文弨以馆本为基础,兼取两种旧抄残卷重新辑订的稿本,三是1987年由上海古籍出版社出版的、徐小蛮和顾美华综合参校以上诸本的点校本。② 所以,严可均、朱师辙等疏于核查的原因一方面是对《文献通考》或《四库全书·〈商子〉提要》的盲目信从,另一方面可能手边并没有《直斋书录解题》藏本甚或不曾阅览过此书。但为《商子》撰写提要的四库馆臣犯此错误则完全是因为缺乏严谨的学术态度,因为现在能见到的最早的《直斋书录解题》的本子就是清代修《四库全书》时从《永乐大典》里辑出的。《四库全书·史部·直斋书录解题》卷十《法家类·商子》说得很明白,"《汉志》二十九篇。今二十六篇,

---

① 张觉:《〈商君书〉〈申子〉〈慎子〉流传考略》,《中国图书馆学报(季刊)》1991年第1期。

② 张守卫:《〈直斋书录解题〉研究》第二章《前人整理〈直斋书录解题〉诸版本评述》,合肥:安徽大学出版社2015年版,第48—83页;潘远璐:《〈直斋书录解题〉版本传播研究》,《戏剧之家》2015年第7(下)期。

又亡其一"①，分明是"二十六篇"，并不是《〈商子〉提要》所说的"二十八篇"。可见，同为参与《四库全书》编修的《〈商子〉提要》的作者完全有条件核对《直斋书录解题》，但这位馆臣却走了一条捷径，直接抄录了马端临的说法。

核查三个版本的《直斋书录解题》，《商子》的著录内容都是这样的："《商子》五卷。秦相卫公孙鞅撰。或称商君者，其封邑也。《汉志》二十九篇。今二十六篇，又亡其一。"

另一个疑问在于，陈振孙所谓"《汉志》二十九篇，今二十六篇，又亡其一"的"又亡其一"究竟是什么意思呢？同为南宋人的王应麟比陈振孙晚生约四十年，他在《玉海·艺文》著录《商子》曰："今是书具存，共二十六篇。"自注："本二十九，今三篇亡。"② 这说明，到南宋末年，《商子》已经亡失三篇，只剩二十六篇了。可《直斋书录解题》的"又亡其一"又作何解释呢？何广棪认为"一"是"三"之讹③，以为二十九篇亡三篇正好是二十六篇。这种说法不仅没有实据，而且从前后文看，"又亡其一"显然是相对于"今二十六篇"而言的。将"一"改为"三"，则剩二十三篇，并不能圆二十九与二十六的差数。朱师辙解释说："亡一篇，当指第二十一篇其目亦亡而言。"④ 按此说，则陈振孙当时看到的《商君书》虽有二十六

---

① ［宋］陈振孙：《直斋书录解题》卷十《法家类·商子》，《景印文渊阁四库全书》第674册，台北：台湾商务印书馆1986年版，第707页。
② ［宋］王应麟撰，武秀成、赵庶洋校证：《玉海艺文校证》卷十九《诸子·商子》，南京：凤凰出版社2013年版，第914页。
③ 何广棪：《陈振孙之子学及其〈直斋书录解题〉子录考证（上）》，台北县：花木兰文化出版社2007年版，第141页。
④ 朱师辙：《商君书解诂定本·初印本自序》，北京：古籍出版社1956年版，第3页。

篇，但其中第二十一篇连文带目都亡佚了，实存二十五篇。但《玉海·艺文》著录《商子》写得很清楚，"今是书具存，共二十六篇"，是他们所据传本不同呢，还是二者当中必有一误呢？现在已经很难查证了。

元末成书的《宋史·艺文志》中"子类·法家类"著录"《商子》五卷"①，不载篇数。元末明初，宋濂《诸子辨》谓"予家藏本二十六篇，其第二十一篇亡"②，实存二十五篇。如果朱师辙对《直斋书录解题》"又亡其一"的解释无误，则很有可能宋濂家藏的《商君书》与陈振孙看到的是同一传本。清代严可均（即严万里）辑《全上古三代秦汉三国六朝文·上古三代文·商鞅》曰："《商君书》二十九篇，今二十四篇见存，不录，录其佚篇。"③佚篇即《群书治要》所载《六法》篇，严氏认为"六法"当作"立法"。由此可见，严可均在清代看到的本子实存二十四篇，正如他在《商君书新校正序》所云："《商君书》二十九篇，今二十六篇，又亡其二，实二十四篇。"④并根据所见版本列目如下：

更法第一，垦令第二，农战第三，去强第四，说民第五，算地第六，开塞第七，壹言第八，错法第九，战法第

---

① ［元］脱脱等：《宋史》卷二百零五《艺文四》，北京：中华书局1977年版，第5202页。
② ［明］宋濂著，顾颉刚标点：《诸子辨·商子》，北京：朴社1926年版，第29页。
③ ［清］严可均校辑：《全上古三代秦汉三国六朝文·全上古三代文》卷十一《商鞅》，北京：中华书局1958年版，第82页。
④ ［清］严万里校：《商君书》，《二十二子》，缩印浙江书局汇刻本，上海：上海古籍出版社1986年版，第1101页。

十、立本第十一、兵守第十二、靳令第十三、修权第十四、徕民第十五、刑约第十六（篇亡）、赏刑第十七、画策第十八、境内第十九、弱民第二十、□□第二十一（篇亡）、外内第二十二、君臣第二十三、禁使第二十四、慎法第二十五、定分第二十六。

这实存的二十四篇一直流传到今天。

《商君书》定本在流传过程中形成了诸多版本。宋本《商君书》早已亡佚，元刊本在清代尚有流传，乾隆时期严可均曾据明代范钦本、秦四麟本对元刻本进行校订。经过严可均校订的元刻本，于光绪初年由浙江书局刊印（即《二十二子》中的《商君书》），习称"严万里本""严校本"或"严本"。张觉指出，"若正其名，当称为'浙江书局本'或《二十二子》本"①。该本自刊刻以来直至今天，一直是最流行的《商君书》读本。②元刻本也已经失传，其校正与重刊后的本子就成了清刻本。故此，流传下来的最早的本子是明刻本。明代《商君书》的版本很多，据统计，可考见的有：范钦本（天一阁本）、冯觐本、李茹更本（绵眇阁本）、吴勉学本（《二十子》本）、程荣本（《汉魏丛书》本）、秦四麟本、朱蔚然本（《合诸名家批点诸子全书》本）、归有光本（《诸子汇函》本）、陈仁锡本（《诸子奇

---

① 张觉：《〈商君书〉〈申子〉〈慎子〉流传考略》，《中国图书馆学报（季刊）》1991年第1期。
② 另据张觉介绍，严可均不仅在乾隆年间，而且于嘉庆十六年（1811）也校订过元刻本，只是没有刊行。不过，上海图书馆藏有一份严氏重校本的传抄本。见张觉：《〈商君书〉〈申子〉〈慎子〉流传考略》，《中国图书馆学报（季刊）》1991年第1期。

赏》本)、王志远本(《诸子合雅》本)、陈深本(《诸子品节》本)、郑子龙本(《十二子》本)、陆可教本(《诸子玄言评苑》本)、张邦翼本(《汉魏丛书钞》本)、李元珍本(《诸子纲目类编》本)、李云翔本(《新镌诸子拔萃》本)①,以及秦骏生辑评的《周秦十一子评选》本和《诸子褒异》本。②清代《商君书》的版本,除了浙江书局本,容易见到的有《四库全书》本和湖北崇文书局刊行的《子书百家》本,另有孙星衍、孙冯翼校刊的《问经堂丛书》本和钱熙祚校刊的《指海》本。③

2015年国家图书馆出版社推出方勇总编纂的《子藏》,其中的《法家部·商君书卷》共收录"《商君书》白文本及校勘、注释、研究著作(原则上截止到1949年)"63种。在编纂过程中,"注重名人批校本和手稿本的收录",不过,笔者以为书中收录王心湛《商君书集解》(上海广益书局1936年版)是其白璧微瑕。王心湛《商君书集解》其实就是严可均校勘的《商君书》,《商君书集解》不过是将《商君书》严校本重新刊印,以《集解》为名出版。

《商君书》的注释本,早期主要有俞樾《诸子平议》、孙诒

---

① 张觉:《〈商君书〉〈申子〉〈慎子〉流传考略》,《中国图书馆学报(季刊)》1991年第1期。张觉还对其中的天一阁本、冯觐点评本、绵眇阁本、程荣本、吴勉学本、朱蔚然本、陈深本、《诸子汇函》本、陈仁锡本做了具体的考述,参见张觉:《〈商君书〉明刻本考述》,《诸子学刊》编委会编:《诸子学刊》第七辑,上海:上海古籍出版社2012年版,第259—269页。
② 陈欣:《明清时期〈商君书〉校勘研究》,南昌大学硕士学位论文,2007年11月,第7页。
③ 张觉:《〈商君书〉〈申子〉〈慎子〉流传考略》,《中国图书馆学报(季刊)》1991年第1期;张觉:《〈商君书〉杂考纠缪》,《古籍整理研究学刊》1994年第5期;陈欣:《明清时期〈商君书〉校勘研究》,南昌大学硕士学位论文,2007年11月,第8页。

让《札迻》、于鬯《香草续校书》、陶鸿庆《读诸子札记》等，集中选释若干条目。后来出现了诸多校释、注译本，现列举如下（新中国成立前列知见者，新中国成立后列代表者）：

  王时润：《商君书斠诠》，收入《闻鸡轩丛书》，长沙宏文图书社1915年版；

  尹桐阳：《商君书新释》，收入《起圣斋丛书》，1918年版；

  朱师辙：《商君书解诂》，广益书局1921年版（后又增订为《商君书解诂定本》，"国立中山大学"出版组1948年版）；

  简书：《商君书笺正》，民智书局1931年版；

  陈启天：《商君书校释》，收入《学生国学丛书》，商务印书馆1935年版；

  王心湛：《商君书集解》，广益书局1936年版；

  高亨：《商君书注译》，中华书局1974年版；

  蒋礼鸿：《商君书锥指》，收入《新编诸子集成》，中华书局1986年版；

  贺凌虚注译：《商君书今注今译》，收入《古籍今注今译丛刊》，台湾商务印书馆股份有限公司1987年版；

  张觉译注：《商君书全译》，贵州人民出版社1993年版；

  石磊译注：《商君书》，收入《中华经典名著全本全注全译丛书》，中华书局2011年版；

  张觉：《商君书校疏》，知识产权出版社2012年版；

  徐莹注说：《商君书》，河南大学出版社2012年版；

  周立升等编著：《商子汇校汇注》，凤凰出版社2017年版。

第二章
《商君书》的内容与思想

今天看到的《商君书》实存二十四篇，另有两篇有目无文，还有一段篇名为《六法》的佚文。该书主要收录了二十四篇专题论文，论述了有关治国理政、行军作战诸方面的问题。

《商君书》内容提要

《更法》第一:"更法"就是变更法度,意即变法。本篇记述了主张变法的商鞅与反对变法的甘龙、杜挚在秦孝公面前就是否应该变法而展开的一场辩论。秦孝公自己有意变法,但担心招来天下人的非议,于是召开御前会议,咨询朝臣对变法的意见。商鞅主张变法,首先引用了一连串大意是做事情不要犹豫、智者应该料事于先、无须在意普通百姓的意见的"名言",以此打消孝公变法的疑虑。随后阐述了变法的理由:只要可以强国、利民,就不能因循陈旧的法度;夏、商、周三代和春秋五霸的礼法不同,但都成就了王霸之业;礼法应随着时代的发展而变更,不可拘泥于古法旧礼。反对变法的甘龙、杜挚针对商鞅的言论,提出了不宜变法的理由:圣人智者治国,只需遵循成法,不用变更旧制;没有百倍的利益,不能变法,效法古人并没有错。争辩过程中,孝公对商鞅的发言连连称好,表示赞同,决意变法。

《垦令》第二:"垦令",就是耕垦土地的法令。本篇提出了促使百姓耕垦的种种方法:官府不积压不拖延政务,不牟利于民;根据粮食产量征税;国君不将爵位和官职赐予游说之人;

对贵族的食客按人口收税,并加重他们的徭役;禁止农民、商人买卖粮食;禁止淫声异服在各县流行;不允许雇用佣工;禁止开设旅店;国家统一管理山林川泽;提高酒肉价格,重征其税;重刑连坐;禁止人民自由迁徙;让嫡长子以外的贵族子弟服徭役;禁止国中的大臣和大夫们从事博闻、辩论、周游之事;军中市场不许女人出现,不得私运粮食;统一政令;加重关口市场的税收;向商人摊派徭役;严格管理运送粮食的车辆;不得为罪犯求情、送饭食。

《农战》第三:"农战"即农事和战事。本篇阐述了重农重战的主张。国君用以劝导人民的筹码无非官和爵,欲使国家兴盛只有让国民积极从事农业和战争,所以,官与爵只能用来奖励农战。只有通过农战这一个途径才能获取官爵,人民才会专心务农,奋力死战。为了绝对地保证驱民于农战,还要抑制甚至禁止那些学习《诗》《书》、崇尚游说、从事商贾和手工业等逃避农战的职业和行为。善于治国的人,都讲求法令严明,只要君主专心于农战,民众自然也就坚定地趋之若鹜。人民一心农作,就变得朴实、易于治理。

《去强》第四:"去强",即去除强民。所谓强民,就是不守法、强悍的民众。本篇认为,用强民政策去除强民,国家就会被削弱;用弱民政策去除强民,国家就会强盛。强民政策是指用礼、乐、《诗》、《书》、善、修、孝、悌、廉、辩等教育民众;弱民政策就是重视农战,兼用赏罚且重罚轻赏,以此来使民众服从统治。坚持农战,国家就会强大,积累了实力就要发动战争,将毒害输出到别的国家,国内也就自然不会产生蠹国害民的人或事(即虱害)。加重刑罚,减轻赏赐,民众就会为君主赴死卖命，国家就会强盛，最终实现王业。另外，本篇还指出应该提高官府的办事效率，加强对国内户口的管理，重视粮谷的储备。

《说民》第五："说民"，即谈论民众，其实是讨论对人民的治理。主要内容包括：辩慧、礼乐、仁慈、任举等只会催生和助长淫逸、奸邪，只有去除淫逸、奸邪国家才能成就王业。用"良民"治国，国家就会被削弱；以"奸民"治国，国家才会强盛。国家应该积蓄实力，禁绝空谈，致力于农战。刑罚和赏赐相辅相成，并且刑多赏少。罚重，才显得爵位尊贵；赏轻，刑罚就有威严。轻罪重刑，最终能够达到去刑的效果。根据人民的勇怯，对其施之以赏刑，就能使他们在作战时勇猛、拼命。鼓励告奸，提高行政效率。

《算地》第六："算地"，即计算土地，也就是规划利用土地。主要内容包括：土地面积和人口数量应该相适应，山林、湖泽、道路、田地各占一定的比例。利用人类趋利避害的本性调动他们从事农战的积极性，以充分利用土地，发挥其在战场上的力量。空谈《诗》《书》者、隐士、勇士（指私斗则好勇斗狠、轻蔑法令之人）、手工业者和商人只会妨碍农战政策的推行，对这五种人应加以摒弃。同时，制定法令，通过赏罚将民众引导、驱使到农战这条路上来。

《开塞》第七："开塞"，即开启阻塞的道路，意为清除弊政。本篇指出，社会和历史是不断发展的，治理国家不能效法古代，不可拘泥成规。现今的民众奸伪巧诈，不似古代那般朴实忠厚，所以，适合当今的并不是先王的仁义之教，而是法治。治理国家就要刑多赏少，并且刑罚要施于将要犯罪的时候，奖赏要用于揭发犯罪的行为。这样，大的奸邪不会产生，小的罪过也不致漏网，国家自然得到治理。全天下都这么治理，最高的道德社会就会建成。人类社会需要君主，君主治国离不开法治，法治的急务在于消除奸邪，去奸的根本莫过于严刑。

《壹言》第八："壹言"，即"言壹"，就是论统一。本篇认为，治理国家能够集结民众的力量，让他们一心致力于农耕和战事，国家就会强大。欲使人民专一于农战，还需要赏罚分明，抑制游说之人和工商业者。民众的力量集聚到一定程度就会产生虱害，所以还需通过对外战争消耗这股力量。明君治国，都是顺应时势，立足于风俗民情制定法令，将国务都集中在农战上。

《错法》第九："错法"，即"措法"，就是建置法度、施行法治。本篇认为，古代的明君，建立了法度，民众就没有邪恶的行为。建立法度民众就不作奸犯科的原因在于法治严明，民众也认为这对自己有利。爵禄的赏赐是强兵的保障，而奖赏的原则就是论功。君主还应该根据民众的好恶施行赏罚，以此来控制民众。只设立爵赏仍不够，还需要严格、公正的执行，不能徇私情。

《战法》第十："战法"，就是作战的法则。本篇汇集了一些零散的军事理论，主要有：作战必须以"政胜其民"为根本，政令能够制民，民众才会与君主同心，才会英勇杀敌。敌兵溃逃，不要穷追不舍。用兵之道在于谨慎，只要充分考察敌我的力量和形势，胜负是可以预知的。战胜了不要骄傲，战败了也无须怨愤。将领的能力和作战前的筹划都是决定战争胜负的重要因素。行军切记深入险境。

《立本》第十一："立本"即确立根本，具体就是论述强军

49

之本。本篇开宗明义地指出，凡用兵之道，取得胜利的步骤有三个：一是军队出兵之前就建立法度，二是建立法度之后形成重战的风气，三是战争所需的器用都具备。而这三点的实现有两个条件：一是君主辅助法治，法治得到贯彻；二是君主措置得当，法治得以确立。同时强调，君主应该利用爵赏鼓励人民投身战争，而爵赏也只能用于战争这一个途径。

《兵守》第十二："兵守"，就是军队的防御。本篇首先指出，四面受敌的国家应该注重防守。守卫城池，有两种情况：一是敌军侵入城墙之前，这时应该拼尽死力与敌作战；二是敌军破城之后，此时就是以逸待劳，用安逸的士兵迎战疲劳的敌军。守城之道，就是增强自己的力量。将壮男、壮女和老弱分组编成三支队伍，各尽其用。同时，还要注意防止三军之间互相往来，以免影响士气。

《靳令》第十三："靳令"，意为严格贯彻法令。本篇认为，严格贯彻国家的法令，政务便不会拖滞。公正、公平执法，官吏中就没有奸邪之事。法度一旦确立，就不要以仁义道德之类的空谈妨害法令的推行。爵禄的赏赐，只用于农战，通过赏罚手段推行农战政策。为了配合重农重战的政策，还必须摒除礼乐、《诗》、《书》、仁义、非兵等思想和行为。关于刑赏，要做到重刑少赏。轻罪重刑，最终小过就不会出现，大罪也无人敢犯。

《修权》第十四："修权"，即修治权力，也就是维护和加强君主的权势。本篇指出，国家治理的要素有三个，一是法度，二是信用，三是权力。法度需要君臣共同遵守，信用由君臣一起树立，权力只能君主独自掌控。贤明的君主都珍视权力，看重信用，不以私念损害法度的严明。法度的纲领就是赏和罚，法度需明确,赏罚要公正。国君能做到任用法度,抛却私心,国家就没有危害和隐忧了。

《徕民》第十五:"徕民",即招徕民众。本篇开篇强调土地资源的利用要合理,山林、湖泽、道路、田地各占一定的比例,并且人口的数量也要适中。并指出,当今的秦国地广人稀,土地并没有得到充分的利用,而三晋地区却是人多地少,资源紧张,所以提议通过减免赋税徭役的优惠政策吸引三晋地区的百姓移民到秦国。如此,不仅能削弱三晋的实力,而且能增加秦国的劳动力,促进土地的开发,使旧有的秦人也可以全身心投入到对外战争中。

《刑约》第十六(原文佚失)

《赏刑》第十七:"赏刑",即奖赏和刑罚。本篇指出,治理国家需要统一奖赏、统一刑罚和统一教化。所谓统一奖赏,就是让利禄官爵只用于封赏有战功之人。这样,民众才会拼尽全力作战,军队就无往不胜。所谓统一刑罚,就是"刑无等级",自卿相至庶人,只要犯法,一律受刑。且刑罚要重,还得坚决执行,这样就没人敢以身试法了。所谓统一教化,就是教育民众富贵的获得只有战功一条路,打造国人重战、好战的风气。为此,还要摒除博闻、游说、礼乐等思想和行为。

《画策》第十八:"画策",意为谋划献策。本篇认为,历史是变化发展的,治国的策略和制度要适应社会形势。唯有取得战争的胜利,才能成就王业,因而要使民众专一于战争。统治天下,首先要控制人民,治理民众的根本在法治。确立了法度,还需要有能够使法令贯彻执行的方法,这"使法必行之法"就是加重刑罚和相互纠举。此外,君主还要贤明,不滥赏,不因私废法。

《境内》第十九:"境内",即国境之内。本篇主要记述了一些政治和军事方面的制度,尤其是爵制。主要内容有:登记全国的人口,出生者录入,死亡者注销。有爵者可以申请无爵者为其服役。另外还叙述了有关军队的组织、军爵的设立、爵位的赏赐和待遇等的具体内容,对有爵者有罪的审判和处理,以及围攻敌军城邑的作战部署。

《弱民》第二十:"弱民",就是弱化民众,意为让民众顺从,服从国家的法令。本篇开始就指出,人民弱,国家就强;人民强,国家就弱。所以,治理得好的国家都致力于弱民。国家确立法度,君主严明赏罚,将民众统一到农战的道路上。同时,还要去除农、商、官这三种职业带来的蛊害。君主任使臣民,必须依据他们的功勋和劳绩。

《御盗》第二十一(原文佚失)

《外内》第二十二:"外内",即国境外和国境内,也就是对外和对内的政策。本篇指出,治理国家,对外应该重战,对内需要重农。人们都不愿意打仗,为了驱民作战,就要运用奖赏和刑罚两种手段,同时堵塞通过辩论、游说、学问等获得爵禄的道路。农作是非常劳苦的,为了让农民一心务农,就要提高农产品的价格,加重对商人和手工业者的赋税和徭役。

《君臣》第二十三:"君臣",即君主和臣子,也就是君和臣在国家治理中的职责和作用。本篇指出,君、臣和法的产生,都是治理纷乱社会的需要。国君被尊崇,法令才能贯彻;官吏修明,政务才有常规;法令严明,民众才会畏惧刑罚。圣明的君主治理国家,都是依据法度处理政事,按照功劳给予赏赐。

同时，还要禁绝学习《诗》《书》、高谈阔论、好武尚勇的行为，这样民众才能致力于农战。

《禁使》第二十四："禁使"，即禁止和役使，意为禁止民众的某些行为和如何役使民众。本篇开篇就指出，国君用以禁止和驱使人民的手段就是赏赐和刑罚。赏只能按照功劳，罚则依据罪行。国君可以凭借"势"与"数"即权势和权术来进行统治，如此，官吏无法为奸，民众不敢犯法。还应该利用人与人之间的利害矛盾，让他们彼此监督、相互纠举。

《慎法》第二十五："慎法"，意为严格执行或遵守法令。本篇认为，国君任用贤人治国，只会把国家搞乱，因为贤人的名声不过是出自他们的党羽。所以明君治国，只能依据法令。一切遵照法令行事，国家自然就得到治理。通过赏赐和刑罚将人民的力量集中在农战上，同时禁绝那些凭借空谈和仁义等晋升的道路，国家的实力就会增强，进而实现王业。

《定分》第二十六："定分"，即确定名分。本篇以公孙鞅答孝公问的形式论述了如何保证法令的普及和贯彻的问题。作者认为，从中央到地方都应该设置专门管理法令的官吏，负责向臣民宣传和解释法令。将法令的副本封存在天子殿中的"禁室"里，防止任何人偷看和删改。法令条文需简明易懂，要让所有人都了解法令，这样，官吏和百姓就都不敢违法了。法令的功用在于确定名分，规定各自的职分与归属。

《六法》（佚文）：唐代魏徵等所辑录的《群书治要》中，保存了一段《商君书》中篇名为"六法"的佚文，严可均认为"六法"当作"立法"。该段佚文主要内容是：法度应该适应社会的发展，随时而立。

《商君书》思想略说

《商君书》俨然一个法家的思想宝库，包含着丰富的国家主义学说和主张，对秦国乃至古代中国都产生了极为深远的影响。下面仅就《商君书》中的变法主张、法治学说、农战政策、赏刑思想、国强民弱论和军事理论等方面略作阐述。

一、变法主张

《商君书》开篇《更法》就是变法之意，集中表达了变法的主张。篇中有言："是以圣人苟可以强国，不法其故；苟可以利民，不循其礼。"[1] 非常鲜明地指出，只要能强国利民，就不能因循成法旧礼。进而，作者以古代帝王为例说明了变法的必要性："伏羲、神农教而不诛。黄帝、尧、舜诛而不怒。及至文、武，各当时而立法，因事而制礼。礼法以时而定。制令各顺其宜。"[2] 不论伏羲、神农，还是黄帝、尧、舜，乃至于周文王和周武王，无不从当时的形势出发确立法度。商汤、周武王

---

[1] 高亨注译：《商君书注译》，北京：中华书局1974年版，第14页。
[2] 高亨注译：《商君书注译》，北京：中华书局1974年版，第17页。

能称王天下，就是因为不拘泥成法；而夏朝和殷代的灭亡，正是由于没有变革旧制。所以，"治世不一道，便国不必法古"①。

"礼法以时而定"，是因为"时"自身也是不断变化的。社会历史的发展观，是《商君书》变法主张提出的认知基础。《开塞》和《画策》两篇各有一段对历史变迁的描述。《开塞》篇将人类的历史划分为上世、中世和下世：上世民知其母不知其父，人爱其亲，贪图私利。此时，人分亲疏，为了获取私利而彼此争斗。有争斗就有纠纷，产生了纠纷却没有辨别是非的准则。于是进入中世，贤者确立了中正、无私的准则，人们就都喜爱仁义。此时，亲爱亲人的思想被抛弃，尊崇贤者的观念被树立起来。但人口众多，却没有制度，依然会出乱子。所以到了下世，圣人划定土地、财物、男女的名分，并设立法禁、官吏和国君。此时，尊崇贤者的观念也被废弃，人们又都看重权贵。《画策》篇指出，昊英时代，允许民众伐木、捕兽，是因为那时人少而树木、野兽多；黄帝时期，禁止捕杀动物幼崽，官吏也没有供其服役的仆人，人死后还不能用椁。神农之世，男耕女织，不用刑罚政令，天下依然安定，无须发动战争就能称王；神农死后，出现了以强凌弱、以众欺寡的局面，因此，黄帝创制了君臣上下的规范、父子兄弟的礼节和夫妇婚配的原则，对内使用刑罚，对外发动战争。《商君书》中这两段对人类社会发展的认知是否符合历史的实际，我们暂且不论，不过，其所表达的历史观却是一种发展的历史观，即社会历史是不断发展变化的，不同的时代需要不同的生存与发展之道，而这个"道"

---

① 高亨注译：《商君书注译》，北京：中华书局1974年版，第17页。

也就是"法",所以,"法"要适时而立。正如《六法》篇佚文所说:"先王当时而立法,度务而制事。法宜其时则治。"①

二、法治学说

这里"法治"中的"法"与前节"变法"中的"法"是不同的概念,前者指法令或法律,后者泛指一切规章制度。

关于法的产生。《开塞》篇指出,上世之时,人类亲亲而爱私,没有辨别是非的准则。到了下世,圣人划定土地、财物、男女的名分,并设立了法禁。《君臣》篇认为,古时人民太多,奸邪时有发生,所以制定了法制禁令以防止奸邪之事。综合来看,法是历史发展到一定阶段的产物,其作用是确定名分,防止奸邪。

关于法治的重要性。《商君书》里要求实行法治的呼声俯拾即是,试看:

"善为国者,官法明,故不任知虑……"(《农战》)

"以治法者强;以治政者削。"(《去强》)

"故圣人之为国也,观俗立法则治,察国事本则宜。"(《算地》)

"今有主而无法,其害与无主同。"(《开塞》)

"治法明,则官无邪。"(《壹言》)

"古之明君错法而民无邪……"(《错法》)

"靳令则治不留。法平则吏无奸。"(《靳令》)

---

① 高亨注译:《商君书注译》,北京:中华书局1974年版,第194页。

"国之所以治者三：一曰法；二曰信；三曰权。"(《修权》)

"世之为治者，多释法而任私议，此国之所以乱也。"(《修权》)

"民本，法也。故善治者塞民以法，而名地作矣。"(《画策》)

"圣王者不贵义而贵法，法必明，令必行，则已矣。"(《画策》)

"法枉治乱……法明治省。"(《弱民》)

"法任而国治矣。"(《慎法》)

关于法的制定。"法治"之"法"作为"变法"之"法"的一部分，其制定首先也是适用于"礼法以时而定"的根本原则的。其次，具体来说，要"观俗立法""度俗而为之法"，也就是根据风俗民情来制定法令。

关于法治的推行。《商君书》中反复强调君主的态度和行为直接关乎法治推行的效果。《壹言》篇说："法之不明者，君长乱也。"[1] 法令不明或法治不严明，是因为君主助长了乱事。那么，此处的"乱"具体指什么？书中多处提到的是君主"释法任私"。"释法任私"即君主治国不用法令这个权衡标准而全凭一己私意，以个人的好恶破坏法的严明及其贯彻。所以，《修权》篇才说："法者君臣之所共操也……君臣释法任私必乱。故

---

[1] 高亨注译：《商君书注译》，北京：中华书局1974年版，第84页。

立法明分，而不以私害法，则治。"① 法令是君主和官吏共同遵守的，如果君臣都抛开法令，听任私心，国家必乱；反之，若能够做到不以私意妨害法令的执行，国家就会得到治理。为什么这么说呢？因为称量轻重需用权衡，测量长短得用尺子，否则，再明察的人如果不用秤和尺，估测的轻重长短也是不准确的，是没有人愿意相信的。所以，法令就是治理国家的秤和尺，违背它而听信个人的意见，就是不明事理。因此，国君要做到"不可以须臾忘于法"，"不以善言害法"，"言不中法者，不听也；行不中法者，不高也；事不中法者，不为也"。② 也就是说，君主应时刻提醒自己以法治国，不能被花言巧语或高谈阔论所迷惑而有损法度，不听信不合法的言论，不推重不合法的行为，不做不合法的事情。《修权》篇还洞察到："凡人臣之事君也，多以主所好事君。君好法，则臣以法事君；君好言，则臣以言事君。君好法，则端直之士在前；君好言，则毁誉之臣在侧。"③国君喜好法度，官员们自然以法度辅助君主，君主身边聚集的就都是正直之士；国君爱好空谈，官员们自然以美言侍奉君主，君主身边聚集的就都是谗佞之人。在当时的国家体制君主制下，必然形成臣下以君主之是非为是非、以君主之好恶进言献策的官场风习。从这个意义上说，《修权》篇的认识还是切中要害的。

彻底推行法治，仅仅确立法度是不够的，还需要有"使法必行之法"。怎样才能使国家的法令不成为虚设而得到落实呢？《画策》篇认为，规定了对作奸偷盗者处以死刑，但作奸偷盗的

---

① 高亨注译：《商君书注译》，北京：中华书局1974年版，第110页。
② 高亨注译：《商君书注译》，北京：中华书局1974年版，第181、103、172页。
③ 高亨注译：《商君书注译》，北京：中华书局1974年版，第113页。

行为却不断发生，就是因为做了这些事情的人不一定都得到了处罚。即使都得到处罚了，依然有人作奸偷盗，是由于处罚得太轻。刑罚重，民众就不敢犯法。最终不设刑罚了，民众也不敢做坏事。所以，"使法必行之法"就是必须保证违法必究，且从重处罚。

法治的推行还有一个重要环节就是法令的普及，《定分》篇对此做了非常详细的论述。首先，设置主管法令的官吏。他们自身需要熟悉法令，并向其他官吏和百姓宣传、解释法令的内容。其次，必须有一份法令的副本封存在天子殿中的"禁室"里，禁止偷看和删改，每年都要将之颁布给官吏。第三，除了中央，各地方郡县也要设置法官和法吏，一旦接到朝廷颁布的法令，就需要认真学习其内容。官吏和百姓想要了解法令，都可以咨询法官。此外，制定的法令条文应该明白易懂。官民都知法了，那么官吏就不敢以非法手段对待民众，百姓也不敢犯法。

三、农战政策

农战政策即重视、发展农业和鼓励战争，是《商君书》的核心思想之一，其目的就是实现富国强兵，故曰"国之所以兴者，农战也"①。为什么农事和战事如此重要呢？因为在古代中国，发展农业是国家财富积累的根本途径。《壹言》篇一语道破："能事本而禁末者，富。"②"本"即农业，"末"就是私营

---

① 高亨注译：《商君书注译》，北京：中华书局1974年版，第31页。
② 高亨注译：《商君书注译》，北京：中华书局1974年版，第81页。

工商业。从更深层次来说,《农战》篇认为:"百人农,一人居者王。十人农,一人居者强。半农半居者危。故治国者欲民之农也。国不农,则与诸侯争权,不能自持也,则众力不足也。故诸侯挠其弱,乘其衰,土地侵削而不振,则无及已。"① 在作者看来,从事农业人口的比重直接决定着国家的实力与命运。所以,治理国家就需要让民众都去务农。国家如果不重视发展农业,在与诸侯国的争斗中就难以自保,因为民众的力量不够。这时若敌国乘其衰弱来侵夺土地,国家就会从此一蹶不振。除了增加国家的实力,百姓从事农耕还有助于统治者对其进行控制与管理。《农战》篇还指出,"归心于农,则民朴而可正也,纷纷则易使也""壹则少诈而重居"②。这里的"壹"即指专一于农耕。也就是说,百姓把心思都放在务农上,那他们自然变得安土重迁、朴实本分,这样就易于役使。《算地》篇也表达了类似的观点,如"属于农则朴;朴则畏令""朴则生劳而易力……易力则轻死而乐用"③。

至于重战的原因,首先与时代形势分不开。《画策》篇指出,神农之世,男耕女织,不用刑罚政令,天下依然安定,无须发动战争就能称王;神农死后,出现了以强凌弱、以众欺寡的局面,因此,黄帝创制了君臣上下的规范、父子兄弟的礼节和夫妇婚配的原则,对内使用刑罚,对外发动战争。为什么神农之世不用甲兵就能称王,而黄帝时期需要对外发动战争呢?原因在于"适于时",即顺应时代形势。所以,在战国乱世,

---

① 高亨注译:《商君书注译》,北京:中华书局1974年版,第37页。
② 高亨注译:《商君书注译》,北京:中华书局1974年版,第37页。
③ 高亨注译:《商君书注译》,北京:中华书局1974年版,第63页。

"以战去战,虽战可也"①。其次是受到"生力""杀力"理论的影响。"生力"也称"抟力",意即聚集国家的力量;"杀力"就是通过对外战争消耗国家的力量。《商君书》认为国家不仅要"生力",还要能"杀力"。《说民》篇:"故能生力,能杀力,曰攻敌之国,必强……力多而不用则志穷,志穷则有私,有私则有弱,故能生力不能杀力,曰自攻之国,必削。"②《壹言》篇也说:"夫圣人之治国也,能抟力,能杀力……故治国者,其抟力也,以富国强兵也;其杀力也,以事敌劝民也……故抟力以壹务也,杀力以攻敌也……故能抟力而不能用者必乱;能杀力而不能抟者必亡。"③ 简言之,国家蓄积的力量如果不加以引导转移,压抑久了势必适得其反。所以,要将所生之力消耗在攻打敌国上。

实现重农重战的具体方法,大体有三个方面。

一是"劫以刑而驱以赏",即利用刑罚和奖赏政策来威逼利诱。《商君书》一再强调农耕是非常劳苦的事情,战争又是很危险的行为。如《算地》篇谓:"夫农,民之所苦;而战,民之所危也。"《外内》篇亦云:"民之外事,莫难于战""民之内事,莫苦于农"。《慎法》篇:"使民之所苦者无耕,危者无战,二者,孝子难以为其亲,忠臣难以为其君。"④ 虽然知道农战是苦危之事,但为了名利,民众还是愿意干的,所谓"利出于地,则民尽力。名出于战,则民致死"⑤。所以,如果厚赏积极作战

---

① 高亨注译:《商君书注译》,北京:中华书局1974年版,第136页。
② 高亨注译:《商君书注译》,北京:中华书局1974年版,第57页。
③ 高亨注译:《商君书注译》,北京:中华书局1974年版,第82—83页。
④ 高亨注译:《商君书注译》,北京:中华书局1974年版,第65、165、167、182页。
⑤ 高亨注译:《商君书注译》,北京:中华书局1974年版,第65页。

者、严惩消极怠战者，民众就会战而忘死；只要提高耕种所获得的利益，民众就会尽力务农。

二是"归心于壹"或"作壹"，也就是将精力都集中到农战，抑制甚至禁绝一切妨碍农战的思想、行为和职业。《商君书》认为，礼乐、《诗》、《书》、修善、孝悌、诚信、贞廉、仁义、非兵、羞战以及言谈游士、商贾和工商业者等都会阻碍农战政策的推行。为了使民众都致力于农战，就必须阻止他们从事以上职业或行为。阻止的最佳办法还是通过奖赏来引导，也就是不允许利用以上职业或行为获得爵禄，富贵之门只出于农战一途。《农战》说得好："民见上利之从壹空出也，则作壹。"[1] 利出一孔，百姓自然归心于农战。需要强调的是，为了重农，《商君书》还要求限制私营商业，对商业收取重税，正如《外内》篇所说："欲农富其国者，境内之食必贵，而不农之征必多，市利之租必重。"[2]

三是"壹教"，意为统一教化，这个"教化"与儒家提倡的人伦教化不同，它主要是针对重战而言。光靠刑赏驱使民众投身战争是不够的，还需要通过战争教育营造一种全民乐战的好战之风。要高调地宣扬，参加战争是获取爵禄的唯一途径，只有战功才能敲开富贵的大门，最终形成"民闻战而相贺也，起居饮食所歌谣者，战也"[3] 的局面。

---

[1] 高亨注译：《商君书注译》，北京：中华书局1974年版，第31—32页。
[2] 高亨注译：《商君书注译》，北京：中华书局1974年版，第167页。
[3] 高亨注译：《商君书注译》，北京：中华书局1974年版，第133页。

四、赏刑思想

赏刑是《商君书》的又一重要思想。《修权》篇指出，赏是"文"，刑是"武"，赏与刑一文一武共同构成"法"的纲要。换言之，法的核心或关键就是赏赐和刑罚。《算地》篇对赏刑的作用有简明的交代：刑罚是用来禁止奸邪的，赏赐是对刑罚的辅助。赏与刑好比治河之法，一在引导，一在堵塞，双管齐下，河水就只能沿着预期的方向流淌。《商君书》不仅敏锐地察觉到了赏刑的重大作用，而且对其正负效应发挥的背后的人性基础有深刻的认识。《错法》篇认为，好恶乃是赏罚之本。所谓好恶，正如《算地》篇指出的那样，人饿了就要吃饭，累了就要休息，感到痛苦就想寻求快乐，觉得耻辱就想获得荣誉。所以，人人都厌恶"羞辱劳苦"，追求"显荣佚乐"。一句话，人性就是好利恶害、趋利避害。如此，用人们所厌恶的去惩罚他们，以其所好求者来奖赏他们，就可以充分发挥赏刑的作用。那么，赏刑的具体要求有哪些呢？

其一，赏刑的主次关系。虽然赏和刑共同构成了法治的核心，但二者并非等量齐观。《壹言》篇指出"先刑而后赏"，意即刑罚是第一位的，赏赐是第二位的。《去强》篇认为赏与刑之间的比例关系直接决定着治国的成效，称王的国家"刑九赏一"，强盛的国家"刑七赏三"，被削弱的国家"刑五赏五"。《说民》和《开塞》篇也说"王者刑于九而赏出一""削国赏九而刑一"。总之，相较于赏赐而言，刑罚的比重越大越好，最好是刑九赏一。

其二，赏刑的轻重原则。《商君书》主张重刑。刑罚加重，反过来就凸显了爵赏的尊贵。更重要的理由是，对轻罪施以重罚，人们就不会犯小错，大奸大恶自然就更不会发生，所谓"禁奸止过，莫若重刑"①。小过不犯，大罪没有，最终刑罚就失去了用武之地，这叫作"以刑去刑"。所以《画策》篇认为，只要能达到以刑去刑的目的，即使实行重刑也是可以的。至于赏，《商君书》中有关赏赐的轻重、多少的态度比较复杂。《开塞》和《说民》篇主张"刑多""赏少"，《去强》和《说民》篇主张"重罚轻赏"，《靳令》篇认为"重刑少赏"，而《修权》篇又强调"赏厚""刑重"，《外内》篇要求"重法""赏多"。虽然表述不一，但若对它们的叙述逻辑仔细加以甄别，就会发现"少"而"重"才是《商君书》中有关奖赏思想的一贯原则。

其三，壹赏壹刑。壹赏，即统一赏赐，也就是利禄官爵只能赏赐给战争中的立功者，不允许人们通过其他途径获取。这样，不论其人聪慧还是愚昧、高贵还是低贱、勇敢还是胆怯、贤德还是不肖，都会竭力效命君主。壹刑，即统一刑罚、"刑无等级"，也就是追求刑罚的公平、公正。自卿相将军到大夫百姓，只要不听王令、违犯国法，都要处以死刑，绝不赦免。此外，不因为曾经立功或行善而减轻惩罚。忠臣孝子犯法，也要依其罪过大小处罚。执法的官吏不奉行君主的法令，也要判其不赦的死罪，还要刑及父母妻子。"刑无等级"思想的提出，针对的是传统的等级制度和特权规定，尽管这种主张未必能落实到法律条款的制定和实际的司法实践，提出这一思想本身却代

---

① 高亨注译：《商君书注译》，北京：中华书局1974年版，第130页。

表了时代观念的进步。但"刑无等级"并非没有等级,君主这一最高等级就被排除在"壹刑"之外,这和近代意义上的"法律面前人人平等"是不能等量齐观的。

其四,明赏明刑。明赏明刑就是严明赏罚,具体来说,有如下两点。第一,"赏厚而信,刑重而必"①。也就是赏赐要讲信用,刑罚必须落实,不折不扣地贯彻赏刑政策。第二,"赏随功,罚随罪"②。赏赐一定是依照功劳的多少,惩罚只能根据罪行的大小。

五、国强民弱论

君民关系也是《商君书》中提到较多的话题,其核心观点是尊君、强国、弱民。《弱民》篇指出,"民弱国强;国强民弱"③。所谓"民弱",意为百姓服从国家的政令,不与官府抗争。"民弱"即是顺民,治理有道的国家都致力于"弱民"。民众朴实则"弱",放纵就"强"。民众"弱"则守法,"强"就任意而行。民众守法则听从役使,任意而行就不受控制。也就是说,国君制定的政策是民众所厌恶的,民众就"弱";国君制定的政策是民众所喜好的,民众就"强"。推行"弱民"的政策,国家就强;推行"强民"的政策,国家就弱。所以,《画策》篇主张,能征服天下者,能打败强敌者,必先制服他的民众,战胜民众的根本在于制服民众。如何制服民众?《说民》篇强调,国家出现辩与慧、礼与乐、慈与仁、任与举八者,民众

---

① 高亨注译:《商君书注译》,北京:中华书局1974年版,第110页。
② 高亨注译:《商君书注译》,北京:中华书局1974年版,第173页。
③ 高亨注译:《商君书注译》,北京:中华书局1974年版,第155页。

的强就胜过政令，国家就弱；消弭这八者，政令就能制服民众，国家就强。任用讲求亲亲而掩盖别人过错的"善"民，民众的过错就会被隐匿，民众的强就胜过法令；任用相互监视的"奸"民，民众的罪恶就会受到惩罚，法令就能制服民众。总之，在《商君书》看来，为了强国，为了尊君，必须让民众绝对服从国家的政令。

六、军事理论

《商君书》里并没有系统的军事理论，只是在少数篇章汇集了一些零散的论述。归纳起来，大致有如下几条：

用兵之道，在于统一奖赏。

用兵作战，获胜的步骤有三个：军队出征之前就制定法度；法度建立后，塑造风气；风气养成后，战争所需要的器用就要全具备了。只有这三步都在国内实现了，才能发动战争。而以上三者的实现需要两个条件：一是君主推行法治，使法治得到贯彻；二是君主措置得当，使法治得以确立。

作战的根本在于"政胜其民"。国家的政令能够制服民众，人民才不会抗争，而是服从君主的意志。这样，民众和敌人作战就勇猛。

用兵的重要法则就是谨慎，摸清敌情，考察双方兵力的多寡，就能预知胜负。发动战争时，要衡量敌军的实力。政治上不如敌国，不能与之作战。粮食没有敌军多，就不要和对方打持久战。敌兵多于我军，就不要去进攻。敌国所有的条件都不及我方，就毫不犹豫地攻打它。

敌军溃逃不止，就不要追击。正如兵法有云："大战获胜，追击败军不可超出十里;小战获胜,追击败军不要超过五里。"

王者之兵,战胜了不骄傲,战败了不怨恨。战胜了不骄傲,是因为战术得当;战败了不怨恨,是由于清楚失败的原因。

假若敌强我弱,将领有能力就能获胜,将领无能只会吃败仗。如果作战是出于朝廷的精心谋划,不论将领能力如何,都能取胜。

用兵的错误是轻敌冒进,使军队陷入险地,横越关隘,再加上士兵疲劳不堪且饥渴交加,又感染疾病,这就是自取败亡。

四面受敌的国家应该注重防御,背面靠海的国家就可以积极对外攻战。四面受敌的国家如果没有数以万计的军队驻守在上万户规模的城邑里,国家就危险了。

关于守城的方法:敌军破城之前,用决一死战的守城之军拼命抵抗;城墙已破,敌军入侵,则用以逸待劳的城中守军与疲惫的敌军作战。如果做不到这两点,那就是将领的过失。守城的方法就在于壮大自己的力量。敌军来攻,则将城中百姓编为壮男、壮女和老弱三军。壮男一军,列阵待敌,准备冲锋陷阵;壮女一军,排队候命,负责辅战工事;老弱一军,牧养马、牛、羊、猪,吃糠咽菜,为壮男、壮女二军节省粮食。禁止三军之间互相往来,以免影响作战的士气。

关于攻城的方法:攻城之时,"国司空"测量城墙的宽厚,"国尉"划定攻击的区域,让"校徒"各负责破坏一定体积的城墙,并限定时间。打穿了洞穴,就塞进柴草,放火。城墙的每个方位都安排十八个敢死队战士,"国尉"划分攻打的区域,中军士兵听随作战。向攻城的兵士宣示,积极抢先者受赏,消极落后者受罚。这样,他们就都奋力死战了。

第三章
儒学独尊时代对《商君书》的"阳违阴奉"

传世的战国文献中难觅《商君书》的确切记载,《战国策》《韩非子》等倒是对商君之法多有称述。总体看来,战国时人对商君之法在秦国取得的成功是持以肯定态度的,但也对其提出了一些批判意见。西汉武帝以后,儒学成为国家意识形态,被贴上法家标签的《商君书》由此被排挤在主流学术之外。不过,帝制中国自汉以后治理国家的基本策略实是"外儒内法",在儒学独尊时代的主流学术冷落《商君书》的表象之下,也还潜藏着对这一冷门绝学难以割舍的"青睐"。

法家《商君》

西汉初年，统治者以黄老思想治国，经过数十年的休养生息，国力日益强盛。黄老思想适应当时经济凋敝、民心躁动、国力不振的局面，提倡的治国策略核心是"贵清静而民自定"。开国功臣曹参以之治理齐国，三年而齐国大治。汉丞相萧何死后，曹参入为汉丞相，对刘邦、萧何实行的各项政策无所变更，史称"萧规曹随"。无为而治的路线促成了汉初社会的稳定和经济的发展，但长此以往，也积累了很多新的矛盾和问题，诸如官场因循苟安不思进取、社会阶层利益固化导致贫富分化的趋势日益加剧、对匈奴的侵扰一味采取守势并不能减轻来自北方的军事压力等。而且，汉初三公九卿多由开国元勋出任，丞相在军国大政上号称无所不统，导致皇权在很大程度上受制于相权。这种局面不利于皇权的加强和中央对地方王国势力的监督和控御。

另外，黄老学派思想体系的特点是以道家为宗，兼采诸家学说，具有很大的统摄性和包容性。汉初奉行黄老思想，诸子学说因秦的"焚书"一度消沉，此时又出现复兴的局面，诸如：

贾谊,"颇通诸子百家之书"①。

晁错,"学申商刑名于轵张恢先所"②。

主父偃,"学长短纵横之术,晚乃学《易》、《春秋》、百家言"③。

辕固生治《诗》,"孝景时为博士"④。

董仲舒,"以治《春秋》,孝景时为博士"⑤。

李斯建议秦始皇"焚书",理由之一就是"私学而相与非法教,人闻令下,则各以其学议之,入则心非,出则巷议,夸主以为名,异取以为高,率群下以造谤"⑥。这说明诸子私学的存在、思想领域的百家争鸣是和专制政治格格不入的,而要实现皇权的独裁统治,就要在言论上"尚同",也就是韩非所说的"故明主之国,无书简之文,以法为教;无先王之语,以吏为师"⑦。

汉武帝即位后,意图摒弃黄老思想,全面加强中央集权,积极对外拓边,而要实现这种政策调整,首先就需要在思想领

---

① [汉] 司马迁撰,[南朝宋] 裴骃等注:《史记》卷八十四《贾生列传》,点校本二十四史修订本,北京:中华书局2014年版,第3020页。
② [汉] 司马迁撰,[南朝宋] 裴骃等注:《史记》卷一百零一《晁错列传》,点校本二十四史修订本,北京:中华书局2014年版,第3324页。
③ [汉] 司马迁撰,[南朝宋] 裴骃等注:《史记》卷一百一十二《主父偃列传》,点校本二十四史修订本,北京:中华书局2014年版,第3577页。
④ [汉] 司马迁撰,[南朝宋] 裴骃等注:《史记》卷一百二十一《儒林列传》,点校本二十四史修订本,北京:中华书局2014年版,第3793页。
⑤ [汉] 司马迁撰,[南朝宋] 裴骃等注:《史记》卷一百二十一《儒林列传》,点校本二十四史修订本,北京:中华书局2014年版,第3798页。
⑥ [汉] 司马迁撰,[南朝宋] 裴骃等注:《史记》卷六《秦始皇本纪》,点校本二十四史修订本,北京:中华书局2014年版,第325页。
⑦ [清] 王先慎撰,钟哲点校:《韩非子集解》卷十九《五蠹》,北京:中华书局1998年版,第452页。

域变"无为"为"有为"。但武帝也汲取了秦始皇"焚书坑儒"这种极端做法的教训，转而以柔性手段实现思想领域的"大一统"。武帝建元元年（前140），也就是汉武帝继位的第一年，诏举"贤良方正直言极谏之士"。丞相卫绾上奏，"所举贤良，或治申、商、韩非、苏秦、张仪之言，乱国政，请皆罢"①，"申、商"即申不害和商鞅。卫绾虽然只提及法家和纵横家，但实际上包括了儒家以外的一切学说，所以班固在《武帝纪》赞曰"孝武初立，卓然罢黜百家"②。建元五年（前136），"置五经博士"③。"五经"就是儒家经典《诗》《书》《礼》《易》《春秋》，"博士"即通古今、习文艺的"博士官"。将"五经"立于学官，意味着儒学被奉为官方学说，成为国家的统治思想。此后，不论是做官还是教学，都以儒家经书为宗，天下士子纷纷趋向儒术。

儒学崇尚仁政，提倡中和，重视宗法，讲求教化，与法家的治国理念格格不入。司马谈《论六家要旨》指出，儒家的可取之处是"列君臣父子之礼，序夫妇长幼之别"，而法家的不足在于"不别亲疏，不殊贵贱，一断于法，则亲亲尊尊之恩绝矣"。④ 司马谈生活在西汉文帝、景帝、武帝三朝，他的思想尚未被"儒化"，其对儒、法两家在宗法、人伦认识上之长短的评

---

① ［汉］班固撰，［唐］颜师古注：《汉书》卷六《武帝纪》，北京：中华书局1962年版，第156页。
② ［汉］班固撰，［唐］颜师古注：《汉书》卷六《武帝纪》，北京：中华书局1962年版，第212页。
③ ［汉］班固撰，［唐］颜师古注：《汉书》卷六《武帝纪》，北京：中华书局1962年版，第159页。
④ ［汉］司马迁撰，［南朝宋］裴骃等注：《史记》卷一百三十《太史公自序》，点校本二十四史修订本，北京：中华书局2014年版，第3995、3996页。

论已经揭示了二者治国理念的对立。将近二百年后的班固在《汉书·艺文志》中也对诸子学说做了总结评述：儒家乃"助人君顺阴阳明教化者也"，"游文于六经之中，留意于仁义之际"，"于道最为高"；法家则"无教化，去仁爱，专任刑法而欲以致治，至于残害至亲，伤恩薄厚"。① 班固生活在东汉初期，经过近二百年儒学的浸染，他的思想完全被儒家主张所支配，其对儒、法的评价虽然不尽客观，但这种以儒学观念为标准评判法家思想所得的结论，却非常真实、典型地反映了时人对法家的主流认识——不重教化、弃绝仁义、专任刑法。

商鞅不仅是法家的代表人物，而且是秦王朝政治与制度的开创者与奠基者。汉初以来，人们将秦的短命归结为不施仁义、专任刑法的残暴统治，而秦政酷烈的始作俑者正是商鞅。如此，从反思秦亡到儒学独尊，商鞅其人其法遭到猛烈抨击。对于其人，后世视为"逸夫""衰周之凶人"者有之，说他"不义""刻薄""贪禄慕荣""德薄多欲""酷烈""作为权诈以相倾覆""谗佞反覆"者有之，基本都是德行上的负面评价。② 对于

---

① ［汉］班固撰，［唐］颜师古注：《汉书》卷三十《艺文志》，北京：中华书局1962年版，第1728、1736页。
② 王利器：《新语校注》卷上《辅政》，北京：中华书局1986年版，第55页；［汉］班固撰，［唐］颜师古注：《汉书》卷一百上《叙传上》，北京：中华书局1962年版，第4230页；何宁：《淮南子集释》卷十八《人间训》，北京：中华书局1998年版，第1252页；［汉］司马迁撰，［南朝宋］裴骃等注：《史记》卷六十八《商君列传》，点校本二十四史修订本，北京：中华书局2014年版，第2718页；王利器校注：《盐铁论校注》卷四《毁学》，北京：中华书局1992年版，第231页；黄晖：《论衡校释（附刘盼遂集解）》卷十八《自然》，北京：中华书局1990年版，第782页；［汉］崔寔正：《大理箴》，见［唐］徐坚等：《初学记》卷十二《大理卿》，北京：中华书局1962年版，第311页；［汉］班固撰，［唐］颜师古注：《汉书》卷二十三《刑法志》，北京：中华书局1962年版，第1085页；［汉］王符著，［清］汪继培笺、彭铎校正：《潜夫论笺校正》卷一《论荣》，北京：中华书局1985年版，第36页。

其法，后世更认为是"违礼义，弃伦理""乃背道德之本""弃道而用权，废德而任力""无德厚于民，而严刑罚于国""憎帝王之道，以贪狼为俗，非有文德以教训于下"，直斥为"峻法""峭法""邪政"。无怪乎东汉冯衍作《显志赋》，恨不能"燔商鞅之法术"。①

春秋战国时期特殊的历史背景催生了中国古代思想学术的繁荣局面，百家殊方、诸子异说是其鲜明特征。对于这种学说差异的存在，时人已经有所认识甚至做了简单概括。《庄子·天下》篇依次评述了墨翟与禽滑釐，宋钘与尹文，彭蒙、田骈与慎到，关尹与老聃，庄周，惠施等六家十余人的"道术"。《荀子·非十二子》批判了它嚣与魏牟、陈仲与史䲡、墨翟与宋钘、慎到与田骈、惠施与邓析、子思与孟轲等十二人的"六说"。《吕氏春秋·不二》则各用一个字总结、突出了老聃、孔子、墨翟、关尹、列子、陈骈、阳生、孙膑、王廖、兒良十人学说之不同。以上对诸子百家思想主张的评析都以具体的人作为论说的对象，学派意识并不强。《韩非子·显学》篇以儒、墨名家为例，并指出这两家显学各自的创始人和学派内部的析离情况，

---

① ［汉］贾谊撰，阎振益、钟夏校注：《新书校注》卷三《时变》，北京：中华书局2000年版，第97页；何宁：《淮南子集释》卷六《览冥训》，北京：中华书局1998年版，第498页；王利器校注：《盐铁论校注》卷二《非鞅》、卷五《国疾》，北京：中华书局1992年版，第96、332页；［汉］班固撰，［唐］颜师古注：《汉书》卷五十六《董仲舒传》，北京：中华书局1962年版，第2510页；［汉］韩婴撰，许维遹校释：《韩诗外传集释》卷一第二十三章，北京：中华书局1980年版，第24页；王利器校注：《盐铁论校注》卷二《非鞅》，北京：中华书局1992年版，第94、96页；［汉］杨雄：《剧秦美新》，收入［南朝梁］萧统编，［唐］李善注：《文选》卷四十八《符命》，上海：上海古籍出版社1986年版，第2150页；［南朝宋］范晔撰，［唐］李贤等注：《后汉书》卷二十八下《冯衍传》，北京：中华书局1965年版，第994页。

但是没有提及其他学派。司马谈《论六家要旨》纵论阴阳、儒、墨、名、法、道六家之要旨及其短长,一般将之视为最早、最明确地总结和划分先秦学派的论著。至于这六家各有哪些代表人物,司马谈并没有指出。西汉成帝有感于典籍的散亡,征求天下遗存的图书,让刘向等人主持校订。每校订完一本书,刘向就"条其篇目,撮其指意,录而奏之"①,汇编成《别录》。刘向死后,其子刘歆继承父业,在《别录》的基础上总括群书,著成《七略》。《七略》是一部目录书,除了"诸书之总要"性质的《辑略》,还将搜集、整理的图书分为六艺、诸子、诗赋、兵书、术数、方技六类。《别录》《七略》今皆不存,不过,班固《汉书·艺文志》乃删略《七略》而成,完全沿用了《七略》的六分法,其中在"诸子类法家"名目下就著录有《商君》二十九篇,作者商鞅。从此,《商君书》就被贴上了法家标签。

由以上可知,诸子之书大多是在汉代经过官方整理而确定下来的本子,经过汉人的整理、归类、编订,形成了新的学术体系,这个体系不是原来的样子。熊铁基在《汉代学术的历史地位》一文指出,"后世流传至今的群经诸子,都是汉代的东西,是汉人传授、整理过,甚至重新编订的东西",并说"现在可以肯定,先秦的群经诸子,绝不是我们今天所看到的这个样子"。②李振宏在《论"先秦学术体系"的汉代生成》中认为,

---

① [汉]班固撰,[唐]颜师古注:《汉书》卷三十《艺文志》,北京:中华书局1962年版,第1701页。
② 熊铁基:《汉代学术的历史地位》,《华中师范大学学报(人文社会科学版)》2003年第5期。

从《庄子·天下》到《荀子·非十二子》《吕氏春秋·不二》《韩非子·显学》，虽然提到了儒、墨显学问题，但大多是因人设论，学派意识并不十分明显。我们常说的儒、道、墨、法、名、阴阳六家之说，是源于司马迁《史记·太史公自序》中的《论六家要旨》。到西汉末年刘向、刘歆父子校订群书，进而把司马谈、司马迁父子提出的六家之说，发展为"十家九流"。经过这次官方的大规模整理，本来不属于一个派别的学者被划入到"某某"派，本来并不十分突出的学说观点被无限夸大。① 如今，简帛古书被陆续发现，我们可以据此看到先秦古籍在西汉初年的写本，甚至可以看到战国时期的写本，通过比勘，在一定程度上可以恢复诸子著述的本来面貌。

　　法家在汉代人眼里是个什么样的学派呢？司马谈《论六家要旨》说："法家严而少恩；然其正君臣上下之分，不可改矣。"②《汉书·艺文志》说："法家者流，盖出于理官，信赏必罚，以辅礼制。《易》曰'先王以明罚饬法'，此其所长也。及刻者为之，则无教化，去仁爱，专任刑法而欲以致治，至于残害至亲，伤恩薄厚。"③虽然法家"正君臣上下之分"和"信赏必罚"的主张被认可，但其"严而少恩""无教化，去仁爱"的倾向却遭到了普遍诟病。《商君书》作为法家著述，当然也避免不了这些弊病。《淮南子·泰族训》指出，"五帝三王之道"

---

① 李振宏：《论"先秦学术体系"的汉代生成》，《河南大学学报（社会科学版）》2008年第2期。
② ［汉］司马迁撰，［南朝宋］裴骃等注：《史记》卷一百三十《太史公自序》，点校本二十四史修订本，北京：中华书局2014年版，第3993页。
③ ［汉］班固撰，［唐］颜师古注：《汉书》卷三十《艺文志》，北京：中华书局1962年版，第1736页。

才是"天下之纲纪,治之仪表","商鞅之启塞,申子之三符,韩非之孤愤,张仪、苏秦之从衡"不过是"掇取之权,一切之术",并非"治之大本,事之恒常",不足以"博闻而世传"。①"启塞",一般理解为"启之以利,塞之以禁"②,即通过赏罚手段达到鼓励或禁止的目的。不过,考虑到《三符》和《孤愤》分别是《申子》和《韩非子》中的一篇,"启塞"也可以理解为篇名。"启"即"开",《启塞》也就是今本《商君书》中专门阐述"开塞之术"的《开塞》篇。在《淮南子·泰族训》的作者眼中,与"五帝三王之道"比起来,法家、纵横家的那套"权术"并不是治国的根本,也不会长久。司马迁的《史记》专门为商鞅立传,并发表评论说:"余尝读商君《开塞》《耕战》书,与其人行事相类。"③商鞅为人行事如何呢?四个字,"刻薄""少恩"。所谓"刻薄",唐代司马贞《史记索隐》的解释是"用刑深刻""弃仁义,不悃诚"④。可见,司马迁也认为《开塞》《耕战》(今本《农战》)篇的内容"刻深少恩"。不过,也有个别论者对《商君书·耕战》篇给予了肯定。王充《论衡》多次提及商鞅著述尤其是其《耕战》篇,《论衡》中的《效力》篇说"观管仲之《明法》,察商鞅之《耕战》,固非弱劣之主所能用也";《超奇》篇言"商鞅相秦,致功于霸,作《耕战》之书";《案书》篇比较了公孙龙、邹衍与商鞅、管仲

---

① 何宁:《淮南子集释》卷二十《泰族训》,北京:中华书局1998年版,第1424页。
② 何宁:《淮南子集释》卷二十《泰族训》,北京:中华书局1998年版,第1424页。
③ [汉]司马迁撰,[南朝宋]裴骃等注:《史记》卷六十八《商君列传》,点校本二十四史修订本,北京:中华书局2014年版,第2718页。
④ [汉]司马迁撰,[南朝宋]裴骃等注:《史记》卷六十八《商君列传》,点校本二十四史修订本,北京:中华书局2014年版,第2718页。

诸书之优劣，认为前面两人的书"无益于治""其文少验"，而后二者的《耕战》《轻重》篇能"富民丰国，强主弱敌，公赏罚"；《书解》篇则载，"管仲相桓公，致于九合；商鞅相孝公，为秦开帝业，然而二子之书，篇章数十"。[①] 在王充看来，商鞅是一位既能"作书"又能"立功"——在文章和政治两方面都有成就的人物，并且，其施政的成功与其所著之书是分不开的。

[①] 黄晖：《论衡校释（附刘盼遂集解）》卷十三《效力》、卷十三《超奇》、卷二十九《案书》、卷二十八《书解》，北京：中华书局1990年版，第586、611、1166—1167、1153页。

第三章 儒学独尊时代对《商君书》的"阳违阴奉"

《商君书》与《商子》

儒学独尊的地位一直延续到清朝统治的结束，汉代对商鞅的评价奠定了此后整个中国古代的商鞅形象。魏晋南北朝时期，有论者称商鞅为"俭伪浅薄之士""专饰巧辩邪伪之术"，① 称其法是"弃孝废仁""残礼乐"，斥之为"弊法""末法"，喻之为"刀锯以制理"。② 更有甚者，刘勰在《灭惑论》中评论《老子化胡经》说"商鞅之法，未至此虐"③。在人们眼中，商鞅之法暴虐已极。

随着时间的推移，也有论者亮出了对商鞅的真实看法，如

---

① ［三国魏］杜恕：《体论》，见［唐］魏徵等合编：《群书治要》卷四十八《体论》，台北：世界书局2011年版，第1266页。
② ［南朝梁］刘勰著，詹锳义证：《文心雕龙义证》卷四《诸子》，上海：上海古籍出版社1989年版，第643页；［晋］傅玄：《傅子》，见［唐］魏徵等合编：《群书治要》卷四十九《傅子》，台北：世界书局2011年版，第1303页；［晋］释道恒：《释驳论》，见［南朝梁］僧祐撰，李小荣校笺：《弘明集校笺》卷六《释驳论》，上海：上海古籍出版社2013年版，第308页；［唐］房玄龄等：《晋书》卷一百二十二《吕光载记》，北京：中华书局1974年版，第3058页；［南朝梁］刘勰著，詹锳义证：《文心雕龙义证》卷四《诸子》，上海：上海古籍出版社1989年版，第627页。
③ ［南朝梁］刘勰：《灭惑论》，见［南朝梁］僧祐撰，李小荣校笺：《弘明集校笺》卷八《灭惑论》，上海：上海古籍出版社2013年版，第425页。

西晋时的傅玄就把商鞅视为能富国强兵的"贤能之士",桓范虽然也认为商鞅之治法"贵尚谲诈,务行苛克",但他依然强调"其尊君卑臣,富国强兵,有可取焉"。①

隋唐以后,去秦久远,一些政治家在评价商鞅的问题上,开始摒弃道德评价的二元评判标准,更多地考虑商鞅之法存在的合理性和治国的有效性。《魏郑公谏录·对周孔儒教商韩刑法》记录了一段唐太宗和魏徵的对话:

> 太宗曰:"周孔儒教,非乱代之所行;商韩刑法,实清平之秕政。道既不同,固不可一概也。"公对曰:"商鞅、韩非、申不害等,以战国纵横,间谍交错,祸乱易起,谲诈难防,务深法峻刑,以遏其患,所以权救于当时,固非致化之通轨。"②

在太宗看来,周孔儒教与商韩刑法分别适合于清平之世和乱世,"道既不同",不可一概而论。魏徵虽然认为商鞅之法不是实施教化的途径,但也承认其能发挥一时之效。晚一些的唐代赵蕤在《长短经·文下·适变》中提出,治理天下之道,有王、霸,有黄、老,有孔、墨,有申、商,虽然他们提出的"救弊"方法殊异,但"康济群生,皆有以矣"。③ 这就将法家与其他诸子

---

① [晋]傅玄:《傅子》,见[唐]魏徵等合编:《群书治要》卷四十九《傅子》,台北:世界书局2011年版,第1296页;[三国魏]桓范:《政要论·辨能》,见[唐]魏徵等合编:《群书治要》卷四十七《政要论》,台北:世界书局2011年版,第1258页。
② [唐]王方庆辑:《魏郑公谏录》卷三《对周孔儒教商韩刑法》,上海:商务印书馆1939年版,第26页。
③ 周斌:《〈长短经〉校证与研究》上编《〈长短经〉校证》卷三《文下》,成都:巴蜀书社2003年版,第207页。

第三章 儒学独尊时代对《商君书》的"阳违阴奉"

尤其是儒家的治国理念放在了平等的地位,它们没有高下之别,只是路数不同。柳宗元也主张,杨墨申商、刑名纵横之说"皆有以佐世"①。《旧唐书·酷吏传》序言将古今"御天下"之政按照历史时序分为五帝尚仁、三王仗义、五霸崇信、七雄任力(任力即重刑名)四个阶段,揭示其发展的逻辑是"盖仁义既废,然后齐之以威刑;威刑既衰,而酷吏为用,于是商鞅、李斯谲诈设矣",由此认为商鞅的"苛法"乃是"持危救弊"的"不得已"而为之。② 韩愈更是对前人给予商鞅的否定评价发起挑战,在其所撰进士府试试题中告诫士子"无惑于旧说":"秦用商君之法,人以富,国以强,诸侯不敢抗,及七君,而天下为秦。使天下为秦者,商君也,而后代之称道者,咸羞言管、商氏,何哉?庸非求其名而不责其实欤?愿与诸生论之,无惑于旧说。"③ 韩愈呼吁重新评价商鞅,可谓振聋发聩。比较出人意料的是,在人人"羞言"商鞅的大环境下,南唐的宰相宋齐邱竟"笃志于商君长短机变权霸之术"④。

傅玄、韩愈等人冒天下之大不韪,把统治者的内心世界公之于众的做法,并不能撼动人们否定商鞅及其治法的根本态度,《商君书》依然缺乏存在感。即便如此,还是有人重视《商君书》的阅读。三国时期,蜀汉政权先主刘备在临终遗诏中要求

---

① [唐]柳宗元:《送元十八山人南游序》,收入《柳宗元集》卷二十五"序",北京:中华书局1979年版,第662页。
② [后晋]刘昫等:《旧唐书》卷一百八十六上《酷吏上》,北京:中华书局1975年版,第4835页。
③ 屈守元、常思春主编:《韩愈全集校注》,成都:四川大学出版社1996年版,第1298页。
④ [宋]龙衮撰,张剑光校点:《江南野史》卷四《宋齐邱》,收入朱易安、傅璇琮等主编:《全宋笔记》(第一编 三),郑州:大象出版社2003年版,第179页。

81

后主刘禅读《汉书》《礼记》,闲暇时还应该泛览诸子和《六韬》《商君书》,因为这些书能"益人意智"。①《商君书》本就属诸子中的法家著作,刘备将其单独列出以强调,足见他的重视程度。刘备对《商君书》的这种评价以及荐阅,在古代是非常罕见的。值得注意的是,据《三国志·先主传》裴松之注引《诸葛亮集》所载刘备遗诏,书名作《商君书》,并非《汉书·艺文志》著录的《商君》。这是目前所见最早称《商君书》的文献记载,并且沿用至今。《隋书·经籍志》的"子·法"类著录"《商君书》五卷,秦相卫鞅撰"。《隋书·经籍志》第一次运用经史子集的四部分类法,将《商君书》归属于子部法家。自唐代开始,《商君书》又可称《商子》。《旧唐书·经籍志》的"丙部子·法家"著录"《商子》五卷,商鞅撰"。《新唐书·艺文志》的"丙部子·法家类"著录"《商君书》五卷,商鞅。或作《商子》"。以上三部史书对《商君书》的著录,只载五卷,并不知道当时《商君书》具体有多少篇。值得注意的是,成书于中唐时期的马总撰《意林》抄录《商君书》题曰"《商君书》四卷"②。不知此四卷与彼五卷区别在哪里,是仅仅分卷不同,还是篇数也有多少之别?

除《商君书》《商子》以外,还有称《商君子》者。《群书治要》辑录《商君书》中的《六法》《修权》《定分》三篇,称《商君子》,这是继汉代文献中提及的《开塞》《耕战》以来新

---

① [晋]陈寿撰,[南朝宋]裴松之注:《三国志》卷三十二《蜀书·先主传》,北京:中华书局1959年版,第891页。
② 王天海、王韧:《意林校释》卷四《商君书四卷》,北京:中华书局2014年版,第431页。

第三章　儒学独尊时代对《商君书》的"阳违阴奉"

出现的三个篇名,其中《六法》篇不见于今本《商君书》,而保留了一段古本《商君书》的佚文。《群书治要》乃贞观初年唐太宗命魏徵等人从唐以前浩繁的典籍中撷取精要编订而成,以供资政,书中所辑《六法》《修权》《定分》三篇的内容都是论述以法治国的相关问题。《商君书》被节选编入对治国理政具有重要指导和参考意义、堪称"治世宝典"的"帝王学"教材的官方读本,这较之刘备向刘禅的私人荐阅意义更为深远。《意林》抄录了《商君书》中的十条,并没有指出具体的篇目,约略出自今本《更法》《农战》《去强》《算地》《开塞》《修权》《画策》诸篇。[1] 赵蕤《长短经》、徐坚《初学记》各引《商子》一条,也没有交代篇目,以今本《商君书》核之,前者出自《定分》,后者出自《画策》。[2] 司马贞《史记索隐》解释《开塞》和《耕战》说:"按《商君书》,开谓刑严峻则政化开,塞谓布恩赏则政化塞,其意本于严刑少恩。又为田开阡陌,及言斩敌首赐爵,是耕战书也。"[3] 从今本《商君书》的内容来看,司马贞对《开塞》的理解明显有误,晁公武《郡斋读书志》已经指出;其对《耕战》的把握也不能尽显文意,《耕战》全篇旨在突出农事和战事的重要以及如何将民心和民力引导、驱使到农战上,与"为田开阡陌"丝毫无涉。不过,司马贞肯

---

[1] 王天海、王韧:《意林校释》卷四《商君书四卷》,北京:中华书局2014年版,第431—434页。
[2] 周斌:《〈长短经〉校证与研究》上编"《长短经》校证"卷三《文下》,成都:巴蜀书社2003年版,第203页;[唐]徐坚等:《初学记》卷二十五《床》,北京:中华书局1962年版,第601页。
[3] [唐]司马贞:《史记索隐》,[汉]司马迁撰,[南朝宋]裴骃等注:《史记》卷六十八《商君列传》,点校本二十四史修订本,北京:中华书局2014年版,第2718页。

定是看过《商君书》的。就《史记·商君列传》中商鞅与甘龙、杜挚关于是否应该变法的争论一节,《史记索隐》多次依据《商君书》指出商鞅所说或引谚的异文。比如,《史记》说"且夫有高人之行者,固见非于世;有独知之虑者,必见敖于民",《索隐》说"《商君书》'非'作'负'""《商君书》作'必见敖于人'";《史记》说"故汤武不循古而王",《索隐》说"《商君书》作'修古'"。① 司马贞所列与今天看到的《商君书·更法》篇完全吻合,足见"按《商君书》"所言不虚。

---

① [唐]司马贞:《史记索隐》,[汉]司马迁撰,[南朝宋]裴骃等注:《史记》卷六十八《商君列传》,点校本二十四史修订本,北京:中华书局2014年版,第2709—2710页。

第三章　儒学独尊时代对《商君书》的"阳违阴奉"

"真伪殆未可知"

宋元时期，对商鞅及其治法的评价总体上延续了汉代以来的意见。北宋的欧阳修在《崇文总目叙释》中评论法家说："法家者流，以法绳天下，使一本于其术。商君、申、韩之徒，乃推而大之，挟其说以干世主，收取功名。至其尊君抑臣，辨职分，辅礼制，于王治不为无益。然或狃细苛，持刻深，不可不察者也。"① 欧阳修既客观指出商鞅之法于王治有益，也批评其"细苛""刻深"，持论平实、公允。正是由于商鞅之法表现出上述两面性，才注定其法既能建功，又难免遗祸。苏轼也指出，商鞅之法"教化不足，而法有余"②。更多的人则只看到商鞅之法"刻深"的一面。南宋的晁公武在《郡斋读书志》中引常秩讥孙明复说，孙明复所作《春秋尊王发微》犹如商鞅之法，"弃灰于道者有刑，步过六尺者有诛"。晁公武以为，这个比喻"谓其失于刻也"。③ 常秩所

---

① ［宋］欧阳修著，李逸安点校：《欧阳修全集》卷一百二十四《崇文总目叙释》，北京：中华书局2001年版，第1891页。
② ［宋］苏轼著，孔凡礼点校：《苏轼文集》卷四《论·韩非论》，北京：中华书局1986年版，第102页。
③ ［宋］晁公武撰，孙猛校证：《郡斋读书志校证》卷三《春秋类》，上海：上海古籍出版社1990年版，第112页。

言，李焘《续资治通鉴长编》作"此商君法尔，步过六尺与弃灰于道者皆有诛，不近人情甚矣"①。商鞅之法俨然成为"刻深"的代名词，商鞅也被真德秀视为"其害尤甚"的"异端"②。

宋代疑古之风渐盛，是我国辨伪学史上的第一个高峰期。虽然早在此前的唐代甚至战国、秦、汉时期就有零星的疑古言论，但那毕竟只是一点不起眼的涟漪，直至宋代才出现了专门、系统的辨伪著述。所以，梁启超才会说："（宋人）他们的胆子很大，汉唐人所不敢说的话，他们敢说。前人已经论定的名言，他们必求一个可信不可信。在这种风气之下，产生了不少的新见解。"③儒学独尊决定了经学在古代学术中的大宗地位，宋代的辨伪对象主要还是集中在经书上。不过，这种疑古的学术风气与态度自然也会涉及史书和子书。

南宋的黄震指出："或疑鞅亦法吏之有才者，其书不应烦乱若此，真伪殆未可知。"④黄氏怀疑，《商君书》如此"烦乱"，不似出自有才的"法吏"商鞅之手，其书真伪未知。这是已知最早对《商君书》作者为商鞅提出怀疑的明确记载。

宋元之际的马端临在《文献通考》中引"周氏涉笔"云：

---

① ［宋］李焘撰，上海师范大学古籍整理研究所、华东师范大学古籍研究所点校：《续资治通鉴长编》卷一百九十一《仁宗嘉祐五年》，北京：中华书局1995年版，第4625页。
② ［宋］真德秀著，朱人求点校：《大学衍义》卷十三《格物致知之要一·明道术·异端学术之差》，上海：华东师范大学出版社2010年版，第208页。
③ 梁启超演讲，周传儒、姚名达、吴其昌笔记：《古书真伪及其年代》，北京：中华书局1955年版，第39页。
④ ［宋］黄震：《黄氏日抄》卷五十五《读诸子·商子》，《景印文渊阁四库全书》第708册，台北：台湾商务印书馆1986年版，第413页。

第三章 儒学独尊时代对《商君书》的"阳违阴奉"

"商鞅书亦多附会后事,拟取他辞,非本所论著也。其精确切要处,《史记》列传包括已尽,今所存大抵泛滥淫辞,无足观者。……凡《史记》所不载,往往为书者所附合,而未尝通行者也。"①"周氏涉笔"认为《商君书》多"附会后事",其与《史记·商君列传》合者为精要,不合者则非商鞅本人所作。"周氏涉笔"具体是何人所写?不仅《文献通考》没有提供详细的信息,就连历代官私目录书也不见著录。仝卫敏依据《文献通考》征引的内容,并结合《宋史》及宋人文集等相关文献,初步判定"周氏涉笔"即周端朝的《西麓涉笔》。②据《鹤林集·周侍郎墓志铭》,周端朝出生于南宋孝宗乾道八年(1172),卒于理宗端平元年(1234)。③据《黄震墓志铭》记载,黄震生于南宋宁宗嘉定六年(1213),卒于元世祖至元十八年(1281)。④可见,周端朝比黄震早出生四十一年。如果仝卫敏的考证不误,则周端朝应该比黄震更早意识到《商君书》的真伪问题。黄震只是感觉《商君书》的内容与商鞅其人不符,并没有提出直接的依据。相较之下,"周氏涉笔"提出的"附会后事"的理由更具说服力。只是,单从《文献通考·经籍考》引述的内容来看,"周氏涉笔"所列举的否定其为商鞅所著的理由并不充分。而且"周氏"以《商君书》内容是否见载于《史

---

① [宋]马端临著,上海师范大学古籍研究所、华东师范大学古籍研究所点校:《文献通考》卷二百一十二《经籍考·子·法家·商子》,北京:中华书局2011年版,第5964—5965页。
② 仝卫敏:《周氏〈涉笔〉考》,《古籍整理研究学刊》2007年第1期。
③ [宋]吴泳:《鹤林集》卷三十四《周侍郎墓志铭》,《景印文渊阁四库全书》第1176册,台北:台湾商务印书馆1986年版,第334页。
④ 慈溪市地方志编纂委员会编:《慈溪县志》,杭州:浙江人民出版社1992年版,第831—832页。

记》作为衡量该书是否商鞅所作的标准也是有待商榷的，因为《商君书》中有而《史记》所阙载者，并非一定不是出自商鞅之手；反之，《商君书》与《史记》相合的部分也不能断定就是商鞅亲著。我们只能说，在《史记·商君列传》中得到印证的《商君书》的内容与商鞅关系更密切，可信度更高。不过，黄震与"周氏"对《商君书》辨伪的原创之功，以及他们对《商君书》采取的审慎态度是应该给予充分肯定的，尤其是"周氏"提出的"附会后事"的辨伪原则也一直是后来者判断《商君书》具体篇目是否由商鞅执笔的最常用也是最可信据的方法，甚至被进一步应用在《商君书》具体成书时间的推定上。

  清人对《商君书》真伪的认识同样意见不一。清前期的学者姚际恒在《古今伪书考》中转录《文献通考》所引"周氏涉笔"的判断，采信"周氏"之说。四库馆臣则认为，"周氏"也只是根据《商君书》内容进行"臆断"，并不能"确证其非"，并进而提出更为有力的论证："今考《史记》，称秦孝公卒，太子立，公子虔之徒告鞅欲反，惠王乃车裂鞅以徇。则孝公卒后，鞅即逃死不暇，安得著书？如为平日所著，则必在孝公之世，又安得开卷第一篇即称孝公之谥？"[①] 馆臣根据《商君书》开篇《更法》中出现的"孝公"谥号判断其书非商鞅亲著，乃"法家者流掇鞅馀论，以成是编"。必须承认，这条理由是非常有说服力的。不过，它只能证明《更法》以及其他出现"孝公"称谓的篇目不是商鞅所作，而《商君书》的成书经历了从单篇流

[①] ［清］永瑢、纪昀等纂修：《四库全书》子部《法家类·商子》，《景印文渊阁四库全书》第729册，台北：台湾商务印书馆1986年版，第561—562页。

传到结集定本的过程，并非由一人一时写就。由此，断不能因为某篇或某几篇不是出自商鞅之手而否定全书，以偏概全。清末的谭献在校读《商君书》时感叹曰"文气鸷闷，真先秦人书也"①，就显然是信其不伪。

宋代以前对商君之法的评析或是简单定性，或是针对《战国策》《史记》中留存的商鞅变法的几条措施而阐发议论。宋代以后，人们评论《商君书》时，逐渐从《商君书》的内容入手。比如，苏辙分析商鞅的农战政策说："及秦孝公欲并海内，商君为之倡谋，使秦人莫不执兵以事战伐，而不得反顾而为农；阴诱六国之民，使专力以耕关中之田，而无战攻守御之役。二者更相为用，而天下卒以不抗。何者？我能累累出兵不息，而彼不能应；我能外战而内不乏食，而彼必不战而后食可足。此二者管仲、商鞅之深谋也。"② 农战政策在《史记·商君列传》所述的变法措施中也有记载，但苏辙解析的核心在于让秦人对外战伐，而诱揽六国之民专力耕种，二者相互配合，既能足兵，又不乏食。这一点在《史记》中并无反映，而与《商君书·徕民》篇的思想一致。《徕民》曰："今以故秦事敌，而使新民作本，兵虽百宿于外，竟内不失须臾之时，此富强两成之效也。"又言"令故秦民事兵，新民给刍食"③，"故秦"即"故秦民"，"新民"就是苏辙所说的诱揽而来的"六国之民"。可见，苏辙是阅读了《商君书》后做出的这番议论。南宋方崧卿、樊汝霖

---

① [清]谭献著，范旭仑、牟晓朋整理：《复堂日记》卷四，石家庄：河北教育出版社 2001 年版，第 98 页。
② [宋]苏辙著，曾枣庄、马德富校点：《栾城集·栾城应诏集》卷九《进策五道·民政上·第四道》，上海：上海古籍出版社 1987 年版，第 1678 页。
③ 高亨注译：《商君书注译》，北京：中华书局 1974 年版，第 121 页。

都认为,"《商君书》二十六篇,大抵以仁义礼乐为虱官",并引用书中相关句子为据。① 马端临《文献通考》引"周氏涉笔"言,《商君书》"专以诱耕督战为根本"。"周氏"还批判书中"商无得籴,农无得粜"的主张:"夫积而不粜,不耕者诚困矣,力田者何利哉? 暴露如邱山,不时焚烧,无所用之。"并指出"贵酒肉之价,重其租"会导致"商估少而农不酣",结果就是"酒肉之用废矣"。在"周氏"看来,这些不合情理的政策,《史记》所不载,"往往为书者所附合,而未尝通行者也"。②

元代李治曾解释《史记·商君列传》"令父子兄弟同室内息者为禁"一句,认为是"同室内息谓同居一家,家中有子息而无所务者有刑。其所务者,则必兵农二者而已",后又表示"近观商子之书,则又得其详焉",并依据《商子·赏刑》篇进一步指出:"然则商鞅之禁,特主兵事言之,兵事毕足,然后及于农也。"③ 这就非常明确了,李治是根据《商君书》的内容阐发《史记》所载商鞅变法的措施的。不过,李氏对"父子兄弟同室内息者为禁"的理解自开始就是偏离原意的。显然,这条规定就是禁止父子兄弟同居一室,至于它具体是指分门立户、拆解大家庭,还是为了改变秦国父子、男女无别的戎狄习俗而使同

---

① [宋] 方崧卿:《韩集举正》卷二《泷吏》,《景印文渊阁四库全书》第 1073 册,台北:台湾商务印书馆 1986 年版,第 24 页;[宋] 魏仲举编:《五百家注昌黎文集》卷六《泷吏》,《景印文渊阁四库全书》第 1074 册,台北:台湾商务印书馆 1986 年版,第 136 页。
② [宋] 马端临著,上海师范大学古籍研究所、华东师范大学古籍研究所点校:《文献通考》卷二百一十二《经籍考·子·法家·商子》,北京:中华书局 2011 年版,第 5964—5965 页。
③ [元] 李治撰,刘德权点校:《敬斋古今黈·逸文二》,北京:中华书局 1995 年版,第 170—171 页。

一家庭内部父子、男女分室居住尚有争议，不论如何，都与兵农二事没有直接联系。

明代宋濂《诸子辨》评论商鞅说："今观其术，以劝耕督战为先务。垦草之令，农战之法，至严至峻也。然不贵学问以愚民，不令豪杰务学《诗》《书》，其流毒至嬴政，遂大焚《诗》《书》百家语，以愚天下黔首，鞅实启之，非特李斯过也。"[1] 此处提及的"垦草之令，农战之法"，应该就是出自《商君书》的《垦令》和《农战》两篇；而所谓"不贵学问以愚民，不令豪杰务学《诗》《书》"的主张，《商君书》更是频频强调。如《农战》："豪杰务学《诗》《书》，随从外权；要靡事商贾，为技艺，皆以避农战。民以此为教，则粟焉得无少，而兵焉得无弱也！"《去强》也说："国用《诗》、《书》、礼、乐、孝、弟、善、修治者，敌至必削国，不至必贫。"[2] 由此宋濂认为，秦始皇焚书之举，乃是商鞅之法的"流毒"，并非李斯一人之过。

---

[1] ［明］宋濂著，顾颉刚标点：《诸子辨·商子》，北京：朴社1926年版，第29—30页。
[2] 高亨注译：《商君书注译》，北京：中华书局1974年版，第33、45页。

早期的《商君书》校释

有明一代，对商鞅的认识，基本是突出其刻薄严苛的一面，不论是代表官方意志的上谕、官箴和官僚士人的奏章、议论，还是反映民间态度的通俗小说，甚至有着广泛教育和传播意义的童蒙读物，都充斥着商鞅刻深的论调。太祖朱元璋上谕中书省臣说，秦用商鞅为政，"法如牛毛，暴其民甚"①。宣宗朱瞻基亲撰的《御制官箴·户部箴》载："秦之商鞅，唐之宇文，苛征暴括，邦以不振。"② 名将罗通在奏请宽宥因犯罪罚作劳役之人的奏章中提到"商鞅用法深刻"，文学家张岱认为"商君性极惨刻"，小说家丁耀亢也说他"刻深""阴狠峭深"。③

---

① 《明实录·明太祖实录》卷二十九"洪武元年春正月戊寅"，台北："中央研究院"历史语言研究所1962年校印本，第487页。
② 《明实录·明宣宗实录》卷九十二"宣德七年六月"，台北："中央研究院"历史语言研究所1962年校印本，第2093页。
③ 《明实录·明英宗实录》卷二百六十四"景泰七年三月丁丑"，台北："中央研究院"历史语言研究所1962年校印本，第5620页；[明]张岱撰，刘耀林校注：《夜航船》卷十《兵刑部·刑法》，杭州：浙江古籍出版社1987年版，第452页；[清]丁耀亢撰，李增坡主编，张清吉校点：《丁耀亢全集（下）》卷三《残三十六案》"秦始皇无道""商鞅作法自毙"，郑州：中州古籍出版社1999年版，第37、39页。

此外，这一时期以春秋战国为背景题材的小说对商鞅人物的定位也延续了自汉代以来的主流认识——为人刻薄、其法严苛。《周朝秘史》（即《春秋列国志传》）引东屏先生咏史诗云：

> 商君苛法辅强秦，
> 徙木损金信系人，
> 法峻仇深车四裂，
> 商于何处易完身。

又引潜渊诗云：

> 卫鞅刻薄士，创术富西秦。
> 徙木收民信，极刑制国兵。
> 怨声聚一口，车马裂孤身。
> 自蹈当年法，皇天报应明。①

《东周列国志》引髯翁诗云：

> 商於封邑未经年，五路分尸亦可怜！
> 惨刻从来凶报至，劝君熟读《省刑》篇。②

---

① 以上两首诗俱见［明］余邵鱼：《周朝秘史》第九十九回《商鞅四马分尸死 苏秦六国说合纵》，北京：大众文艺出版社2000年版，第514页。
② ［明］冯梦龙改编，［清］蔡元放修订，陈先行、李梦生校点：《东周列国志》第八十九回《马陵道万弩射庞涓 咸阳市五牛分商鞅》，上海：上海古籍出版社2012年版，第640页。

这些诗作，非常鲜明地表达了小说创作者对商鞅的评价，同时也塑造着小说阅读者心中的商鞅形象。另有《两晋秘史》和《明镜公案》也都提到商鞅"残酷""惨刻"。① 《禅真逸史》甚至说商鞅是地狱里"暴虐贪利""罕得托生"的魔王转世，荼毒生灵。② 就连童蒙读物《幼学琼林》都有"商鞅不仁""商鞅最凶残"的内容。③

不过，"以孔子之是非为不足据"的李贽，在对待商鞅的问题上却表现出不趋附时俗的一面。他给予了商鞅很高的评价，将之列入"强主名臣"④。李贽将"臣"分为"大臣""名臣""儒臣""武臣""贼臣""亲臣""近臣""外臣"八类，虽然并非由高到低的八等，但李贽最为推崇的当属"大臣"，"大臣之道，斯为美矣"，其次应该就是"名臣"，"大臣又不可得，于是又思其次。其次则名臣是已"。"大臣"虽"美"，但却难得一遇，就像难逢圣主一样，如果能得一"名臣"辅佐，也可以"致富强"。⑤ 可见其对商鞅评价之高。

清代对商鞅其人其法的评价，主流观点依然持否定、批判的态度。王夫之就是一个彻底、坚决的商鞅反对者，他说商鞅

---

① [明]杨尔增：《两晋秘史》第二百七十七回《吕光考核杀尹兴》，北京：大众文艺出版社2000年版，第620页；[明]葛天民、吴沛泉汇编：《明镜公案》卷一《朱太尊察非火死》，上海：上海古籍出版社1994年版，第8页。

② [明]清溪道人著，兑玉校点：《禅真逸史》第二十回《都督冥府指翁孙　阿丑书堂弄师父》，济南：齐鲁书社1986年版，第295—296页。

③ [明]程登吉著，[清]邹圣脉增补，胡遐之点校：《幼学琼林》卷一《地舆》、卷三《人事》，长沙：岳麓书社2002年版，第14、110页。

④ 张建业主编，漆绪邦、张凡注：《李贽全集注·藏书注》卷十五《名臣传·强主名臣》，北京：社会科学文献出版社2010年版，第263—265页。

⑤ [明]李贽：《藏书世纪列传总目后论》，收入李贽撰，陈蔚松、顾志华译注：《李贽文选译》，成都：巴蜀书社1994年版，第194—198页。

第三章 儒学独尊时代对《商君书》的"阳违阴奉"

"狙诈无君""坏法乱纪",是"妾妇之小人"。① 王夫之在其名著《读通鉴论》中评论历代人物和政治得失时,无不表达出强烈的对商鞅之政的否定,说"不体三代圣人之心,达其时变,而徒言法古者,皆第五琦之徒也,恶逾于商鞅矣",说"悖道拂经之政,且有甚于商鞅者"。② 纪昀《阅微草堂笔记》记载,有一老诸生,为人"天资刻薄",凡好人好事必吹毛求疵,故人称"赛商鞅"。③ 商鞅俨然就是刻薄的代言人。道光、咸丰年间的著名古文家、诗人鲁一同,则视商鞅为"非圣无法"的"异端"④。时人批评商鞅为政严苛者更是不胜枚举,如清末的孙兆熊言"商鞅入秦,改行苛政",李经邦说商鞅之治"酷烈深刻,残忍不仁",管同认为商鞅治秦"皆教之峻法以杀人……旷古未闻",李元度指出"商鞅之术,武健严酷"。⑤ 尽管如此,也有人称商鞅为"贤辅""非常之才"。⑥ 这一时代南明政权的王之

---

① [清]王夫之:《读四书大全说》卷八《孟子·滕文公下》、卷九《孟子·离娄下》、卷八《孟子·滕文公下》,北京:中华书局1975年版,第587、619、587页。
② [清]王夫之:《读通鉴论》卷二十三《代宗·六》、卷三十《五代下·五》,北京:中华书局1975年版,第813、1073页。
③ [清]纪昀著,吴敢、韦如之校点:《阅微草堂笔记》卷二十一《滦阳续录(三)》,杭州:浙江古籍出版社1998年版,第399—400页。
④ [清]鲁一同:《与高伯平论学案小识》,收入[清]葛士濬辑:《皇朝经世文续编》卷二《学术二》,天章书局石印本,1902年,第5页。
⑤ [清]孙兆熊:《中西律例繁简考》,收入[清]陈忠倚辑:《皇朝经世文三编》卷六十《刑政三》,上海书局石印本,1902年,第34页;[清]李经邦:《中外各国刑律轻重宽严异同得失考》,收入[清]陈忠倚辑:《皇朝经世文三编》卷六十《刑政三》,上海书局石印本,1902年,第33页;[清]管同:《对用刑说》,收入[清]葛士濬辑:《皇朝经世文续编》卷八十五《刑政二》,天章书局石印本,1902年,第5页;[清]李元度:《皋陶论》,收入[清]葛士濬辑:《皇朝经世文续编》卷八十四《刑政一》,天章书局石印本,1902年,第2页。
⑥ [清]陈惕庵:《盐城陈惕庵孝廉呈都察院请代奏书》,收入[清]甘韩辑,[清]杨凤藻校正:《皇朝经世文新编续集》卷一下"通论下",台北:文海出版社1972年版,第163页。

仁更是直言不讳："得孟轲百，不如得商鞅一；得谈仁讲义之徒百，不如得鸡鸣狗盗之雄一。"① 出言难免偏激，却表达了对商鞅之法治国实效性的肯定。

明清时期的《商君书》刻本，是我们今天能见到的最早的版本，尤其是经严可均校正的《商君书新校正》，影响深远。据该书的序所说，乾隆五十八年（1793），严可均参稽众本、旁搜群籍，对《商君书》重新校勘，称为"严万里本""严校本"或"严本"。在总目按语中，严氏特别提到当时手中得一元刊本，并以明代的范钦本、秦四麟本对其进行校正。光绪二年（1876），浙江书局刊行《二十二子》，其中《商君书》取的就是严可均校本，并且，此后发行的《商君书》或其注本大多以该本为底本。该书的序中还说明了作者校勘《商君书》的缘由——"旧刻多舛误，不可读"，认为商鞅"实帝王之罪人"。关于"严本"校勘的特色，陈欣总结甚详，主要体现在以下几点："第一，搜罗宏富，引征广博，在指出诸本文字差异的同时，抉择按断，兼下己意。"这又包括择善、匡谬、补阙、删冗、阐发等方面。"第二，校勘文字，大胆审慎，在以本校为主的基础上结合理校法，创获虽不算多但很精到。"理校法主要依据文字形声、文势文脉、词义训诂来推理。"第三，需要指出的是严氏在校勘时注意到了史讳。"最后，陈欣在肯定严万里《商君书》校本成就的同时指陈其不足：一、"仍存在着以己意移改原文之处"；二、"间下己意时有失误之处"；三、"有些地方仍

---

① ［清］黄宗羲：《户部贵州清吏司主事兼经筵日讲官次公董公墓志铭》，收入［清］黄宗羲著，陈乃乾编：《黄梨洲文集》"碑志类"，北京：中华书局1959年版，第139页。

第三章 儒学独尊时代对《商君书》的"阳违阴奉"

嫌不够精细"。①

这一时期,在《商君书》的选校选释方面,主要有以下几部重要成果:

归有光辑《诸子汇函·商子》,选评了《垦令》《农战》《算地》《开塞》《来(徕)民》五篇,评释的内容除了正文中归氏的夹注,还有正文之上的诸家点评,以及篇末诸家对全篇的解读与阐发。②对于诸家的点评,陈欣总结为四类:一是"对商君所主张施行的政策之评价",二是"由原文文句生发之议论与见解(或感慨)",三是"对原文的行文章法与语言特色的分析与探讨",四是"对原文文意之概括及对个别字词意义的解释"。③此外,尚有一点值得注意,正文中还有很多归有光的圈点、抹画。据《诸子汇函》"凡例",圈点分入神处、精妙处、主张处、会理处、妙合处、雄放处、文采处、通达处八则,抹画则包括提纲处、紧要处、界域处、结案处、眼目处、逗句处、叙事处、用字处八条。这十六点完全是对《商君书》文学性的赏析。

俞樾的《诸子平议·商子》,选择了二十一篇(不含《更法》《战法》《立本》三篇)八十五条疑难句进行句读、训诂和校释,④校勘特点主要体现在以下方面:重视本校法,同时结

---

① 陈欣:《明清时期〈商君书〉校勘研究》,南昌大学硕士学位论文,2007年12月,第13—21页。
② [明]归有光辑:《诸子汇函》卷七《商子》,四库全书存目丛书编纂委员会编:《四库全书存目丛书》(子部126册),济南:齐鲁书社1995年版,第263—275页。
③ 陈欣:《明清时期〈商君书〉校勘研究》,南昌大学硕士学位论文,2007年12月,第9—12页。
④ [清]俞樾:《诸子平议》卷二十《商子》,北京:中华书局1954年版,第387—406页。

合对校法；娴熟、综合运用字形声韵、文势文脉、行文义例、语法结构、词义训诂等进行理校；解词释句，朴实允当，以声韵抉发字义。俞樾《诸子平议》对《商君书》的校释，虽也有可商榷处，但它的成就是非常大的，对《商君书》的释读做出了卓越贡献，为后学进一步的校注工作"打下了坚实的基础"。①

孙诒让的《札迻·商子》，选校了《更法》《垦令》《农战》《去强》《开塞》《错法》《战法》《立本》《兵守》《靳令》《徕民》《赏刑》《境内》《禁使》《慎法》《定分》等十六篇四十四条。②陈欣认为，该书"可视为小规模的集解体"，校勘中引用了严可均、孙星衍、钱熙祚、俞樾等人的校语，并对"上述诸人的校语失误之处多所驳正"。孙氏还综合运用本校法以及声形、通假等理校法，同时兼顾解释字词、文义，甚至涉及名物考证，其校勘旁征博引、谨慎负责，堪称"最精善之校家著作"。③

于鬯的《香草续校书》，对《商君书》的校释涉及《外内》以外的二十三篇七十二条。④需要说明的是，从中华书局点校本来看，于氏之书没有选释的篇目有《赏刑》和《外内》，但书中所列《徕民》篇的最后一条"不人得一升"乃出自《赏刑》

---

① 陈欣：《明清时期〈商君书〉校勘研究》，南昌大学硕士学位论文，2007年12月，第22—31页。
② ［清］孙诒让著，梁运华点校：《札迻》卷五《商子》，北京：中华书局1989年版，第138—147页。
③ 陈欣：《明清时期〈商君书〉校勘研究》，南昌大学硕士学位论文，2007年12月，第32—40页。
④ ［清］于鬯著，张华民点校：《香草续校书·商君书》，北京：中华书局1963年版，第452—469页。

篇,因此,实际只有《外内》篇没有选释。① 关于《香草续校书》校勘、训诂的方法和特点,李家傲、冯展亮二人的硕士学位论文《〈香草续校书〉训诂研究》和《于鬯〈香草续校书〉略析》已经做了较为全面的总结。现结合他们的研究所得具体谈一谈于氏校诂《商君书》的特点。其一,根据上下文、字形、文义、句法等校订脱、衍、误、倒之文。其二,结合字形、声韵、名物等训释字词,阐发文义。其三,解释文中提及的史实。其四,充分利用前人尤其是严可均、俞樾的校释成果,并在其基础上进一步发挥,或驳正其非。

---

① 这一点李家傲、冯展亮均已指出,见李家傲:《〈香草续校书〉训诂研究》,华中师范大学硕士学位论文,附录"中华书局本《香草续校书》勘误",2015年5月,第45页;冯展亮:《于鬯〈香草续校书〉略析》,安徽大学硕士学位论文,2016年5月,第20页。

"窃其实，遗其名"

战国时代，商鞅在秦国推行变法革新，取得巨大成效。历经数百年的发展，商君之法扎根于秦国政治，深植于秦人心中。西汉初年，不施仁义、专任刑罚几乎是人们反思秦朝速亡的共识，而秦国暴政、苛法的始作俑者正是商鞅。汉武帝"独尊儒术"以后，经学上升为官方意识形态，儒家思想成为治国理政的指导理念。法家那一套不重教化、弃绝仁义、专任刑法的治国之道从此在官方语境中遭到鄙弃和批判，再加之刻薄的商鞅形象、酷烈的商君之法，作为法家的代表作品，题名"商鞅撰"的《商君书》自然就被排除在人们阅读、研究之外。东汉和帝邓皇后"志在书传"，七岁读《论语》，十二岁通《诗经》。她的母亲责让她说，女子就应当学习女工，你不做女人该做的事却喜好读书，难不成要当博士吗？于是她白天做女工，晚上读经传，人们都称她"诸生"。入宫后，邓皇后更是"博览五经传记，图谶内事，风雨占候，《老子》《孟子》《礼记·月令》《法言》"，但偏偏"不观浮华申韩之书"。[①] 不观申不害、韩非之

[①] ［晋］司马彪：《续汉书》卷一《后妃传》，周天游辑注：《八家后汉书辑注》，上海：上海古籍出版社1986年版，第317—318页。

书，当然也包括商鞅之《商君书》在内。北宋苏轼指出，"自汉以来，学者耻言商鞅"①。南宋洪迈也提到，"商君基秦为强"，"圣门羞称，后世所贱"。② 对于《商君书》在古代受到冷落的原因，朱师辙做了非常精到的总结。一是自司马迁"讥其刻薄寡恩"、刘向"诋其无信"以来，后世学者不加详察，盲目信从，"遂屏其学，辍而弗治"。二是汉代以降，统治者借崇儒之名，行专制之实，治理国家不遵法度，赏罚全凭好恶。而商鞅主张君民一体守法，上下均以法律为准绳，非独官吏不能徇私，人主也不得肆意。如此，"专恣桀君、骄奢裔胄、丰禄贵卿、贪残蠹吏"必然视法律为"寇仇"，对商鞅之学痛加诋毁。"才知之士"为了见用于朝廷，谁还敢"昌言治其学"呢？③ 朱师辙同时指出，有国家就不能无法治，只要谈论治国，就不会废弃商鞅之学。这就是古代中国对《商君书》的态度："窃其实，遗其名"。④

朱师辙说的"窃其实，遗其名"，指的是历朝历代统治者虽然大力宣扬儒家思想，表面对商鞅大加挞伐，但治国理政行的却是法家之实。也就是说，古代帝王驾驭臣下，基本不脱韩非子所说的"明主之所导制其臣者，二柄而已矣。二柄者，刑、德也。何谓刑德？曰：杀戮之谓刑，庆赏之谓德"⑤。儒学独尊

---

① ［宋］苏轼撰，孔凡礼整理：《东坡志林》卷五《论古·司马迁二大罪》，收入朱易安、傅璇琮等主编：《全宋笔记》（第一编 九），郑州：大象出版社2003年版，第109页。
② ［宋］洪迈撰，孔凡礼整理：《容斋续笔》卷三《一定之计》，收入上海师范大学古籍整理研究所编：《全宋笔记》（第五编 五），郑州：大象出版社2012年版，第248页。
③ 朱师辙：《商君书解诂定本》，《初印本自序》，北京：古籍出版社1956年版，第4页。
④ 朱师辙：《商君书解诂定本》，《初印本自序》，北京：古籍出版社1956年版，第4页。
⑤ ［清］王先慎撰，钟哲点校：《韩非子集解》卷二《二柄》，北京：中华书局1998年版，第39页。

以后,"二柄"的提法被赋予了新的内涵,即"以德化民"和"以法治国",也就是儒法并用。由于秦朝刑罚的酷烈导致二世而亡,所以后代统治者采取的治国路线基本是"内法外儒""阳儒阴法",打着儒家的旗号行法家之实。这不仅表现在法律的修订上,如由汉至清历朝历代都会颁布成文法典来作为治国理政、断狱决罪的依据,而且表现在"内法外儒"的治国路线上。比如汉武帝"罢黜百家,独尊儒术",但其行政仍是法家的路数,汲黯就当面批评他"内多欲而外施仁义,奈何欲效唐虞之治乎"[1];汉宣帝说得更明确,说"汉家自有制度,本以霸王道杂之,奈何纯任德教,用周政乎"[2]。也就是说,法家提倡的"以法为治"在国家治理上是不可或缺的,只是不公开道出而已。由此而论,朱师辙概括的"窃其实,遗其名",非常准确、深刻地揭示了古代中国对《商君书》"阳违阴奉"的态度。

同时,也应当看到,商鞅站在国家主义的立场上,极力主张压制和打击一切游离于君主专制统治的社会势力,建立一体化行政管理体系,造成了国家力量的空前强大,导致国家与社会之间的关系形成了一种垂直化的刚性结构。中央集权的优势是可以动员全国的物力和人力抵御外侮、从事一些大型的农田水利工程等,但也使社会在面对君权的任性和国家的暴政时没有足够的力量予以制约和抵制,最后只能通过一次次社会大动乱改朝换代。而每一次社会大动乱对生产力造成的巨大破坏、给整个社会带来的伤害也是极其惨烈的。

---

[1] [汉]司马迁撰,[南朝宋]裴骃等注:《史记》卷一百二十《汲黯列传》,点校本二十四史修订本,北京:中华书局2014年版,第3774页。
[2] [汉]班固撰,[唐]颜师古注:《汉书》卷九《元帝纪》,北京:中华书局1962年版,第277页。

第四章
民国时期《商君书》思想研究的新发展

  1840 年，鸦片战争打开了中国的大门，中国社会性质开始发生巨大转变，伴随而来的是社会各个方面的变化。历经屈辱、抗争与探索，终于在 1912 年成立了中华民国政府，结束了延续二千年之久的君主专制制度，建立了民主共和制。社会历史背景的变革，掀开了《商君书》研究的新篇章。

社会观念与体制的剧变

近代以来尤其是清末民国时期，中国的社会观念与政治体制都发生了翻天覆地的变化。其中与《商君书》研究密切相关的变化主要表现在：商鞅被重新评价，其形象的改善唤醒了人们对《商君书》研究的热情；西方法制理念的传播与实践，促使国人追寻中国古代的法律思想，《商君书》中有关法治的论述受到了前所未有的关注；围绕着保存国粹及整理国故，作为古代典籍之一的《商君书》被彻底"清理"；传统的注疏校勘和读书札记被现代学术著述所取代，《商君书》研究走向了真正意义上的科学研究之路。

一、西方法制理念的传播与实践

中国古代就有法家，提出了以法治国的主张。不过，法家主张的"法治"和制度层面的"法制"与现代的民主法治是存在根本区别的。中国近现代的法治理念是随着西学东渐逐步传入和移植到中国的。早在鸦片战争前的道光十三年（1833）至十八年（1838）间，普鲁士传教士郭实腊（笔名"爱汉者"）在广州（后迁至新加坡）编印、发行了中文期刊《东西洋考每月统记传》,刊载介绍西方政治法律方面的文章,内容涉及"欧美各国政制、司法、狱政的概况,以及近代西方的民主法治理论"。①中英《南京条约》签订后,中国的国门被打开,西方知识、思想和文化进一步在中国传播。林则徐出于了解"敌情"的需要,组织开展翻译外国报刊和书籍工作,其中由美国传教医师伯驾和林则徐随员袁德辉合作完成的《滑达尔各国律例》,就是选择性地翻译了瑞士学者滑达尔(今译瓦特尔)所著《国际法》的一部分内容。洋务运动兴起后,开明的士大夫们主张学习西方先进的科学技术,张之洞还提出采纳西方四种主要的法律《矿律》《路律》《商律》《中外交涉刑律》。洋务运动中设立的京师同文馆(附设印书处与翻译处)、江南制造局翻译馆、上海广方言馆(后并入江南制造局)等译书机构,翻译了一系列外国法律著作和法典,如《万国公法》《公法会通》《公法便览》《法国律例》《新加坡刑律》等。同时,一些新式学堂还专门开设有关西方法律知识的课程,如京师同文馆1870年以后的课程中就增设了《万国公法》的讲授内容。

  1895年,清政府在中日甲午海战中的溃败以及《马关条约》的签订,更加刺激了国人的神经,士大夫中间甚至出现了"亡国灭种"的危机感。为了拯救民族危亡,一批维新派人士提出进一步学习西方的先进思想与制度,法制就是其中一项重要内容。1898年,梁启超发表《论中国宜讲求法律之学》一文,

---

① 王健:《西方政法知识在中国的早期传播——以〈东西洋考每月统记传〉为中心》,《法律科学》2001年第3期。

认为"今日非发明法律之学，不足以自存"，疾呼"发明西人法律之学，以文明我中国"。① "发明西人法律之学"最主要的方法就是译介相关的书籍，梁氏在《变法通议·论译书》中即指出："今日之计，莫急于改宪法，必尽取其国律、民律、商律、刑律等书而广译之。"② 虽然维新变法只持续了短暂的三个月，且以失败告终，但在维新派的推动与影响下，大批报刊如《中外纪闻》《时务报》《译书公会报》《国闻报》《湘报》，以及译书机构如大同译书局、上海译书公会、南洋公学译书院等在变法前后如雨后春笋般成立，刊载、翻译了众多的西方法律与法学著作。

光绪二十六年十二月十日（1901年1月29日），因八国联军侵入北京而流亡西安的慈禧迫于压力，以光绪皇帝名义发布变法革新的诏谕，要求朝臣"参酌中西政治"，就"朝章国故，吏治民生，学校科举，军制财政"等各抒己见。大小臣僚变法奏疏纷纷上奏，最终清廷采纳两广总督刘坤一、湖广总督张之洞联名会奏的"变法三折"。根据"变法三折"的意见，光绪二十八年二月二日（1902年3月11日）清廷颁谕修订律例。同年四月六日（5月13日），清廷再颁上谕，指派沈家本、伍廷芳"参酌各国法律"考订"一切现行律例""务期中外通行"。光绪三十年四月一日（1904年5月15日），清廷正式设立了专门的机构——修订法律馆，负责法律的修订工作。光绪三十二年

---

① 梁启超：《论中国宜讲求法律之学》，梁启超：《饮冰室合集·文集之一》，北京：中华书局1989年版，第94页。
② 梁启超：《变法通议·论译书》，梁启超：《饮冰室合集·文集之一》，北京：中华书局1989年版，第69页。

七月十三日（1906年9月1日），清政府颁布《宣示预备立宪先行厘定官制谕》，宣布"仿行宪政"，进行预备立宪。

修律过程中，为了广泛吸取世界各国的立法经验，翻译了外国法律与法学著作近百部。举其要者，有《德意志刑法》《俄罗斯刑法》《日本现行刑法》《法兰西刑法》《荷兰刑法》《意大利刑法》《日本刑事诉讼法》《德国民事诉讼法》《美国刑事诉讼法》《日本监狱法》《日本裁判所构成法》《日本商法》《德国海商法》《英国国籍法》《美国国籍法》《奥国法院编制法》《美国公司法论》《英国公司法论》《德国高等文官试验法》《德国裁判惩戒法》《德国行政官惩戒法》《奥国亲属法条文》《德国强制执行法及强制竞卖法》《日本法律辞典》等。同时，完成了一系列重要立法，如《刑事民事诉讼法》《违警律草案》《法院编制法》《大清新刑律草案》《大清现行刑律》《大清商律草案》《国籍条例》《禁烟条例》《刑事诉讼律草案》《民事诉讼律草案》，虽然其中有些律典（草案）并未施行，但通过此次修律和立法，中国近代法律体系基本建立。

1912年1月1日，中华民国南京临时政府成立。3月8日，参议院通过了具有宪法性质的《中华民国临时约法》，3月11日正式公布。《中华民国临时约法》共七章五十六条，规定：中华民国主权属于全体国民；中华民国人民一律平等，享有人身、居住、财产、言论、出版、集会、信仰等自由，以及请愿、诉讼、选举、被选举等权利；参议院行使立法权，总统、副总统由参议院选举产生；总统总揽政务，公布法律，接见外使；国家政体为内阁制，国务员为国务总理及各部总长，辅佐总统；法院享有独立审判权，等等。

以上规定总体上反映出《中华民国临时约法》基本贯彻了三权分立、主权在民、代议政治的西方法制原则。此外，临时政府还颁行了一系列涉及行政、经济、教育、社会等各方面的单行法律、法规。南京临时政府执政的时间只有短短的三个月，其政权便被以袁世凯为代表的北洋军阀篡夺。虽然在北洋政府时期，南京临时政府制定的很多进步的法律法规及其包含的西方法制原则被否弃，但中国法制的道路并没有止步，依然在艰难地向前迈进。1913年10月31日，由北洋政府国会两院选举产生的宪法起草委员会完成了《中华民国宪法草案》，但由于袁世凯的破坏而没能颁行。十年之后，也就是1923年10月10日，经北洋政府国会同意，公布了中国历史上第一部正式的宪法《中华民国宪法》。虽然这部宪法是曹锟通过贿选手段当上大总统后为平息丑闻而加紧制定的，并且其中很多内容存在争议与不足，但它基本体现了民主共和、权力分立与制衡、代议政治等近代西方宪政的精华。随着曹锟的下台，这部"贿选"宪法也宣告撤销。此外，在民事、商业以及刑事方面，北洋政府也制定了相关的法律法规；在司法制度方面，规定法官独立审判，确立了司法权的独立地位。

南京国民政府时期（1927年4月—1949年10月），完成了中国法律的近代化，逐步形成了以宪法、民法、刑法、民事诉讼法、刑事诉讼法、行政法六大类法律为主体的六法体系。在宪法方面，先后制定颁布了《训政纲领》《训政时期约法》《中华民国宪法草案》《中华民国宪法》；在民法方面，公布了《民法》之《总则编》《债编》《物权编》《亲属编》《继承编》，以及《公司法》《票据法》《海商法》《船舶法》《交易所法》《保险法》等单行商事法规；在刑法方面，公布实施《中华民国刑法》，以及《惩治盗匪暂行条例》《暂行反革命治罪法》《危害民国紧急治罪法》《惩治汉奸条例》《惩治贪污条例》等大量刑事特别法规；在民事和刑事诉讼法方面，公布了《中华民国民事诉讼法》《中华民国刑事诉讼法》，以及《提审法》《破产法》《公设辩护人条例》等；在行政法方面，制定颁行了《著作权法》《国籍法》《工会法》《工厂法》《商标法》《土地法》《银行法》《行政执行法》《公务员服务法》《行政诉讼法》《行政法院组织法》等大量行政法规。①

总之，鸦片战争前后，国人开始了解到近代西方的法制理念。西法东渐的过程，经历了从初期的译介到后来的移植乃至最终建立属于中国自己的近代法律体系。西方法制理念在中国的传播与实践，必然激发人们对中国古代法家学派人物、著作和思想的研究兴趣，《商君书》就是其中之一。

二、商鞅形象的扭转

汉代以降的古代中国，商鞅其人、其法遭到猛烈抨击。关于其人，视为"谗夫""小人""异端""千古罪人"者有之，说他"刻薄""少恩""德薄多欲""谗佞反覆""非圣无法"者有之。关于其法，则直斥为"峻法""邪政""弊法""末法"

---

① 关于西方法律在近代中国传播与践行的历程，本文主要参考何勤华、李秀清：《外国法与中国法——20世纪中国移植外国法反思》，北京：中国政法大学出版社2003年版，第12—20页；张晋藩：《中国近代社会与法制文明》，北京：中国政法大学出版社2003年版；张晋藩总主编、朱勇主编：《中国法制通史》第九卷《清末·中华民国》，北京：法律出版社1999年版；刘毅：《清末法学翻译概述——西法东渐的开端》，《河北法学》2011年第9期。

"秕政""苛法",谓其"酷烈""刻深"。虽然也有像韩愈、李贽等学者试图为商鞅"正名""鸣冤",但终究无法撼动人们对商鞅"耻言""羞称""所贱"的根本态度。近代以来,商鞅这种完全负面的形象有所改观。

最早为商鞅全面"翻案"者当属章太炎。章氏所作《商鞅》一文,开篇即说:"商鞅之中于诟诽也二千年,而今世为尤甚。""诟诽"者认为,商鞅的法家学说导致汉代以降民众权力被抑夺,而使君主恣意妄为。章太炎以为,这是"惑于淫说也甚"。首先,章氏为法家正名。法是一切制度的总称,法家就是通俗所谓的政治家,并非拘泥于刑律而已。接着他指出,商鞅继承了李悝《法经》六篇,而西汉萧何作《九章律》,也与《法经》、秦律前后相承,斠若画一。"刑之乱,君之擅"的根由是"决事比",与商鞅、萧何无关。董仲舒、公孙弘之徒"媚人主""震百辟""束下民",他们才是罪魁祸首,张汤亦助长之,与商鞅何干?商鞅作法,用刑维系之,非以刑为本,用其法治秦,取得了"家给人足"的成效,不仅盖藏有余,也能交足赋税。而公孙弘、张汤、董仲舒等为了迎合君主专制,专门以"见知腹诽之法"震慑臣下,诛锄谏士,绞杀豪杰,其法唯在于刑,其刑唯在于"任威斩断"、任天子"重征敛、恣调发而已"。对于有违背天子意志者,他们就制定或援引严苛的律文以治其罪,根本不能自守或维护其刑律,以致"盗贼满山,直指四出,上下相蒙,以空文为治"。公孙弘等行法与商鞅岂能相提并论?二者优劣,"诚不可较"。不仅行法之优劣没法比,就连他们的心术也是相差甚远。商鞅虽然在进身与交游方面存在争议,但其为官之正直,如同矫正弓弩的器具檠榜一样不可扭曲、弯折。所以他敢"辱太子,刑公子虔",即便知道太子日后就是新的国君,可以左右自己的福祸,但依然不愿枉法以曲意逢迎。反观公孙弘、张汤之辈,只会"乞哀于人主,籍其苛细以行佞媚之术"。当然,商鞅一天刑杀七百人导致渭水都被血液染红,其酷烈或许较公孙弘、张汤、董仲舒为甚,但不像他们那般"逆诈"。酷烈与逆诈,正是治与乱、直与佞之区别所在。世人只看到商鞅"初政之酷烈",却不考求其后来之成效,以为他就是整日"持鼎镬以宰割其民",岂不谬哉!章氏进而分析了汉代以降和商鞅之世的差异。汉代以后,儒生为吏,多习《春秋》,其用意就在于"恣君抑臣",并延展及于压制民众,董仲舒的"决事比"首开其端。商鞅之世的秦国,民众"蠢愚无知",如果让他们议论政令,不仅无益于事,还会"淆乱是非",只能禁之。后世教化有成,都邑所在不乏才德优秀之人,却依然强行阻遏,不让民众参与讨论政令,使君主高高在上、百姓退缩于下。这始于公孙弘、张汤之取媚于上,而不是效法商鞅。即使是效法商鞅,商鞅不过是"救时之相",其法只适用于一时,其书也只是用以阐明其所行之法,并没有"欲行其说于后世"之意。后世对商鞅用意不加详察,强行效法,此其咎由自取,商鞅何辜?不过,章氏也强调,商鞅之罪在"毁孝弟、败天性"而已。最后,章太炎感叹到,将给人民带来富足的法家与公孙弘等佞媚之徒视为一类,对其谩骂诋毁,将其罪责都归咎于商鞅,是多么可悲!商鞅因为处罚了公子虔,在秦国蒙受恶名,而今又背负恶名于后世。这正是骨鲠之臣不可为,而公孙弘、张汤、董仲舒之辈以佞媚保有禄位的原因所在。①

　　章太炎《商鞅》一文始撰于1898年，大约十年之后，广智书局陆续分编出版《中国六大政治家》一书，其中第二编是麦孟华所作《商君》。《商君》后来又在1935年以《商君评传》为题，由世界书局收入《诸子集成》丛书出版。麦氏在《商君》第一章《发端》中指出，中国弱于欧美的原因之一即是"中国人治，欧美法治"。数千年来，中国未曾闻有立法之事，但推求两千年上，能与西方来喀瓦士（今译来库古）、锁龙（今译梭伦）相仿佛者，只有齐国的管子与秦国的商君。麦氏给予了商鞅高度评价，认为他是"法学之钜子，而政治家之雄"。商君奉行"法律万能"主义，举凡军事生计风俗制度，无不齐之以法；一国之无论平民还是贵族、无论统治者还是被统治者，靡不受制于同一公布之法。商君以其"总核精悍"之才，力排众议，毅然不屈，驱民进取，"遂以兴国势，定霸业"，后世沿用其法，终成"统一之伟功"。虽然麦氏也承认，商鞅之治专恃功利，偏缺道德，诋毁仁义，但他更强调，治理国家就应该审时度势、因时制宜。且立法本就不可能绝对完美，关键在于后人承用其法能否匡偏补缺。如果因为害怕其弊端而一味戒除，只会导致其法好的一面也被摒弃，遂使古人的良法美意湮没不彰。最后作者强调："且以今人之眼光观察古人，则古人必有特别之新面目，用敢次其行事，条其政策，刺其著书之政论，比

---

① 章太炎《商鞅》一文，本文先后收入章氏著《訄书》（初刻本）、《訄书》（重订本）和《检论》，分别见上海人民出版社编：《章太炎全集》（三），上海：上海人民出版社1984年版，第79—82、259—262、605—608页。三次结集出版的《商鞅》内容稍有不同，此处主要参考《检论》。

以今日之政治，我国民其有尸祝崇拜之同情欤，作《商君传》。"①

1935年，商务印书馆《国学小丛书》出版了陈启天的《商鞅评传》。陈氏在该书之《叙》里交代，作此《商鞅评传》乃是为了"重行考定商鞅之价值"，以昭示"此大政治家之真面目，及其与中国历史之重大关系"。在该书第五章第二节《商鞅的评价》中，作者首先评述了此前人们对商鞅的评价。陈氏认为，与商鞅同时的赵良"几乎全是用儒家的眼光去批评商鞅"，此种批评虽然对后世影响很大，但对商鞅的真价值没有大的损伤。至于战国的学者，很少有评论商鞅的。韩非以"法家的见地"指出商鞅两点不足，分别为"徒法而无术"和"未尽于法"，但这不过是补充商鞅的主张，并非否认商鞅的主张。汉代以后，"非难商鞅的多，推崇商鞅的少"，其中最推崇者当属晁错，非难者以司马迁、班固为代表。司马迁"刻薄少恩"的评价，"不惟使商鞅受恶名于秦，并且受恶名于后世，真是冤枉极了"。汉人中评论商鞅比较公允的，要数刘向，其所说"极身无二虑，尽公不顾私"，确是"道出了商鞅的品格价值"，但其指责商鞅严刑，就是忘却了在商鞅的时代变法非严刑不能实行。汉代评论商鞅者多是儒家，而自汉至清都是儒家当权，所以后世对商鞅的评价基本沿袭了汉儒，除诸葛亮、王安石等人之外，各家对商鞅多是非难。不过，清代中期以后，各家对商鞅的评价渐有转变。著名学者陈沣就《商君书》之可取与不可取者评

---

① 麦孟华：《商君》，梁启超等编著：《中国六大政治家》第二编，北京：中华书局2014年版，第129—131页。

析商鞅，虽难免儒家偏见，但较汉儒稍平。清末学术大师章太炎首次为商鞅申辩，同时期的麦孟华作《商君传》，让商鞅的真价值大白于世。二十余年来，有论者从《商君书》校释、伦理、政治、法理、哲学、历史等各个方面研究、评论商鞅，使商鞅的真面目进一步得到澄清，不再被儒家的陈说所蒙蔽。在前人评论的基础上，陈启天重新估定商鞅的评价如下：

第一，在中国政治历史上，商鞅坚决实行变法，加速了封建政治的崩溃，创立了君主政治，使秦国富强并最终完成统一。他不仅创造了秦国的命运，而且决定了秦代以后中国两千年的政治历史。

第二，在中国政治思想上，商鞅将其以法治主义为手段、重农主义与军国主义为内容、建立新的君主政治制度为目标的政治思想在秦国推行，使法家的理论在战国思想界得以确立甚至占据优势。商鞅就此成为中国政治思想上首要的法家，并对儒家产生了不少的影响。

第三，在中国政治人物中，商鞅是一位"革新的实行的大政治家"。如果他生活在更早的时代，又能做出他在秦国的那番功业，儒家必定将他与尧舜禹汤文武同列为"圣人"。[①]

由此可见，章太炎为商鞅申辩，重在区分商鞅之法与公孙弘、董仲舒、张汤等人行法的不同。商鞅的法治是真正维护律令的权威与公正，至少商鞅的初衷如此。而公孙弘等人完全是迎合君主的意志，他们所倡导的法不过是"深文"为治的刑罚与天子的"任威斩断"，这才是导致"抑夺民权，使人君纵恣"

---

① 陈启天：《商鞅评传》，上海：商务印书馆1947年版，第1、93—105页。

的根由所在。今人误将罪责归于商鞅，正是由于没有认识到二者的差异。这一认识是非常独到、深刻的。麦孟华则极力推崇商鞅的法治思想，称其为"法学之钜子"。陈启天从思想理论和制度革新方面高度肯定了商鞅在中国政治史和思想史上的重要地位。同时，章氏、麦氏和陈氏三人都承认商鞅之法严苛，但均表示理解，因为商鞅之法的实施有其特定的环境。当然，章太炎、麦孟华、陈启天对商鞅的评价并不能概括这一时期所有人的看法，但他们的观点是非常有影响力的，基本上代表了当时最主流的意见。至此，我们看到了一个正面形象的商鞅。商鞅形象的扭转，无疑会影响人们对《商君书》的态度以及研究的热情。

三、《商君书》校释的新成果

20世纪初期，面对严峻的民族危机与西学激荡的浪潮，中国诞生了"以复兴中国文化为己任"的"国粹派"，并由此推动了一场盛行于清末的保存国粹运动。随着新文化运动的发展，就如何对待中国古代的学术思想的讨论又掀起了一场整理国故运动。从保存国粹到整理国故，极大地促进了传统典籍的发掘整理，推动了诸子学的发展。[①] 作为国粹或国故之一的《商君书》，在这一时期也涌现了众多专门的注本。就笔者知见、按成书时间先后，有王时润《商君书斠诠》（《闻鸡轩丛书》，长沙

[①] 关于保存国粹运动与整理国故运动，郑师渠：《晚清国粹派：文化思想研究》，北京：北京师范大学出版社1997年版；卢毅：《"整理国故"运动与中国现代学术转型》，北京：中共中央党校出版社2008年版；喻大华：《论晚清国粹派与国粹思潮》，《故宫博物院院刊》2002年第3期；王凯：《清末国粹运动研究》，曲阜师范大学硕士学位论文，2016年3月。

宏文图书社1915年，后更名《商君书集解》)、尹桐阳《商君书新释》(《起圣斋丛书》，1918年)、朱师辙《商君书解诂》（广益书局1921年)、支伟成《商君书之研究》（也作《标点注解商君书》，1927年)、简书《商君书笺正》（民智书局1931年)、陈启天《商君书校释》(《学生国学丛书》，商务印书馆1935年)、蒋礼鸿《商君书锥指》（1944年)、朱师辙《商君书解诂定本》("国立中山大学"出版组1948年）等。现择要简述之。

王时润的《商君书斠诠》以严万里校本为主，因以俞樾《诸子平议》、孙诒让《札迻》校之仍有不可通者，作者于是决定"以己意订正，取证群籍"。① 王氏注此书，其训诂广采《尔雅》《小尔雅》《方言》《释名》《说文解字》《广雅》《玉篇》《广韵》《助字辨略》《经传释词》《经籍纂诂》，其义例多取《读书杂志》《群书拾补》《诸子平议》《古书疑义举例》。② 荷兰人戴闻达还据王氏《商君书斠诠》，将《商君书》译为英文，列入《东方丛书》，于1928年在伦敦出版。③

尹桐阳的《商君书新释》并没有采用保留一个底本、以其他版本参校的方式，而是径直"择善而从"，也不作校勘说明。释文几乎全是作者自注，鲜见参引前人有关注解，只是偶有几处注释中出现"父说"，不知何意，疑为其父尹乾的注说。《更

---

① 王时润：《商君书斠诠·叙目》，长沙：宏文图书社1915年版，收入华东师范大学《子藏》编纂中心编、方勇总编纂：《子藏·法家部·商君书卷》第七册，北京：国家图书馆出版社2015年版，第55页。

② 王时润：《商君书斠诠·斠诠杂缀》，长沙：宏文图书社1915年版，收入华东师范大学《子藏》编纂中心编、方勇总编纂：《子藏·法家部·商君书卷》第七册，北京：国家图书馆出版社2015年版，第62页。

③ 王时润：《周秦名学三种序》，《南开大学周刊》1931年第102期。

法》《垦令》《说民》《开塞》《立本》《徕民》《刑约》《外内》等篇有题解,其中《说民》篇题解指出"《去强》篇词意简括,因复作《说民》以解之",《外内》篇题解认为《韩非子·南面》所云"《商君》之《内外》"即《商君书·外内》篇。① 这两种观点,后人都有持者,并做了更为详细的论证,而尹氏的提出是比较早的。

朱师辙《商君书解诂(定本)》以严万里校本为主,并以明代以来二十余种本子参校,同时还酌采赵蕤《长短经》、汪中《群书蓄疑》(疑为《旧学蓄疑》)以及《艺文类聚》《北堂书钞》《群书治要》《太平御览》《意林》等类书和俞樾《诸子平议》、孙诒让《札迻》、陶鸿庆《诸子札记》等前人校释成果。除《战法》《画策》《君臣》三篇之外,其他诸篇都有简略的篇题解说。该书自成书以来便颇受好评,为学界所重。为之作序的胡朴安赞之曰:"精确详核,《商君书》始可读。"② 吕思勉强调,《商君书解诂》"最便观览"③。张觉认为,它是"本世纪用力较深、发明较多的校注本之一"④。

陈启天《商君书校释》的最大特点表现在体例方面。其一,根据前人考订,改正、重写原文,同时将原文附于各段之后,以保存旧本原貌。各家校正意见不一时,取其较为近是者;若均不妥,则仍存原文,或重新考订,详加附注。其二,各家注

---

① 尹桐阳:《商君书新释》,1923年刊《起圣斋丛书·政法四书》本,收入华东师范大学《子藏》编纂中心编、方勇总编纂:《子藏·法家部·商君书卷》第八册,北京:国家图书馆出版社2015年版,第44、109页。
② 朱师辙:《商君书解诂定本·初印本胡序》,北京:古籍出版社1956年版,第8页。
③ 吕思勉:《经子解题》,上海:华东师范大学出版社1995年版,第169页。
④ 张觉校注:《商君书校注》,前言,长沙:岳麓书社2006年版,第10页。

释可取者，酌情采录；其注释失当或欠缺者，间加新注，详于附注。其三，对各篇内容依文义分段，并加新式标点。将正文与校释分开，遇有需要校释者，在正文中以带圈数字符号标注，注释文字则依序汇写于每段正文之后。其四，附注中引录前人各家之注释均加引号，以示识别；其无引号者，多为作者增益。①

  蒋礼鸿的《商君书锥指》完成于 1944 年，迟至 1986 年才被中华书局《新编诸子集成》（第一辑）收入出版，此前一直以稿本存世。本书的校释特色，根据前人的有关评析总结如下：一是别具一格的题解。作者对《更法》以及佚篇《六法》等十五篇篇题做了详略不一的解说，根据需要分别提示本篇作者、篇题错字和难字、辨正旧说、篇题来历、全篇主旨和结构层次及其与篇题之间的关系等方面的内容。二是"搜罗宏富，引征广博"。该书依据严万里校本，参考钱熙祚指海本，采录俞樾、孙诒让、王时润、简书、朱师辙等前人成果，旁征汪中、蒙文通、蒙季甫与诸师友之说，斠之以《艺文类聚》《群书治要》《意林》《太平御览》《路史》《古今图书集成》所引，可谓博极群书，广征众说。更为难得的是，作者并不是简单地汇聚、墨守成说，而是"大胆发疑，刊改漏失，补苴未备"，力求做到择善、匡谬、补阙、阐发、祛疑。三是校释内容宽泛，主要包括删衍文、补脱文、改误字、明句读、破通假、解字义、定是非、疏文义。四是在校释的方法上，突出表现在娴熟地根据文字形声、词义训诂、语法结构、行文义例、文势文脉、其他书典等

---

① 陈启天：《商君书校释·例言》，上海：商务印书馆 1935 年版，第 1—3 页。

进行理校。① 该书校释审慎精良，因而备受推崇。当年此书成书后送国民政府教育部审查时，专家评语说"《商君书》殆当推此为善本矣"②。祝鸿杰更是以为"《锥指》是迄今为止《商君书》最该备、最完善的一个校注本"③。

除以上所列专门的《商君书》注本，此时还有一项重要的校释成果需要介绍，虽然它只是一篇简短的文章——蒙季甫《商君书说民弱民篇为解说去强篇刊正记》。该文对《商君书》中《说民》《弱民》《去强》三篇之间的关系做了详细疏解，结论是"《说民》《弱民》二篇并为《去强》一篇之注"。作者指出，今本《商君书》之《说民》《弱民》两篇与《去强》篇"文多重出"，《弱民》"节目次第"与《去强》全同，只是稍有脱佚。《说民》承《弱民》之后，其"节目次第"与《去强》多半相同，余下有异者乃是"《去强》篇错简"，正好可以"据《说民》篇次第移改"。又《弱民》篇所注释的《去强》篇的内容不见于《说民》篇，《说民》篇所注释的《去强》篇的内容也不见于《弱民》篇。而凡《说民》篇所注释的内容，在《靳令》篇中必有，且"节目次第"也多一致。再以《韩非子·饬令》校《靳令》，去除增多的部分内容，则"固与《说民》篇所注释之正文出入无几"。依此来看，《去强》很有可能原本是

---

① 祝鸿杰：《〈商君书锥指〉平议》，《杭州大学学报》1993年第1期；任继昉：《断港绝航　重开津逮——评新编诸子集成本〈商君书锥指〉》，浙江大学汉语史研究中心、浙江大学古籍研究所编：《汉语史学报专辑（总第三辑）：姜亮夫、蒋礼鸿、郭在贻先生纪念文集》，上海：上海教育出版社2003年版，第65—68页。

② 转引自《蒋礼鸿自传》，北京图书馆文献丛刊编辑部、吉林省图书馆学会会刊编辑部编：《中国当代社会科学家》第1辑，北京：书目文献出版社1983年版，第338页。

③ 祝鸿杰：《〈商君书锥指〉平议》，《杭州大学学报》1993年第1期。

分作两篇的,其中一篇也就是《说民》所注释的内容被韩非子袭取为《韩非子·饬令》,后世又取《饬令》增润为《靳令》,附于《商君书》中。古时注文与正文分开别行,并非如后世"直系正文之下",因此容易将古之注文误以为"别篇正文"而"更立一篇"。今本《商君书》篇序中,《去强》为第四,《说民》为第五,此"犹可见古注必多附列正文之后"。至于《弱民》远在第二十,则是"篇第之误"。为直观呈现其说,作者以《去强》篇为正文,以《弱民》《说民》为注文,对之分节排列比附,一目了然。[①] 蒙氏此说虽新奇大胆,但理据切实充分,令人信服,"这一观点已被普遍接受"[②]。

[①] 蒙季甫:《商君书说民弱民篇为解说去强篇刊正记》,《图书集刊》1942年创刊号。
[②] 张林祥:《〈商君书〉的成书与思想研究》,北京:人民出版社2008年版,第16页。

第四章　民国时期《商君书》思想研究的新发展

《商君书》辨伪诸说

辨伪，顾名思义就是指辨别真伪。辨伪的对象可以是人物、史事，也可以是学说、古籍篇目，但当它作为一门学问或学科——辨伪学出现时，往往是专就古籍篇目而言。我国古书辨伪的工作古已有之，如果忽略一些初期零星的辨伪尝试，一般认为西汉刘向、刘歆父子奉诏校书时，就开始对当时知见的部分图籍的真实性提出了怀疑，其成果经过删节，部分保留在了《汉书·艺文志》中。此后，辨伪之学逐渐发展、成熟，举其要者有：唐代刘知幾对郑玄注《孝经》、河上公注《老子》、子夏《易传》的辨伪，柳宗元对《列子》《文子》《鬼谷子》等的辨伪；宋代欧阳修对《十翼》的辨伪，吴棫对《古文尚书》的辨伪，朱熹对《古文尚书》《诗序》《左传》《孝经》《孔丛子》《管子》《子华子》等的辨伪；元末宋濂辨伪专书《诸子辨》对周秦汉唐以来的数十部子书的辨伪；明代胡应麟《四部正讹》对经史子集九十余部古书、梅鷟《尚书考异》专对《古文尚书》的辨伪；清代阎若璩《古文尚书疏证》对《古文尚书》的辨伪，姚际恒《古今伪书考》对八十余部古书的辨伪，

121

《四库全书总目》对五百七十余部古书的辨伪；等等。①

民国时期，古书的辨伪更是达到了一个高峰，特别是在新文化运动中发展起来的整理国故运动催生了"古史辨派"，形成了一股强劲的疑古思潮。所谓"宁可疑而错，不可信而错""不但历史，一切'国故'，要研究它们，总以辨伪为第一步"②，就是其典型反映。在疑古风潮的推动下，不仅产生了大量辨伪的论著，还建构了系统的辨伪理论与方法。前者如论文汇编《古史辨》、黄云眉的辨伪专著《古今伪书考补证》与张心澂《伪书通考》，后者有梁启超的《中国历史研究法》《中国近三百年学术史》《古书真伪及其年代》，以及王国维的"二重证据法"等。③ 辨伪的历史不仅仅表现于发现、怀疑是伪书的数量的增加，更体现于辨伪意识与自觉性的提高、辨伪理论认知的深入、辨伪方法的更新与总结。总之，辨伪已经成为认识、研读、利用古文献的一项必要程序。

具体到《商君书》的辨伪，自宋代开始就有论者怀疑、否定其作者为商鞅，清代四库馆臣根据其开篇《更法》中出现的"孝公"谥号判断其书非商鞅亲著。民国时期，有关《商君书》真伪的讨论更是一浪高过一浪，具体讨论意见大致可归为非伪说、伪书说和不以真伪简单论定说三种观点。

---

① 关于中国古代古书辨伪的历史，杜泽逊：《文献学概要》，北京：中华书局2001年版，第234—248页；司马朝军：《文献辨伪学研究》，第一章至第四章，武汉：武汉大学出版社2008年版。
② 胡适：《研究国故的方法》，欧阳哲生编：《胡适文集》(12)，北京：北京大学出版社1998年版，第92页；钱玄同：《论今古文经学及〈辨伪丛书〉书》，顾颉刚编著：《古史辨》第一册，上海：上海古籍出版社1982年版，第29页。
③ 关于民国时期古书辨伪的概况，刘重来：《中国二十世纪文献辨伪学述略》，《历史研究》1999年第6期。

一、非伪说

一般而言，当我们对一本书不作真伪尤其是不作伪书的判断时，则默认它是真实的。《商君书》自成书以后到宋代，一直题名"商鞅撰"，就目前来看，此间没有人对其真伪表示过怀疑，也就是说，研读、著录和引述它的人都相信它是商鞅所作。宋代以后，开始有论者思考《商君书》的真伪问题，但在清修《四库全书》以前，默认《商君书》不伪者恐怕依然占绝对多数。到了民国时期，坚持《商君书》不伪的学者却是极个别的，如吕思勉于1926年出版的《经子解题》就说，"今《商君书》精义虽不逮《管》《韩》之多，然要为古书，非伪撰"，之所以相信它不伪，原因可能在于"其中可考古制，及古代社会情形处颇多"[①] 吧。

二、伪书说

民国时期，认为《商君书》为伪书的观点成为主流意见。胡适留学归来，在北京大学讲授"中国古代哲学史"课程，自编讲义，并依此讲义写定《中国哲学史大纲》一书，于1919年由商务印书馆出版。《中国哲学史大纲》充分表现了胡适接受并运用近代西方科学研究的态度与方法，非常重视对史料的审查与批判。该书第一篇导言中专辟"哲学史的史料""史料的审定""审定史料之法"等小节，特别讲述了研究中国哲学史的史料和处理这些史料的原则。其中，胡氏就断言《商君书》是后

[①] 吕思勉：《经子解题》，上海：华东师范大学出版社1995年版，第168—169页。

人伪造的并根据《商君书》中出现的不符合商鞅生存时代的内容进一步具体论证说："今世所传《商君书》二十四篇（《汉书》作二十九篇），乃是商君死后的人所假造的书。如《徕民》篇说：'自魏襄以来，三晋之所亡于秦者，不可胜数也。'魏襄王死在西历前二九六年，商君已死四十二年，如何能知他的谥法呢？《徕民》篇又称'长平之胜'，此事在前二八〇年（原文"八"作"六"，此为印刷之误），商君已死七十八年了。书中又屡称秦王。秦称王在商君死后十余年。此皆可证《商君书》是假。商君是一个实行的政治家，没有法理学的书。"①

胡适的辨伪，是继四库馆臣《〈商子〉提要》以来再次提出《商君书》非商鞅亲著的有效论证。其实，准确地说，这也只能断定《徕民》和称秦国君主为"王"的篇目系后人伪托，并不能就此贸然否定全书。检视《商君书》各篇，并没有直接称"秦王"者。《商君书》中"王"字出现的频次倒是很高，但绝大多数是君主的泛称或用作动词表示称王之意。不过，考虑到《徕民》《赏刑》两篇的作者自称"臣"，它们应该是献给当时秦君的书奏，所以这两篇中出现的部分"王"字基本可以确定是指称秦君的。另有《境内》篇"与国正监与正御史参验之"（严万里校本）一句中的"正御史"，据朱师辙《商君书解诂定本》校语，"各本皆作王御史，盖秦王特派之御史"②。如果朱师辙所说不误，则此篇作者也称秦君为王。至此，加上《〈商子〉提要》提出的不合理的"孝公"称谓，可以断定非商

---

① 胡适：《中国哲学史大纲》，北京：商务印书馆2011年版，第293页。
② 朱师辙：《商君书解诂定本》，北京：古籍出版社1956年版，第75页。

鞅手书的篇章当包括《更法》《徕民》《赏刑》《境内》（极有可能）诸篇。

继胡适之后，金受申、支伟成、傅斯年、黄云眉、朱元懋、罗根泽、钱穆、容肇祖、熊公哲、徐文珊、郭沫若、齐思和、蒋伯潜等也都认定《商君书》为伪书，并不断补充新的证据。①以上诸家所提出的理由归纳起来，大致包括：

其一，书中出现商鞅不及知见的称谓、人物、事件、制度等史实。称谓方面，主要是重复前人已经指出的"孝公""魏襄王""秦王"（秦君称王）等。人物方面，钱穆《先秦诸子系年》指出"《错法》有乌获，乃秦武王时人"②。事件方面，除了胡适发现的《徕民》篇中的"长平之胜"，罗根泽又提出了《徕民》篇中的"华军之胜"（作者以为当指发生在秦昭王三十三年的华阳之战）、《弱民》篇中的"秦师至鄢郢"（作者以为当指秦昭王二十八年、二十九年白起先后攻楚取鄢、郢）。③容肇祖还认为，《弱民》篇中的"唐蔑死于垂涉，庄蹻发于内，楚分为五"乃是指发生在秦昭王时的唐蔑战死、庄蹻不得归楚之事。④制度方面，黄云眉参考《日知录》"古无一日分十二时之说，自汉以下，历法渐密，于是以一日分为十二时"的认识，

---

① 以上诸家《商君书》辨伪的著述下文将具体指出，其中齐思和《商鞅变法考》（《燕京学报》1947年第33期）一文虽坚称《商君书》乃后人伪撰，"不足信据"，但并没有过多地论证，只是在文中注释12里引述前人已经提出的部分理由稍加说明。鉴于此，下文总结相关辨伪依据时不再列举该文。另外需要提请注意的是，民国时期还有部分涉及《商君书》真伪认识的论著也提出了一些辨伪的意见，或与上列诸家相同（甚至更早提出），或有新的补充，详见本节下一小节。
② 钱穆：《先秦诸子系年》卷三《七三 商鞅考》，北京：商务印书馆2015年版，第266页。
③ 罗根泽：《商君书探源》，《国立北平图书馆馆刊》1935年第9卷第1号。
④ 容肇祖：《商君书考证》，《燕京学报》1937年第21期。

根据《商君书·定分》篇"明书年、月、日、时",推测说"安知非伪托于历法既密,《史记》既行之后乎"。① 容肇祖则直接以此计历方式证明,"《定分》篇之属于汉人所作"。② 除历法之外,容肇祖还将官制作为判断依据。容氏认为,《定分》篇提到的"丞相""御史"都是秦官,前者初置于秦武王二年,后者(御史大夫)始见于秦始皇二十六年;并且,《定分》篇中"诸侯郡县"的说法"不似秦始皇的时代,更不是始皇以前的时代",而"适当"诸侯王与郡县并存的汉初。③

其二,书中内容不符合商鞅时代的社会历史背景。支伟成从中国古代法治学说兴盛的时间推断:"我国法治学说当西历前三世纪时,最为发达,故有附会名政治家如商君者,伪托成书。"④ 罗根泽认为,《商君书》中随处可见反对仁义、礼乐、《诗》《书》、慈慧等儒家学说的言论,尤其对义之反对更为强烈,这正符合战国晚期的时代特征。就其反对"义"之激烈程度言之,其成书更在"孟子之后、而孟子学说有势力之时"。⑤ 钱穆指出,《商君书·徕民》篇为秦国谋划的"乘屡胜之锋,而使战败者不得休息"的策略不符合孝公变法时"务开阡陌,尽地力,内力未充"的秦国现实形势。⑥

---

① 黄云眉:《古今伪书考补证》,《子类·商子》,金陵大学中国文化研究所1932年版,第149页。
② 容肇祖:《商君书考证》,《燕京学报》1937年第21期。
③ 容肇祖:《商君书考证》,《燕京学报》1937年第21期。
④ 支伟成:《商君书之研究》之《商君书研究之部》,上海:泰东图书局1927年版,第10页。
⑤ 罗根泽:《商君书探源》,《国立北平图书馆馆刊》1935年第9卷第1号。
⑥ 钱穆:《先秦诸子系年》卷三《七三 商鞅考》,北京:商务印书馆2015年版,第266页。

其三，书中内容矛盾。朱元懋认为，《商君书》中有些是商鞅的"系统思想"，有些则不是他的"政治手段"，一个人的思想"不会极端矛盾"。可惜作者并未具体分析、举例，只是提到"曾于阅读时列出一表，那个他的系统思想，那个不是他的政治手段"。①

其四，商鞅著书于史无征。朱元懋指出："商君是一个实行政治家，他治秦的成绩历史可查，他没有著过书，如果他有著书，当时的历史或他家著作里，至少也可有一点痕迹。"②

其五，书中径称商鞅为"公孙鞅"。罗根泽认为，《定分》篇"公孙鞅曰"云云，"称公孙鞅，则非公孙鞅作明矣"。③徐文珊也指出："《更法》篇……于鞅均称公孙鞅，分明为后人追记之词，设文出鞅手，则必不如是……"④

其六，书中相关篇章抄袭《荀子》《韩非子》《战国策》等。钱穆认为，"《弱民》篇袭《荀子》""《靳令》篇同《韩非》"，由此可知"其书之成颇晚"。⑤容肇祖细致对比了《商君书·更法》与《战国策·赵策》"武灵王平昼闲居"的内容，"窃疑《商君书·更法》篇是抄袭《赵策》而来"，所以"《更法》简括，不如《赵策》之精详"。作者根据《战国策·赵策》中赵武灵王所说"被发文身"的"瓯越"和"黑齿雕题"的

---

① 朱元懋：《商鞅与韩非》，《先导月刊（南京）》1934年第2卷第3期。
② 朱元懋：《商鞅与韩非》，《先导月刊（南京）》1934年第2卷第3期。
③ 罗根泽：《商君书探源》，《国立北平图书馆刊》1935年第9卷第1号。
④ 徐文珊：《读商君书》，《正言》1944年创刊号。
⑤ 钱穆：《先秦诸子系年》卷三《七三　商鞅考》，北京：商务印书馆2015年版，第266页。

"大吴",考证"《战国策·赵策》此条出自秦汉间人所记,约在汉文帝博士作《王制》之前"。①

其七,书中"十九皆慎子韩非之论"。熊公哲立足于商鞅与慎子、韩非在思想学说上的区别,认为前者所谓法乃军法,后二者所谓法要皆政治。《商君书》多政治之论,"不类于军国之法",故其书出于韩非者十之六七,出于慎子者十之二三。因此,作者以为《商君书》是韩非的学生在韩非死后杂取韩非、慎子之论作成。②

《商君书》既非商鞅所著,作者(伪托者)又是谁呢?成书于何时呢?以上诸家或有回答。关于作者,傅斯年认为"此书当是三晋人士,因商君之令而为之论"。傅氏以为"一种政论之生不能离了他的地方人民性",而"齐晋各有其不同的政治,亦即各有其政论"。因而战国时的政治论,"大别有东西两派",即以《管子》《晏子》为代表的东方"齐学"和以《申子》《商子》《韩非子》为代表的西方"三晋论"。③ 由此,体现"三晋论"的《商君书》自然是三晋人士所撰。罗根泽推定《商君书》的作者为"秦国人或客卿为秦国谋者",理由有三:第一,书中对秦国君主只称"孝公",不冠"秦"字,有甚者径称"公",连哪位君主都不标明,显然不会出于六国人或汉代人之手。第二,书中处处"皆为秦而言""皆以秦为主",故"其作于秦可知"。第三,"书中所言官爵,率皆秦制"。这里的"秦

---

① 容肇祖:《商君书考证》,《燕京学报》1937年第21期。
② 熊公哲:《辨商君书》,《中国学报(重庆)》1943年第1卷第2期。
③ 傅斯年:《战国子家叙论》,欧阳哲生主编:《傅斯年全集》第2卷,长沙:湖南教育出版社2003年版,第291—296页。

国人或客卿为秦国谋者",或为商鞅的"间接徒属",或为"赞成商君之说者"。①郭沫若也怀疑,"伪此书者"就是韩非死后其继续留在秦国的门人"揣摩商君之意而为之"②。蒋伯潜指出,《商君书》"殆为(商鞅)门客后学掇拾而成"③。

关于成书时间。金受申认为,《商君书》"非秦后人所能为者也"④,即《商君书》成书时间不会晚于秦。支伟成以法治学说发达的时间推断,《商君书》于公元前3世纪"伪托成书"。⑤傅斯年指出:"《韩非子》说家有其书,则托于商君之著书,战国末年已甚流行,《韩非子》议论从其出者不少。"⑥傅氏并没有明言《商君书》的成书时间,只强调该书在战国末年已经非常流行。所谓"《韩非子》说家有其书",当指《韩非子·五蠹》篇的以下说法:

> 今境内之民皆言治,藏商、管之法者家有之,而国愈贫,言耕者众,执耒者寡也;境内皆言兵,藏孙、吴之书者家有之,而兵愈弱,言战者多,被甲者少也。故明主用其力不听其言,赏其功必禁无用,故民尽死力以从其上。⑦

---

① 罗根泽:《商君书探源》,《国立北平图书馆馆刊》1935年第9卷第1号。
② 郭沫若:《十批判书》,北京:东方出版社1996年版,第340页。
③ 蒋伯潜编著:《诸子通考》,南京:正中书局1948年版,第472页。
④ 金受申:《〈古今伪书考〉考释》,北京:中华印刷局1924年版,第22页。
⑤ 支伟成:《商君书之研究》之《商君书研究之部》,上海:泰东图书局1927年版,第10页。
⑥ 傅斯年:《战国子家叙论》,欧阳哲生主编:《傅斯年全集》第2卷,长沙:湖南教育出版社2003年版,第294页。
⑦ [清]王先慎撰,钟哲点校:《韩非子集解》卷十九《五蠹》,北京:中华书局1998年版,第451—452页。

此处的"商(君)之法"是否为《商君书》尚有争议,即便它就是指《商君书》,也不能将这段话理解为现实中家家藏有《商君书》。仔细品读发现,"藏商、管之法者家有之""藏孙、吴之书者家有之"云云,不过是《五蠹》篇作者的一种假定推论,想借此表达的意思是,即便人人都读管子、商子、孙子、吴子之书,但依然不能保证他们会积极从事农耕、投身战斗,因为他们只是将农战之事停留在口头上的谈论而已。其实,这仅仅是一种表达、论说技巧,意在假设一种极端的情形来论证作者所要说明的某种结论,沿着这个语义,结论就是"明主用其力不听其言"。

罗根泽力主《商君书》成书于战国末年,其理由有以下七条:

第一,司马迁《史记·商君列传》赞语已经引用《商君书》。

第二,《史记·商君列传》所载商鞅之大政方针及其配套措施与《商君书》"极相吻合"。

第三,《韩非子·五蠹》"商、管之法"的商君之法似即指《商君书》,且《韩非子·南面》篇直接提到"说见《商君》之《内外》"(作者以为此"内外"即为今本《商君书》之《外内》篇),则《韩非子》已引《商君书》。

第四,《淮南子》的《要略》篇云"商鞅之法",其《泰族训》篇又云"商鞅之《启塞》",《淮南子》作于《史记》之前,则《商君书》不会是"后人影附《史记》以伪造"。

第五,"书中所显示之时代背景,确非战国不可"。

其六,书中随处可见反对仁义、礼乐、《诗》《书》、慈慧等儒家学说的言论,尤其对"义"的反对更为强烈,这在"儒家称尊"的汉代是不会出现的,却正符合战国晚期的时代特征。

第七,《商君书·靳令》篇秦四麟本作《饬令》,《韩非子》也有《饬令》篇,对比分析之,疑是《韩非子》袭《商君书》。《韩非子·饬令》虽未必出于韩非,但当在战国之末,则《商君书》中至少其《靳令》篇当作于战国之世。

罗氏进一步根据长平之战的时间和韩非卒年锁定其成书的时间段,谓"此书成于西前二六〇至二三三年之间乎"①。罗根泽对《商君书》成书时间的论证非常系统,但有些论据并不充分,如《商君书·靳令》与《韩非子·饬令》两篇之间关系的判断以及《韩非子·南面》"说见《商君》之《内外》"的解读等。

容肇祖《商君书考证》一文逐篇考察了《商君书》的写作时代,具体言之:《更法》抄袭《战国策·赵策》,《赵策》所记"赵武灵王平昼闲居"一段大约作成于秦汉间;《定分》所提到的官制以及年月日时的计时方法是秦汉时代的,其可定为汉初人依托商君所作;《徕民》《弱民》两篇中涉及的史实昭示它们作成于秦昭王时代(晚年)或略后;《修权》是纯粹说明法治主义的,可能是公孙鞅之遗说;其余诸篇以内容"交互证之",可知大多出于同一人之手或作于同一时期。作者还通过比较《战国策》和《史记》所载蔡泽说应侯时概述的商鞅治绩的差异,推断"蔡泽说话时,大概尚未有《商君书》"。最后,容氏总结说:"总之,由商君的实行的变法及法治的效果,八十余年之后,遂出现了一种《商君书》,是说变法及法治的。"② 容

---

① 罗根泽:《商君书探源》,《国立北平图书馆馆刊》1935年第9卷第1号。
② 容肇祖:《商君书考证》,《燕京学报》1937年第21期。

氏此文用力极勤，通过对《商君书》各篇的通盘考察来综合判断其成书时间的思路是可取的；不过，仅仅因为内容的关联就推断作者或著作时代的相同或相近显然是欠妥的。

三、不以真伪简单论定说

除了非伪说和伪书说，还有论者并不拘泥于《商君书》真伪的简单定性，而是专注于对书中单篇的考察和对《商君书》史料价值的评说。

对周秦诸子书的成书特点，罗焌在《诸子学述》中指出："其他诸子百家，如《管》《晏》《孟》《荀》《墨》《庄》诸书，并非一人自著，大抵皆其后学之所增中依托也。后之读者，但须详考其增加或依托之时代，又明辩其学说之适用与否，以定其可信不可信耳。乌得决心疑古，概以伪书二字抹杀之乎？"① 这种认识应是对清代考据学不泥古、实事求是精神的继承，和对方兴未艾的疑古思潮的反思，代表了民国时期诸多学者的看法。具体到对《商君书》真伪的研判，就是具体篇章具体分析。

刘咸炘指出："今观其书，大氐更法定分，本后人所记，《垦令》《境内》或本鞅条上之文，《去强》以下诸篇文势有异，而语或复冗，《来（徕）民》《弱民》二篇皆及秦昭王时事，必有徒裔所增衍，然其称臣者亦或当时敷奏之词，而后人记之，不得全谓赝作，亦不得谓全无赝作也。"② 大意是不能说《商君

---

① 罗焌著，罗书慎点校：《诸子学述》，上海：华东师范大学出版社2008年版，第16页。
② 刘咸炘著，黄曙辉编校：《刘咸炘学术论集·子学编》，《子疏定本》"法家弟八"，桂林：广西师范大学出版社2007年版，第111页。

书》全部为商鞅所作，也不能说全书不是商鞅所作，认为《垦令》《境内》应是商鞅所作，而《更法》《定分》乃后人所作，其余诸篇或为商鞅门人弟子所增加，或为后人借其名义而发。

顾实在1928年出版的《重考古今伪书考》中改变了早年的看法，指出："凡子书，多非自著，身后有宦学事师者或宾客，为之缀辑成书，故往往时代不符。《商君书》《来（徕）民》《弱民》二篇，皆有及商君身后事，读者分别观之可耳。周氏之说，殊不足据。"① 这里"殊不足据"的"周氏之说"，是指周氏《涉笔》所谓"商鞅书亦多附会后事，儗取他辞，非本所论著也。其精确切要处，《史记》列传包括已尽。凡《史记》所不载，往往为书者所附会"的观点。与吕思勉不同的是，顾实虽然也认为《商君书》非伪书，但他并没有对已被确指非商鞅亲著的《更法》《徕民》等篇避而不谈，而是采取"分别观之"的态度。

刘汝霖亦认为周氏《涉笔》所言"凡《史记》所不载，往往为书者所附会"是"空话"，《四库全书总目提要》依据《更法》篇中的"孝公"称号断定《商君书》非商鞅亲著虽"比较有理"，但"因此而怀疑全书，本（疑为'未'）免武断"。刘氏列举的理由是："因为各种书籍的编订，都经过汉人的手。汉人搜求遗书，以多为贵。偶然得到几篇真的古人著作，总嫌不够，往往东拉西扯，敷衍成多篇。得到记载著书人事迹的材料，也时常采入。这种材料，当放于篇首。……《商君书》首篇的《更法》，当然也是这样。万不能因这一篇时代不合就抹杀全

---

① 顾实：《重考古今伪书考》卷三《子类》，上海：大东书局1928年版，第9页。

书。"对于《徕民》篇,刘汝霖赞同胡适的看法,认为其非商鞅所作,但"也不是后人有意伪造"。刘氏还根据《徕民》篇中"长平之胜""今三晋不胜秦四世"的提法,以及作者自称臣等信息,判断该篇作于公元前 260 年(长平之战)至公元前 251 年(秦昭王卒年)之间;并补充说,如若篇中"周军之胜"指秦昭王五十二年(前 255)攻取西周国一事,则本篇作成时间更可限定在公元前 255 年到公元前 251 年之间。至于《弱民》篇,其中提到了公元前 278 年"破鄢郢"之事,"可知决不出于商君之手"。篇末一段出自《荀子》,则其当在《荀子》后出。而《定分》篇不仅有"郡县诸侯""天子""天下之吏"等语,还夹杂着《慎子》《韩非子》的话,故该篇"是秦汉人掇拾法家余论,伪托商君而作"。①

陈启天在《商鞅评传》专设一章探讨了《商君书》的真伪问题,认为《韩非子》所谓家家藏有的"商之法"或即今本《商君书》的"最初原本"。到了汉代,经过一番改编,《商君书》才"确定书名和篇数"。宋代以后,《商君书》有所佚,直至今本仅存二十四篇。在对《商君书》真伪问题的考证中,陈氏指出,先秦古书"多有所谓真伪问题",而论定某书真伪,"首须确定古书真伪的标准",然后按照标准去断定"何书为真,何书为伪,何书既不全真,也不全伪"。古书的完成,大概不外本人自著、后人记述、后人辑录、后人假托等四个来源。如果将古书来源作为判断其真伪的标准,则只有后人假托成书才能

---

① 刘汝霖:《周秦诸子考》,《第八——商鞅》,北平:文化学社 1929 年版,第 283—289 页。

列入伪书，其他三种都应视为真书。不过，考虑到"先秦古书多有散亡和补辑的经过"，所以应根据古书完成的方式对《商君书》各篇加以分析考证，"不宜轻下笼统的断定"。在评析了前人对《商君书》真伪判断的观点后，陈氏指出："其实，《商君书》只有大部分可视为真的，还有一小部分是假的；不能笼统的说是全真，也不能含混的说是全假。"他对《商君书》逐篇分析的结果是：商鞅自撰的有《垦令》《境内》；可能是商鞅自撰的有《说民》《开塞》《战法》《立本》《兵守》《修权》《赏刑》《君臣》《禁使》《慎法》；战国人记述的有《更法》《定分》；战国人推衍的有《农战》《壹言》《错法》；战国人假托的有《算地》《画策》；战国人撰写的有《徕民》；战国或西汉人假托的有《弱民》；战国或西汉人节录的有《去强》；西汉人假托的有《靳令》《外内》。①

在具体分析《商君书》诸篇写作时代的同时，也有学者超越真伪的论辩，从思想学说和政治主张等方面评定《商君书》的价值。陈鸢书认为："《商君书》无论是真是假，历史上总有商君这个人，总有商君的政治事迹，总有商君的政治主张，使我们相信《商君书》所说的大政方针是不错的，使我们相信商君重农政策是真的。"② 杜蘅之根据陈启天对《商君书》真伪的认识指出："虽说后人的作品居其大半，商鞅本人之作只有二篇较为可信，却不碍及我们对于商鞅的政治思想之研究。我们可以舍其人而专研究这一套政治理论，可以把'商鞅'当作一种

---

① 陈启天：《商鞅评传》，上海：商务印书馆1947年版，第106—135页。
② 陈鸢书：《商君经济政策之检讨》，《安徽建设月刊》1931年第3卷第2号。

学派的名称,只要是法家的思想精华,不必出于商鞅本人,也有研究的价值;何况各篇之出于后人之手者,年代都在战国或西汉,与商鞅的时代不远,且多是记述或申引他的学说的,更足为我们研究的材料了。"①

赵佩玺较早运用唯物史观分析了《商君书》的真伪问题。首先,作者从社会存在决定社会意识出发,强调《商君书》是社会发展的产物。他指出:"《商君书》不是随便可以产生,它是社会的产物,即著作者本人亦须受社会关系之决定。如果社会之史的进程上,有了此种需要,《商君书》即会产生,即便商鞅本人不专门著述,《商君书》亦不因此而不出现于社会,是《商君书》之产生,以社会现象之必然要件为其前提,而不在是否为商鞅所著,决定其存在之关系。"所以:"推断其人与某书有关系,必然要站在社会之史的进程上,即就其社会之本身,以明了意识形态反映之本质,则人与书之问题即可得到一个确实解决。"其次,就社会价值言,《商君书》真伪之辨"仅在于著作之问题","殊少专门探求之必要"。据此,作者对《商君书》真伪问题的结论是:"商鞅的一切政绩,无疑的是代表该阶级的利益,商鞅施政之成功,即该阶级摄取政权取得支配领导的地位,亦即旧势力消灭的反证。社会之本质如此,其反映于意识形态之表现,即适应于其本质之作品即《商君书》是。商鞅是代表新兴地主阶级,《商君书》是新兴地主阶级之意识反映物,商鞅一派人可以代表该阶级要求利益而奋斗,《商君书》一类书就是该阶级理论与喉舌。所以有如斯之一贯理论,谓商鞅

---

① 杜蘅之:《商鞅的政治思想》,《行政与训练》1942年第4卷第2期。

曾作《商君书》固少訾议,即谓《商君书》为代表地主阶级之商鞅一派人之集合作品亦无不可。"① 作者依据阶级分析的方法,指出《商君书》乃是地主阶级意识的反应物,是该阶级攫取政权的理论与喉舌。最后,作者补充说,现存的《商君书》已非原有之作品,对其内容仍需辨别审查。运用马克思主义唯物史观认识《商君书》,这在当时无疑是一记春雷,给《商君书》真伪的研究开辟了新的理论方法。

值得注意的是,蒋礼鸿认为《商君书》并非商鞅自撰,但也不是"后之浅陋者所能伪为",并对前人论定《商君书》为伪书的部分理由做了辩驳,即《商君书》非商鞅自撰,但也不能以伪书视之。其书正反映了商鞅思想及其时代,所谓"要为近古,不失商君之意与其时事者也"。②

四、辨伪诸说平议

民国时期,在宋代以后疑古思潮的基础上,以整理国故和古史辨运动为契机,运用西方近代科学研究方法,对《商君书》进行了一次深入的清理。这一时期涌现了大量的《商君书》辨伪成果,单就量来说是其他任何一个时代也难望其项背的,无疑是《商君书》辨伪史上的最高峰。该时期不仅开启了对《商君书》进行专门、系统辨伪的绪端,而且发微了很多有价值的辨伪方法,现择其要者归纳如下:

一是依据书中出现的商鞅不及知见的称谓、史事进行辨伪。

---

① 赵佩玺:《商君书与商鞅变法的探讨》,《法学专刊》1935年第3—4期。
② 蒋礼鸿:《商君书锥指·叙》,北京:中华书局1986年版,第2—4页。

这是民国时期辨伪古书时常用的方法之一，优点是证据确凿，结论建立在一系列证据链上，但运用过当，也容易"以篇概书"。

二是依据某篇与其他相关文献存在内容的重合或相近进行辨伪。比如《更法》与《战国策·赵策》、《靳令》与《韩非子·饬令》、《弱民》与《荀子·议兵》都存在部分或大部分内容的重合，持《商君书》伪书说的学者大都认为或倾向于认为《商君书》的这些篇章袭自以上古书。这在文献学上属于"外证法"，思路本身是可取的，但要考虑到"重合"本身原本就存在多种情况，甲和乙内容相同，或者甲袭自乙，或者乙袭自甲，或者甲和乙袭自同一母本。在没有同一母本的情况下，只能根据内容的丰简、文风的古朴来判断。一般情况下应是"后出转精"，但也可能存在晚出者节录、摘抄不合前者主旨的情况。因此，使用这种方法辨伪古书应谨慎为之。

三是依据书中思想内容的矛盾冲突进行辨伪。如《垦令》与《兵守》两篇在军中是否有女子的看法上互相抵牾，可证这两篇当有一篇晚出或后人伪托。这种方法的运用同样存在很多难点，比如我们可以借助《史记》确定哪些是商鞅的主张，但《史记》为商鞅立传不可能反映他的全部思想，此外，也不排除商鞅在行政的过程中根据形势的变化，思想主张发生某些变化。

四是依据书中反映的时代背景和特征进行辨伪。从商鞅变法到《商君书》诸篇的完成，大体经历了诸侯兼并到秦统一的历程，运用这种方法辨伪是符合历史逻辑的。但这种方法在实际操作中难免过于抽象和隐晦，主观性过强，结论难以坐实。

五是依据同时代文献没有留下商鞅著书的记载进行辨伪。

按后世史书为个人立传的惯例，在叙述某位思想家的生平事迹时，对其著述情况大多会留下浓重的一笔。就商鞅著书而论，不仅《史记》对此缺载，而且周秦诸子书中也没有留下任何蛛丝马迹，这就成为论者证伪《商君书》的方法之一。这一方法的运用不能说没有道理，但把周秦文献没有商鞅著书的痕迹等同于商鞅没有著书，这是典型的"默证"。商鞅作为秦国主持变法的设计者，其上奏的政论、拟定的章程、制定的律令等，无论是被整理成篇还是被门客摘编到一些篇章之中，用我们今天的知识产权法来说，也不能否定商鞅是《商君书》一些篇章的原创者。

对《商君书》真伪的三种认识，现在看来只有"不以真伪简单论定"的态度是符合实际的，也是实事求是的。这是因为，"不伪说"无视书中商鞅不及知见的诸多史实，显然不是科学研究应有的态度。"伪书说"是民国时期对《商君书》真伪的认识最有市场的观点，影响极大，这与当时如火如荼的疑古思潮有直接关系。疑古作为一种认识论和方法论毋庸置疑，这是从事历史研究所必须具有的怀疑精神和批判精神，不如此，就不可能建立起现代意义的学科体系，就不可能真正发挥史学的科学价值。但疑古过当，也难免造成一些"冤假错案"。比如对《商君书》的辨伪，仅仅依据书中部分篇章可能晚出就断定全书为伪，也难免以偏概全。所以，《商君书》的辨伪工作，唯一可行的思路就是只能建立在单篇考察的基础之上，具体问题具体分析。在无法确定各篇的作者（群）和成书时间的前提下，将之作为商鞅及其学派的言论集，从中发掘其思想主张和这些言论对当时乃至后世的影响，或许才是我们当下应持的基本态度。

《商君书》思想的综合研究

民国时期对《商君书》思想的研究，笔者将之大体分为综合研究和具体评析两个方面。综合研究就是对《商君书》思想的基础、核心、体系的归纳、阐释以及总体评价，具体评析则是集中从某一类别的主张如法治、农战、政治、经济、军事等解读《商君书》的思想。需要说明的是，部分论著研究的是商鞅的思想，并不以《商君书》为题，但其资料很大程度上仍主要来自《商君书》，也可视为《商君书》思想研究的成果。这其中又有少数学者由于认为《商君书》是伪书，并不将其作为研究商鞅思想的材料，这类成果则不纳入。本节主要介绍《商君书》思想的综合研究情况。

一、对《商君书》思想产生背景的分析

某种思想的产生总是离不开一定的时代背景和社会环境，《商君书》的思想也不例外，它与战国以及身处其中的秦国的发展情势密切相关，这一认识在民国时期已经基本成为共识。麦孟华在所作商鞅传记《商君》中强调："欲观商君之措置，当先察其所凭借；欲察其所凭借，当先详其内外

之形势。"① 陈其策的《商君政治思想之要旨》也认为："吾人欲研究一家之学说，必先观其时代之背景，盖一派学说之兴起，断非凭空而来，必其时之社会情景，及其地之风俗习尚有以促成之，殆毫无疑义也。……商君固巍然法家之巨子，故其政治思想，受当时之社会影响者为尤深……"② 辛克引用"卡尔"（应即卡尔·马克思）所论"不是人类的意识规定他们的存在，而是他们的社会的存在，规定他们的意识"，指出"所以，我们想要了解某一思想体系，非先要了解某一时代的背景不可"。③

具体是什么样的战国时势催生了《商君书》的思想呢？麦孟华从优劣两方面分析了当时秦国的内外形势：优势则地理位置上"高踞上游"，国民剽悍尚武，"秦地宜于农业"；弱势则文化上"习于戎俗""内乱日剧"。④ 陈其策认为，商鞅生活的时代背景可简述为以下几点：战争剧烈，游说盛行，地旷人稀，民风强悍。⑤ 陈启天将商鞅时代的情势分两项加以说明：一是由春秋到战国从封建贵族政治转变为君主专制政治的历史趋势，促成此种变化的原因主要有兼并战争的盛行、列国内乱的迭起、商工势力的兴起和新兴游士的争鸣；二是商鞅入秦前的战国形势，关东强国林立，秦则在疆域、实力方面并无优势。⑥

民国学者对《商君书》思想产生背景的自觉探讨，表明《商

---

① 麦孟华：《商君》，梁启超等编著：《中国六大政治家》第二编，北京：中华书局2014年版，第132页。
② 陈其策：《商君政治思想之要旨》，《湖南大学期刊》1932年第6期。
③ 辛克：《商鞅农战政策之研究》，《协大艺文》1937年第7期。
④ 麦孟华：《商君》，梁启超等编著：《中国六大政治家》第二编，北京：中华书局2014年版，第132—135页。
⑤ 陈其策：《商君政治思想之要旨》，《湖南大学期刊》1932年第6期。
⑥ 陈启天：《商鞅评传》，上海：商务印书馆1947年版，第1—13页。

君书》思想的研究不再停留在古代零散、具体的层面，而是开始了更为系统、全面的关照，甚至可以说步入了现代思想史或哲学史研究的正轨。不过，该时期对《商君书》思想产生背景的分析，很大程度上是对古代认识的继承和申发。早在西汉时期就有论者从秦国的风俗、地理位置以及君主的志向等方面剖析了商鞅之法诞生在秦国的原因。如《淮南子·要略》就曾指出："秦国之俗，贪狼强力，寡义而趋利，可威以刑，而不可化以善，可劝以赏，而不可厉以名，被险而带河，四塞以为固，地利形便，畜积殷富，孝公欲以虎狼之势而吞诸侯，故商鞅之法生焉。"①

二、对《商君书》要旨和思想体系的归纳

关于《商君书》体现的历史发展观，曹觉生认为商鞅所奉行的根本观念就是"动的历史观、人生观"："他以为社会上一切的事都是变动不居的，都应该不断的改革，使能因时制宜。他以为历史是向前演进的，历代文物制度都是各不相同，其所以不同的原因，他说：礼法要因时而定，制令要各顺其宜。"②赵佩玺也认为"商鞅哲学思想之基础即在于一个'变'字"，具体表现为"历史变迁说"和"重农轻商主义"，前者是对历史的认识，后者是对现实的把握。③

关于《商君书》的思想体系和宗旨，吕思勉认为"全书宗旨，尽于一民于农战一语"④。胡朴安在为朱师辙《商君书解诂》所作序言中"就商君之学说，而求其条理"，并在此基础上

---

① 何宁：《淮南子集释》卷二十一《要略》，北京：中华书局1998年版，第1462页。
② 曹觉生：《现代人物的商君》，《学风（安庆）》1931年第1卷第6期。
③ 赵佩玺：《商君书与商鞅变法的探讨》，《法学专刊》1935年第3—4期。
④ 吕思勉：《经子解题》，上海：华东师范大学出版社1995年版，第169页。

撰成《商君学说》一文，对《商君书》的思想内容及其体系做了全面解析。他指出："商君学说，以法为本，以刑为用，以农战为目的……明法严刑又为农战之本，商君学说之一贯者此也。"① 陈心一对《商君书》思想的归纳，基本与胡朴安相同："要之，商君之学说，以法为体，以刑为用，以农战为目的。更进而言之，则以严刑峻法为整饬农战促成富强目的之唯一手段是已。"② 李源澄指出，"商君为治，其政策曰抟力杀力"。其抟力之道，"使利出于一孔，故贵耕战而贱诗书修廉商官技巧"；其杀力之道，"则输毒于敌"。"商君一书所言，大抵如此"。③ 陈启天指出："商鞅变法的主要政治理论，是以法治主义做手段，以重农主义与军国主义做内容，以建立新的君主政治制度。"法、农、战三个观念在商鞅政治思想上固极重要，但"壹"和"严"又是法、农、战三个观念中最根本的共同观念。因此，"商鞅行政一切要求'壹'，故能造成新的统一；一切实行'严'，故能表现确实的功效。这是商鞅从事实上表现的政治思想"。④

民国学者所谓"思想基础"，即当下常说的理论依据，而思考《商君书》的思想基础是从更深层次对《商君书》思想的解读。虽然时人只是简单地将其总结为"变"的观念，稍显单薄，但这种有益的尝试再次证明此时《商君书》思想研究的深入。进一步说，以上对《商君书》思想体系的归纳大致表现出两种维度。一是直接将书中着墨较多、反复论述、具备纲领性的重要政策、主张作为核心思想，如农战、刑法等。二是试图从具

---

① 胡朴安：《商君学说》，《国学周刊》1923年第1期。
② 陈心一：《商君学说》，《法政学报》1925年第4卷第2期。
③ 李源澄：《诸子概论》，上海：开明书店1936年版，第107页。
④ 陈启天：《商鞅评传》，上海：商务印书馆1947年版，第103—104页。

体内容中抽象、提炼出某种能够统摄全部思想的内在机理或根本原则，如"抟力杀力""壹""严"等。这种归纳法的确有助于加深对某种思想的认识。但《商君书》是出自众人之手、递有增饰的著作，承载的不仅仅是商鞅个人的思想，而是来自不同时期甚至与商鞅以及所谓的商鞅学派毫无关系的作者们的群体智慧，其所有的篇目能否紧紧抓住某种思想的中心而展开，是很难保证的。其实，学者们已经发现《商君书》中思想主张存在歧见的问题，表明该书并非在某种核心或体系之下精心构筑的和谐统一体，而是附会商鞅之名、兼收并蓄诸家之说的论文合集。故此，一味寻求所谓的思想核心或体系，不仅在一定程度上不利于全面把握《商君书》的思想，还会徒增认识上的假象和伪说之蔽障。当然，我们无意否认《商君书》篇目之间在思想上的关联性，只是强调不要用所谓的核心或体系去"绑架"和"裹挟"，忽略了一些无法安置在某种研究者设定的核心或体系之下的内容。

三、《商君书》思想的总体评价

关于《商君书》思想的总体评价，早在19世纪末，《蒙学报》刊载了一篇佚名的文章，表达了作者的《商君书》读后感："但余读商君之书，窃病其尊君太过，愚民太甚。"[①] 胡朴安认为，商君学说与近世军国主义近似，其实质乃在于"组织强有力之政府，厉行干涉之政治"，其学说又"颇有法治之意"。总而观之，商君学说"有创作之精神，言今不言古，言人不言天，言刑法不言仁义，言武力不言文化。尽举旧有之道德而排斥之，

---

① 佚名：《第二课论秦孝公用商鞅变法自强》，《蒙学报》1897年第2期。

以个人之善恶，无足重轻。惟人民对于国家，有绝端服从之义务，国家对于人民，有无上压制之权威"。同时胡氏强调，商君学说有两点"不能圆满者"：一是"国家与君主不分"，其流弊导致法律失去效力，君主可以强制人民服从其意，"造成君主专制之政事"；二是专注于"提倡人民尚朴尚力之习惯"，"不思启发人民之知识，惟愚民以求易使，剥夺人权太甚"。① 陈心一指出其弊端有二，一是"无限专制"，二是"愚民政策"。②

民国废除帝制，专制不得人心，批判《商君书》奉行专制集权主义成为时代的主流意见，但对于商鞅是否实行"愚民政策"，学者的看法并不一致。如陈其策就认为，商鞅并非一概忽视对人民的教育，而是"设法将法律知识普及于一般民众"。从这点来看，商鞅之愚民"非绝对愚之"，"不过欲废弃诗书礼乐之学问"。③ 应当说，作者并没有抓住"愚民"的实质，是否愚民并不取决于是否对民众进行教育，关键在于对其进行什么样的教育，人民是否拥有基本的权力。对民众普及国家的律令，只是为了更好地贯彻国家的律令，并非为了启迪民智。

总体而言，民国时期对《商君书》思想的总体评价有以下几点值得注意：

一是突出其"尊君"（"专制"）、"愚民"，这与古代讥其刻薄寡恩、斥其离经叛道的基调相比，已发生了重大转变。这种转变显然受到了主流意识形态或价值观念的影响，古代中国尊儒崇经，衡量的尺子是儒家的伦理道德，近代以来西方民主共和思想

---

① 胡朴安：《商君学说》，《国学周刊》1923年第1期。
② 陈心一：《商君学说》，《法政学报》1925年第4卷第2期。
③ 陈其策：《商君政治思想之要旨》，《湖南大学期刊》1932年第6期。

传入中国并逐步得到践行，评判的标准转变为民主共和观念。

二是强调其"军国民主义"的特质。"军国主义"，《汉语大词典》解释为"把国家完全置于军事控制之下，一切为了侵略扩张的黩武思想和行为"①，在今人看来它是个十足的贬义词，但在清末民初，"军国主义"等同于"军国民主义"，而且一度发展为一种强势的社会思潮。鸦片战争以来，中国长期遭受列强的侵辱，甲午战败、庚子国变更是激起有识之士加强武备的呼声，掀起一股尚武之风。1902年，蔡锷、蒋百里先后在《新民丛报》发表《军国民篇》《军国民之教育》，明确提出"军国民"概念，并倡导实行对全民进行军事教育和训练的全民皆兵主义，受到新式知识分子的关注。1903年的"拒俄运动"以及为此成立的"军国民教育会"极大地推动了军国民主义的宣传，使之成为时代强音。第一次世界大战爆发后，军国民主义思潮越发高涨。但随着德国战败，人们开始反思军国民主义的危害，军国民主义思潮式微。将《商君书》的思想比附为军国（民）主义，不是指摘其穷兵黩武，而是对其能够组织强力政府、实现富国强兵的肯定，流露的是爱国志士面对贫弱的祖国希望其变得强大的民族主义情感。

三是从方法论上提出了对其评价应把握的原则。如丘汉平从方法论上提出了评价商鞅学说应把握的原则，即需要注意时代、秦国的政治情形、在哲学上的根据如何、是否合于科学眼光等。②

---

① 罗竹风主编，汉语大词典编辑委员会、汉语大词典编纂处编纂：《汉语大词典》（第九卷），上海：汉语大词典出版社1992年版，第1210页。
② 丘汉平：《商君底法治主义论》，《法学季刊（上海）》1926年第2卷第7期。

《商君书》思想的具体评析

《商君书》是一个法家思想的宝库，书中论述了十分丰富的有关国家治理的政策主张。民国时期学者从法治、农战、政治、经济、军事等方面进行了深入探讨。

一、法治思想研究

关于《商君书》法治思想的研究，麦孟华的《商君》、胡朴安的《商君学说》、丘汉平的《商君底法治主义论》、朱元懋的《商鞅与韩非》、梁海仁的《商君之法治思想述评》、陈启天的《商鞅评传》等比较集中地进行了评述。综括言之，他们讨论了如下问题。

其一，法或法治的起源。麦孟华认为，人群进化之迹，大概"肇自民之初生，以迄国家之成立"。人群之初期为家族政治时代，其"借爱情以结合""法制固无所施其用"。国家形成后，社会管理不再以依靠血统关系作为基础的家族为单位，而是以个人为单位，只能在各族相沿之礼俗之外"别制为一定之法律以整齐其民"。此乃"势"之然也，也是"法治之所由起也"。① 丘汉

---

① 麦孟华：《商君》，梁启超等编著：《中国六大政治家》第二编，北京：中华书局2014年版，第142—143页。

平指出，各国学者对法的起源的认识言人人殊，其中日本学者梅谦次郎提出的法律沿革经历了"夫妇关系时代——几条简单的规则、亲子关系时代——几条适定规则、家族关系时代——规则的制定、种族关系时代——私法与公法的制定、部落关系时代——法律复杂、国家关系时代"的六期说"颇近情理"。将《商君书》中《开塞》《君臣》篇的有关见解与之比较，作者发现"商君生在二千多年前，已把此理说透了"。丘氏认为，"商君论国家发生的次第是由简单而复什，由亲亲而贤贤，由贤贤而贵贵，由贵贵而后有法制"，这等道理"都有历史事实做根据，并不是他凭空杜撰出来的"。要言之，"亲亲时代很简单，不必有法制"，到了一定的时代，人们接触多了，"自必有适当的规则，才可维持下去"。① 梁海仁也根据《商君书·开塞》篇指出，法治的产生乃是人群进化之"势"所应然。②

其二，法的特征与性质。第一，平等。麦孟华认为，《商君书·赏刑》篇提出的"刑无等级"打破了"刑不上大夫"和"八议"之制，举国上下不论"贤愚贵贱"莫不受治于法之下，创立了法律平等的原则。③ 丘汉平说："商君出来破除等级的法律，提倡法律之下人人平等原则。"④ 朱元懋指出，"法家固对法律主张平等的"，商鞅便是其中之一，并列举了《商君书·修

---

① 丘汉平：《商君底法治主义论》，《法学季刊（上海）》1926年第2卷第7期。又见朱元懋：《商鞅与韩非》，《先导月刊（南京）》1934年第2卷第3期。朱氏此文有关商鞅法治思想的认识基本与丘氏《商君底法治主义论》相同。
② 梁海仁：《商君之法治思想述评》，《南风（广州）》1936年第12卷第1期。
③ 麦孟华：《商君》，梁启超等编著：《中国六大政治家》第二编，北京：中华书局2014年版，第148—149页。
④ 丘汉平：《商君底法治主义论》，《法学季刊（上海）》1926年第2卷第7期。

148

权》和《赏刑》的两句话作为依据。所谓"法律平等",是说"人人——智愚贤不肖(疑为"肖"之误)——在法律之前都是受法律平等的待遇,没有儒家说的,'礼不下庶人刑不上大夫',或'亲亲贵贵'等歧视不平的成见"。① 梁海仁认为,"商君言法律平等,刑无等级也",即要求君主与臣民共同守法。② 陈启天指出,商鞅由"赏随功,罚随罪"的行法原则提出"壹刑"的主张,即"刑无等级无贵贱",此主张"对于前此的法律是个大革命","既打破传统的礼刑差别,又反对'八议'与儒家的讳言,而构成法律之前一律平等的观念,这不能不说是一种有特识的创见"。③ 第二,公开。麦孟华指出:"商君立法之宗旨,则固先公布法律,而使民间咸知法令之为何物者也。"商鞅为公布法令,特别设立专门的官吏,对人民说明法律的性质,他是全世界"最初以法学为教授者"。④ 丘汉平认为,中国古代的法律常秘而不宣,商鞅却"极力主张法律要公布",理由在于:法律公布了,"天下吏民皆知法律,那么他们就不敢犯法"。⑤ 陈启天详细解读了《商君书·定分》篇"明法"——让民众"明了法令的规定和意义"的方法,即设立专门的法官以备吏民顾问。⑥ 第三,客观与进化。丘汉平指出:"商君说明法律进化的道理,他相信法律是随时代变换,不是永久不变。"

---

① 朱元懋:《商鞅与韩非(续)》,《先导月刊(南京)》1935年第2卷第5期。
② 梁海仁:《商君之法治思想述评》,《南风(广州)》1936年第12卷第1期。
③ 陈启天:《商鞅评传》,上海:商务印书馆1947年版,第29—31页。
④ 麦孟华:《商君》,梁启超等编著:《中国六大政治家》第二编,北京:中华书局2014年版,第149—151页。
⑤ 丘汉平:《商鞅底法治主义论》,《法学季刊(上海)》1926年第2卷第7期。又见朱元懋:《商鞅与韩非》,《先导月刊(南京)》1934年第2卷第3期。
⑥ 陈启天:《商鞅评传》,上海:商务印书馆1947年版,第37—39页。

又:"凡是主张法治的学者,都是以法治为客观标准的。"商鞅相信,"以法治民"才有共同遵守的法则和标准的行为,所以他才会主张法治,反对人治。①

其三,立法权归属。麦孟华指出:"由此观之,则商君之立法权,专属诸君主,而不许人民参与,甚明。"② 丘汉平指出,"在专制国家,立法废法都操之于君",商鞅也以为"君主是超乎一般人民,故有立法权和废法权"。③ 陈启天认为"法权"即制定和执行法令的权力,法权之最高权力所在便是主权所在。按照主权所在,政治进化经历了主权在少数贵族的贵族政治、主权在君主一人的君主政治和主权在多数人民的民主政治。商鞅所处的战国时代正值"贵族政治初进到君主政治",所以他要"集中主权于君主一人",主张"法权的独制"。④

其四,司法原则。麦孟华盛赞商鞅的司法独立之精神:"商君生二千年前,而其定制行事,固有深合于司法独立之制者。"其"专置主法之吏,以执行法务",贵族以致太子犯法都能处罚,司法独立之权"成绩昭然"。⑤ 梁海仁也指出:"商君之定制行事,固又深合于司法独立之制者也。"⑥

---

① 丘汉平:《商君底法治主义论》,《法学季刊(上海)》1926年第2卷第7期。又见朱元懋:《商鞅与韩非》,《先导月刊(南京)》1934年第2卷第3期;朱元懋:《商鞅与韩非(续)》,《先导月刊(南京)》1935年第2卷第5期。
② 麦孟华:《商君》,梁启超等编著:《中国六大政治家》第二编,北京:中华书局2014年版,第146—147页。
③ 丘汉平:《商君底法治主义论》,《法学季刊(上海)》1926年第2卷第7期。
④ 陈启天:《商鞅评传》,上海:商务印书馆1947年版,第39—42页。
⑤ 麦孟华:《商君》,梁启超等编著:《中国六大政治家》第二编,北京:中华书局2014年版,第152—153页。
⑥ 梁海仁:《商君之法治思想述评》,《南风(广州)》1936年第12卷第1期。

其五，主张法治、变法及其理由。麦孟华认为商鞅是"法学之巨子"，信奉"法律万能主义"，"举凡军事生计风俗制度，无一不齐之以法"。商鞅"攘斥礼治而独尊法治"，是因为从社会发展之势看，礼治已经"不可以行于战国时代"。① 胡朴安指出，商鞅坚信国有法则治，无法则乱，其"尊重法治，反对人治"的原因在于"人治无可凭，法治有一定"。商鞅反对人治的第一理由固然是世人不尽为尧舜，更深一层的理由则是"人治以感化为最要"，而商鞅却根本否认感化的作用。② 梁海仁也认为商鞅"笃信法律万能"，其提倡法治主义的根据在于"社会进化之次序"。③ 陈启天认为，商鞅将以法治国的法家思想"变成一种主义"，"并且予以事实的证明"，"他变法的主张是从一种社会进化的历史论推衍出来的"。商鞅"绝对主张任法"，"以法令为治国的唯一工具或标准"，理由是：人治所谓的贤者未必贤，"以贤治而反以乱"，不如以法治，标准确定了，"毁誉俱不能有所损益，则奸险无所资"；"以私议则不必，以法论则分明"；"中法"与"不中法"在于"从事于农战与否"，言、行、事都断之以法，则人民自然都趋向农战。④

其六，赏刑观。胡朴安指出，商君"以禁令为教战之本，赏罚为禁令之具"，主张"壹赏""壹刑"。所谓"壹赏"，就是"驱全国人民使之作战，其勇于作战者则赏之，使人民非作战即无由得上之赏"。所谓"壹刑"，即"刑之所加，无有亲疏远近

---

① 麦孟华：《商君》，梁启超等编著：《中国六大政治家》第二编，北京：中华书局2014年版，第130、141页。
② 胡朴安：《商君学说（一续）》，《国学周刊》1923年第2期。
③ 梁海仁：《商君之法治思想述评》，《南风（广州）》1936年第12卷第1期。
④ 陈启天：《商鞅评传》，上海：商务印书馆1947年版，第24—29页。

贵贱之异"，也就是"刑无等级"。① 丘汉平认为，商鞅主张治国以法为标准，而"使法施行的手段或方法便是刑赏"。商鞅奉行"刑赏主义"的依据是人贪生怕死的天性和追逐名利的欲念，其刑罚最终的成效是达到"国无刑民"。② 陈启天认为，商鞅"处在尚力的战国时代"，想要驱"愚暴的秦民"于农战以图富强，就必须实行重刑。他主张的"重刑"或"重轻"，是主张"重刑轻罪，而反对重刑重罪、轻刑轻罪"。他"贯彻重刑主张的事项"大约有"步过六尺者有罚"、"弃灰于道者被刑"、连坐法、告奸法等。③

其七，对《商君书》法治思想的评论。关于商鞅法治思想的"缺点"，丘汉平认为有三点，即严刑重罚、刑比罪重和制法属君。④ 其中最高立法权属于君主的问题，虽然论者都清楚地知道这与近代西方的三权分立不符，但一般都表示此乃时代使然。麦孟华从历史发展的阶段和当时的具体背景出发，指出："虽然，当春秋战国之交，一般人民，未必有参与立法之能力，且方为贵族专政时代，政出多门，不可为治；故增主权者之势力，以君主之意思，为法律之渊源，务催抑贵族政体，进之于君主独裁政体。此实人群进化自然之阶级，而商君即本此皆以立论者也。"⑤ 陈启天则将"法权的独制"这一条放在商鞅法治思想

---

① 胡朴安：《商君学说（六续）》，《国学周刊》1923 年第 7 期。
② 丘汉平：《商君底法治主义论》，《法学季刊（上海）》1926 年第 2 卷第 7 期。又见朱元懋：《商鞅与韩非（续）》，《先导月刊（南京）》1935 年第 2 卷第 5 期。
③ 陈启天：《商鞅评传》，上海：商务印书馆 1947 年版，第 32—37 页。
④ 丘汉平：《商君底法治主义论》，《法学季刊（上海）》1926 年第 2 卷第 7 期。又见朱元懋：《商鞅与韩非（续）》，《先导月刊（南京）》1935 年第 2 卷第 5 期。
⑤ 麦孟华：《商君》，梁启超等编著：《中国六大政治家》第二编，北京：中华书局 2014 年版，第 147 页。

第四章　民国时期《商君书》思想研究的新发展

的整体中考虑，强调商鞅之法不仅用以"绳民"，同时也能"绳官""绳君"，并且要求君主不能"以私害法"。可见，"商鞅虽主张君主专权，但并不赞成君主自恣，不但不赞成君主自恣，并且反对君主专利"。① 还有一点值得注意的是，丘汉平提出了"法可无为说"，他认为："国家的强制力是什么？简单一句话就是强有力的中央政府。要有强有力的中央政府，应当有相当法则使此强有力的政府有所实施，这实施的工具便是法。政府顺法行政治民，抱管无事，便可达到无为而治了。"②

"法治"一词在中国古已有之，表示按照法令治理国家，可以视为同样出现在古代典籍中的"以法治国"的省称。《晏子春秋》曰："昔者先君桓公之地狭于今，修法治，广政教，以霸诸侯。"③《管子·明法》称："以法治国，则举错而已。"④《淮南子·氾论训》说："知法治所由生，则应时而变；不知法治之源，虽循古终乱。"⑤ 近代以来，随着西方宪政制度与法治理念的传入，国人开始用固有的"以法治国""法治"等术语"体认西方的政法实践"⑥。麦孟华总结中国落后于欧美的原因，认为其中之"至大"者便是"中国人治，欧美法治"⑦。沈家本在

---

① 陈启天：《商鞅评传》，上海：商务印书馆1947年版，第41—42页。
② 丘汉平：《商君底法治主义论》，《法学季刊（上海）》1926年第2卷第7期。
③ 吴则虞：《晏子春秋集释》卷一《内篇谏上》，"景公爱嬖妾随其所欲晏子谏第九"，北京：中华书局1962年版，第33页。
④ 黎翔凤撰，梁运华整理：《管子校注》卷十五《明法》，北京：中华书局2004年版，第916页。
⑤ 何宁：《淮南子集释》卷十三《氾论训》，北京：中华书局1998年版，第932页。
⑥ 马作武、李平龙：《中国近代法治理论的形成及演变》，谢进杰主编：《中山大学法律评论》第8卷第1辑，北京：法律出版社2010年版，第38页。
⑦ 麦孟华：《商君》，梁启超等编著：《中国六大政治家》第二编，北京：中华书局2014年版，第129页。

153

《新译日本法规大全》序言中指出，管子主张的"以法治国"与"今日西人之学说，流派颇相近"，因此中国古人早就提出了"法治主义"，只是在宗旨上与西人不同。① 梁启超在《管子评传》中强调，当今学者所称立宪国为法治国，所谓法治国就是"以法为治之国"，而"法治主义"的最早提出者正是我国的管子，其一切措置"无一非以法治精神贯注之"。②

马作武、李平龙把晚清既"与宪政、民权、自由等结合起来""呈现出一种'现代'性"，又"带着浓厚的先秦'法家'气息"的法治观称作"比较含混的法治观"，发展到民国它逐渐分为两派：一是"认同先秦'法家'为法治理论，并力图研究之、发掘之"，即"形式主义法治观"；二是"以西方国家为参照，将民主、民权、自由等结合起来认识法治，开出建设法治的药方"，即"实质主义法治观"。③ 按照这种区分，民国时期对《商君书》法治思想的认识总体上更倾向于形式主义的法治观。此时学者们对《商君书》的法治思想表现出极大的兴趣，这与当时西方近代法治理念在中国的传播和实践有直接关系。虽然有论者对"法权属君"以及轻罪重罚等主张提出了批判，但从总体上看，他们对《商君书》的法治思想是充分肯定的，甚至流露出赞赏之情。其中的奥秘在于，当时东方远远落后于西方，现行法制体制几乎完全移植自西方，如果能在二千年前

---

① 沈家本：《新译法规大全序》，《寄簃文存》卷六，北京：商务印书馆2015年版，第212页。
② 梁启超：《管子》，梁启超等编著：《中国六大政治家》第一编，北京：中华书局2014年版，第25—26页。
③ 马作武、李平龙：《中国近代法治理论的形成及演变》，谢进杰主编：《中山大学法律评论》第8卷第1辑，北京：法律出版社2010年版，第39页。

的中国典籍中发掘出哪怕近似的、零星的、稚嫩的"法治"思想，都是令人振奋的。不过我们也应该看到，时人很少深究《商君书》所谓的"法治"与西方近代的法治在本质上的区别，只是一味地在表层上和概念上进行比附。只有那些持实质主义法治观者，才清醒地认识到中国古代固有的"法治"与近代西方传入的法治根本不是一回事，整个中国古代都不存在近代意义上的法治，更遑论《商君书》。

二、农战思想研究

关于《商君书》农战思想提出的理由和目的，有人从秦国的地理位置、风俗国情与时代形势着眼予以分析。黄漱庵认为，商鞅的农战政策乃"因地利，顺人情"之举，其适宜于秦国是因为"秦地之宜于农织，秦民之勇于战斗，由来旧矣"。[①] 作者署名为"今"的一篇文章指出，秦国"地处西戎，土地荒僻，人口稀少"的现实状况是商鞅"首标重农主义"的原因所在。[②] 辛克指出，"土地的掠夺""各国军备的积极扩充""横征暴敛的增加"等时代背景决定了商鞅农战政策的出台。[③] 也有论者从追求一定的经济、政治和军事目的来考虑。麦孟华指出，商鞅重农政策旨在"达其尚武之目的而已"。其重农抑商思想不仅有经济上的理由，还有政治上的考虑，即让民众安土重迁，朴而耐劳，便于统治。它不仅是对内政策，也是对外政策，可以吸

[①] 黄漱庵：《商君耕战之法适宜于秦地说》，《学生文艺丛刊汇编》1924年第1卷第1册。
[②] 今：《商鞅之经济政策：节录经济史稿之一部》，《毓文周刊》1928年第234期。
[③] 辛克：《商鞅农战政策之研究》，《协大艺文》1937年第7期。

引他国的人口。① 陈鸾书认为，考察《商君书》可知，商鞅重农的理由包括富国、强兵、尊主、弱三晋。② 陈启天认为，商鞅极端重农的理由有三：一是经济上"藉重农以富国"；二是政治上"藉重农使民朴壹易治"；三是军事上"藉重农以强兵"。总之，其重农主义的主要目的在于"求国富兵强而民朴易治，以促进法治主义和军国主义的实现"。③

在总结《商君书》农战思想的内容或推行农战的方法方面，陈鸾书认为，商鞅重农的办法有调查土地与人口、下垦草令和贵粟三种。④ 辛克认为，商鞅农战政策的基本原则有三：富强基本的制度，包括任地待役之律和什伍制；国民经济建设，包括垦荒、平赋和贵粟；国民军事训练，包括举国皆兵和奖勇惩怯。⑤ 汪民桢认为，商鞅农战政策的原则有寓兵于农、农战合一、足食足兵，其务农政策有垦荒、平赋、贵粟和力田，其督战政策的原则有举国皆兵、生活军事化、乐战有勇和勇于公斗怯于私斗，其国民军训的实施有什伍之制、妇孺训练和奖励军功。⑥ 南极将商鞅重农政策的实施归纳为三条：力求政治简易，使农民不受官吏之纷扰，壹志于垦土；戒无益之事，不妨农民

---

① 麦孟华：《商君》，梁启超等编著：《中国六大政治家》第二编，北京：中华书局2014年版，第154—161页。
② 陈鸾书：《商君经济政策之检讨》，《安徽建设月刊》1931年第3卷第2号。
③ 陈启天：《商鞅评传》，上海：商务印书馆1947年版，第63—67页。
④ 陈鸾书：《商君经济政策之检讨》，《安徽建设月刊》1931年第3卷第2号。
⑤ 辛克：《商鞅农战政策之研究》，《协大艺文》1937年第7期。
⑥ 明真：《商鞅的农战政策之研究》，《明耻》月刊1937年第3卷第2期。"明真"是汪民桢的笔名，作者不久后在该文基础上增加"农战政策与斯巴达精神"一节作成《商鞅的农战政策之研究：兼求教于蒋百里先生》一文，发表于《国闻周报》1937年第14卷第20期。

垦土之功；禁人民毋为垦土以外之事，非垦土即无以得衣食。综括以上三条，作者又具体归纳为"十纲"：第一，使农有余暇，并轻税赋；第二，重惩侵害农民之人；第三，禁止农夫出售米谷；第四，便农民安心耕种；第五，封禁山泽；第六，传播农业知识；第七，改善农产品输送方法；第八，禁盗粮；第九，使庸民无食；第十，禁农民迁徙。① 杜蘅之总结商鞅重农的方法有：一是"大小僇力耕织，致粟帛多者，复其身；事末利及怠而贫者，举以为收孥"；二是"为田开阡陌封疆，而赋税平"。前者通过奖惩以鼓励务农，是"消极的方法"；后者废除井田，改革土地制度，是"积极的方法"。②

由上可知，学者们基本都肯定商鞅农战政策的富国强兵之效，虽然不认同其为重农而抑商的主张，但也能从当时的历史条件出发，理解它的"不得不然"。麦孟华指出，商鞅重农抑商思想"诚乖于生计之学理"，但"当土地旷荒，交通未便之时"，也不得不如此。③ 曾昭六说得更清楚："要知一时代之思想，有一时之背景，非可强合，亦非可妄断。商君之论虽涉于偏，然却于彼时之势则颇洽合。吾人不能以今之时势，而强合以彼之理，亦不能以今之时势变迁，而竟谓彼之理论不吾合也。"④ 此外，胡朴安还指出它并非出于爱国爱家的诚意，"乃为

---

① 南极：《商鞅之重农思想及其干涉主义之推阐》，《中联银行月刊》1942年第4卷第1期。
② 杜蘅之：《商鞅的政治思想》，《行政与训练》1942年第4卷第2期。
③ 麦孟华：《商君》，梁启超等编著：《中国六大政治家》第二编，北京：中华书局2014年版，第156页。相同的意见又见佚名：《论商君农政（录民报）》，《农趣》1920年第1期；璞山：《商君之政治思想》，《青岛自治周刊》1936年第179期。
④ 曾昭六：《商君之经济思想》，《上海总商会月报》1926年第6卷第4号。

好名好利之心所驱使",因此,它"可以收一时之效,而不足以立永久之业"。①

总之,农战政策是《商君书》研究中的传统话题,自古及今,人们对该政策取得的富国强兵之效大多持以肯定态度。晚清已降,国人目睹西方工商业的发达,开始重新审视甚至批判《商君书》中的重农抑商主张,认为这有悖"生计之学理",不过考虑到商鞅时代的社会历史背景,一般都能给予同情和理解。抗日战争爆发后,《商君书》的农战思想还被赋予抗日救亡的时代意义。汪民桢在《商鞅的农战政策之研究:兼求教于蒋百里先生》一文中特别强调:"在我国国难严重,大敌当前的今日,国民经济建设与国民军事训练努力推进之时,我们要认识祖先伟大的政治制度效法之,力行之,使富强之功,重见于今日,那么,我们就要深刻的研究商鞅的农战政策,这便是作者草为此文的最初动机。"②辛克也发表《商鞅农战政策之研究》一文,专设"农战政策与现阶段救亡运动"一节,指出"商鞅农战政策的特点就是全民动员","在我国发动长期抗战的今日,要驱逐倭奴,收复失地,断不是单靠现有军队的力量跟敌人拼命能济事的,必须全中国总动员",而在两千年前的中国,商鞅就已经"给我们解答了这困难,决定了这办法"。③

三、政治思想研究

一般而言,举凡关涉国家治理都属于政治的范畴,但由于

---

① 胡朴安:《商君学说(二续)》,《国学周刊》1923 年第 3 期。
② 汪民桢:《商鞅的农战政策之研究:兼求教于蒋百里先生》,《国闻周报》1937 年第 14 卷第 20 期。
③ 辛克:《商鞅农战政策之研究》,《协大艺文》1937 年第 7 期。

第四章 民国时期《商君书》思想研究的新发展

法治和农战思想是《商君书》中论述较多的内容,故将它们从政治思想中单独列出,这里主要评述更具抽象意义的政治思想的研究成果和观点。

麦孟华认为,商鞅的政略第一是"帝国主义",对外积极进取,争图帝王霸业;第二是"国家主义",使个人完全服从国家命令,以求天下统一。作者还评析了商鞅的"大权政治",所谓"大权政治",就是"一国之最高主权,必须有总揽机关"。此"总揽机关",在民主的国家就是国民议会,在君主的国家就是君主。显然,商鞅的"大权政治"就是君主拥有最高权力。可是,商鞅同样强调法治的作用,为了保证法治的推行,他还提出了"使法必行之法"——信赏必罚。所以,在麦氏看来,商鞅虽然不反对大权属君,但也要求恃法而治,这与"单纯之人治主义"是不一样的。不过,作者表示,商鞅所谓"使法必行之法"能否得到完全之保证,则全在于执政者其人了。[①] 支伟成也认为商鞅特别奉行"国家主义":"商君持国家主义极甚,视国家为一团体,而以全国之人,皆当屈服于国家之至高权,固有弱民强国之说。"[②] 陈其策对商鞅的政治思想做了比较全面、深入的分析,认为"《商子》一书,实中国最古之政治学也",将《商君书》定性为政治学著作,并且是中国最早的。商鞅"不受道德势力,及宗教势力之束缚","以实际经验之方法,研究政治之学理","言今而不言古,言人而不言天,言武力而不

[①] 麦孟华:《商君》,梁启超等编著:《中国六大政治家》第二编,北京:中华书局2014年版,第166—168页。
[②] 支伟成:《商君书之研究》之《商君书研究之部》,上海:泰东图书局1927年版,第4页。

言文教，言刑罚而不言仁义"，此其思想之特质。关于政治学中"开宗明义之一章"的国家起源问题，陈氏在回顾和介绍了欧洲先哲与中国先秦诸子的看法后，认为他们对于国家起源的真相"各执一面，而未能得其全"。接着他抛出了"近世社会学家所考证"的结论：一个国家的成立，大致经历了家族政治、贤人政治、权利政治三阶段。陈氏认为，这一认识在二千年前的商鞅那里已经说明白了。《商君书·开塞》篇对历史发展阶段的划分——"亲亲""上贤""贵贵"，正与家族政治、贤人政治、权利政治相对应，"最能得国家起原之真相"。关于强国之道，商鞅"极端崇尚武力"，这"深带侵略主义之色彩"。同时，作者也指出，就君主权力而言，商鞅学说有两大弊端：一是极端推崇君主，"法与权又不能正本清源"，"势必造成专制之政体"；二是"剥夺人权太甚，且亦不合进化之公理"。不过，作者依然强调，商鞅推崇君权，其目的并非"私天下之利"，而在"为天下治天下"。①

"政治"在中国古代典籍中作为组合词使用，意为"政事得以治理"，又引申为"治理国家所施行的一切措施"。② 如《新书·大政下》："有道，然后教也；有教，然后政治也；政治，然后民劝之；民劝之，然后国丰富也。"③《汉书·京房传》："及房出守郡，显告房与张博通谋，非谤政治，归恶天子，诖误诸侯王。"④ 不

---

① 陈其策：《商君政治思想之要旨》，《湖南大学期刊》1932 年第 6 期。
② 罗竹风主编，汉语大词典编辑委员会、汉语大词典编纂处编纂：《汉语大词典》（第五卷），上海：汉语大词典出版社 1990 年版，第 424 页。
③ ［汉］贾谊撰，阎振益、钟夏校注：《新书校注》卷九《大政下》，北京：中华书局 2000 年版，第 349 页。
④ ［汉］班固撰，［唐］颜师古注：《汉书》卷七十五《京房传》，北京：中华书局 1962 年版，第 3167 页。

过，合成词"政治"在古代并不常用。刘伟指出："但是即便如此，在古汉语中，'政治'的使用范围仍很狭窄，在更多的场合，'政'与'治'作为两个词，分别与其他相关词进行组合，这种情况一直延续到清朝。"① 其实，近代以来直至19世纪80年代，不论是传教士还是中国的知识分子，在谈论"政""治"相关的制度与学说时，依然"多采用传统词汇"如治国、国政、政事、治术等。19世纪80年代以后，随着西学传播的深入以及中国政治变革思潮的推动，"政治"一词的使用开始增多，其内涵也逐渐泛化。20世纪初期，西方政治学说经由日本引入中国，国人将救国的良方寄托于西方的政治制度，一时间"政治""越来越多地成为人们讨论的话题"，乃至于"上升为关键词"。此时，"政治"作为一种学术术语、一门学科门类已经完全被接受，其词义也实现了向"涵盖与国家相关的各个概念的通词"——作为"一个知识体系的总称"的现代意义转化。②

民国时期对《商君书》政治思想的研究，突出的亮点是讨论了其对君主权力、国家起源的认识。关于君主权力，民国学人已经普遍认识到《商君书》推崇君权的内容乃其"疵谬"，但书中同样要求君主恃法而治，这是值得肯定的地方。并且，学者们从战国时的社会历史环境出发，认为在当时推崇君权完全是"时会所趋"，是无奈之举，是可以理解的。关于国家起源，学者们将《商君书·开塞》篇中那段有关人类社会历史发

---

① 冯天瑜等：《近代汉字术语的生成演变与中西日文化互动研究》，北京：经济科学出版社2016年版，第301页。
② 冯天瑜等：《近代汉字术语的生成演变与中西日文化互动研究》，北京：经济科学出版社2016年版，第300—316页。

展的阶段特征的文字作为国家起源的认识,眼光是很独到、敏锐的,更重要的是,它竟与"近世社会学家"考据的结果不谋而合,这不得不让人叹服。其实,这段有关社会发展变迁的描写旨在说明"世事变而行道异"的道理,虽然其内容与国家起源的探讨有近似或叠合之处,但它毕竟不是在思考国家是如何产生的,将之简单地与国家起源问题画等号,恐失之武断。

四、经济思想研究

农商政策是《商君书》经济思想的重要内容,我们将对其具体主张的分析放在农战思想部分,这里和政治思想一样,主要评述更为抽象的、偏向经济理论问题的探讨。

熊梦从物观说、调查说、垦土和徕民四个方面阐述了商鞅的经济思想。在"物观说"一节,作者先引述了马克思的唯物(或经济)史观:"社会之物质的生产力发展到一定程度以上,则社会经济组织不能不变动。经济组织一变动,则法律政治也必变动,而一切社会关系更必全部变动,而同时的社会思想(哲学道德艺术宗教等)也必跟着改变。"他认为,"商君亦曾有见及此",只是"未能如马氏言之精粹"。《商君书》中的《画策》《开塞》等篇关于社会历史发展变迁的论述表明"政治法律道德等均以时势为转移","而为时势之枢纽者,更以物质生活为归",并且从中可见,"私产制度之成立,亦由时势迫之","私产制度下之法律官吏全为保护资本家之安全而设"。商鞅虽然承认"私有财产制",却不愿看到因贫富悬殊而妨害国家治安,主张利用政治手段"施以截补","损有余以补不足"。"调查说",即通过"先清查境内之民数再权以地方"而得知人口、土地之数。"垦土"部分,商鞅的重农思想为"农业一元生产论",其是否"全符事理"值得怀疑。在此一元论下,商鞅轻视商业也并不是要对之"犁庭扫穴尽锄而去之"。①

陈其策在《商君政治思想之要旨》一文"经济观念"一节中指出,春秋战国之际经济问题为先秦诸子所重视,其中"法家特注重生产,儒家特注重分配,墨家则二者兼顾"。法家一派中,管子重商,商鞅重农。商鞅的重农主义与欧洲18世纪的重农学派魁斯奈(现译为魁奈)、杜阁尔(现译为杜尔哥)的学说酷似,都认为只有农业能带来国家财富的增长,土地是生产的唯一要素。可见,"商君经济思想之根本谬误,在对于生产观念无正确之了解",他"盖不知生产即为效用(Vtility)(疑为Utility之误)之增加,故遂反对商业技艺"。作者高度评价了商鞅计量土地、人口、粮食的思想,认为在中国经济学史上,"注重科学计算之方法,以谈生计问题之学理者",自李悝之后首推商鞅,甚至不无得意地说,"吾恐泰西所自诩之测量学、统计学,早已发明于我国二千余年以前矣"。②

南极指出,商鞅经济思想的根据有以下四点:"相对主义",即经济原理与法律没有"绝对效用",而受时间、地点、环境支配;"国家主义",即国家之责任,内在重农,外在作战;"干涉主义",即政府干涉人民的经济活动;"功利主义",即追求功利——富国强兵。作者称商鞅的经济思想为"绝对之重农干涉主义",其有可称述者二,有可非议者二。可称述者在于其"能

---

① 熊梦:《老子商君经济思想》之《商君经济思想》,北京:志学社1925年版,第5—23页。
② 陈其策:《商君政治思想之要旨》,《湖南大学期刊》1932年第6期。

洞及环境、时间、地点三要素,与思想及制度之关系","更能知土地、人工为生产二大要素,关系密切,作为比较,以定施政方针";可非议者在于"采用极端干涉主义,借法令以愚民,斥工商为末技,思想颇有过偏","专尚功利,废弃道德,尤不当排斥诗书,杜绝礼乐,椎鲁愚民"。①

"经济"也是汉语古典词,一般作为"经世济民"(或"经世济俗""经邦济国"等)的缩略语,意为治理天下、救济苍生。如《晋书·殷浩传》曰:"足下沈识淹长,思综通练,起而明之,足以经济。"② 日本在幕府末期明治初期,就用日语原有的当用汉字"经济"对译西语"economy",中国则在19世纪末开始介绍和采纳这种译法。不过,由于"经济"这一固有的古典义与西方近代尤其是19世纪中期以来的"economy"所指称的生产、分配、交换、消费之总和的国计民生专门之学存在偏差,不论是日本还是中国,学者们对以"经济"对译"economy"都表示了犹疑与拒斥,而不断尝试寻找、创制更为合适的译名。也因此,在很长一段时间里,"economy"(economics)的汉译词五花八门,如"富国策""理财学""平准学""(生)计学""制产学",等等。直到民国初年,"经济"才被确立为"economy"的通用译名,20世纪20年代以后,"才成为统一的术语被学界和社会普遍接受并获通用"。③ 这一时期,《商君书》

---

① 南极:《商鞅之重农思想及其干涉主义之推阐》,《中联银行月刊》1942年第4卷第1期。
② [唐]房玄龄等:《晋书》卷七十七《殷浩传》,北京:中华书局1974年版,第2044页。
③ 冯天瑜等:《近代汉字术语的生成演变与中西日文化互动研究》,北京:经济科学出版社2016年版,第316—342页。

经济思想的探讨已经开始尝试引入西方的有关经济学理论,使该问题的研究多了几分"洋气"和深度,增色不少。不过,我们应该看到,此时对相关经济理论的理解与运用还显得非常稚嫩,甚至生搬硬套。

总之,民国时期的《商君书》研究,从一定程度上说,是真正意义上的《商君书》研究的起步。在整个帝制中国,作为法家子书的《商君书》被排斥在主流学术之外,并且其君臣民一体守法的主张不容于高度集权的君主制,因而备受冷落,导致《商君书》的研究基本停留在目录书的著录、部分内容的训释以及简单的辨伪阶段。自近代以来,中国人在西方的坚船利炮面前开始反思,加之西方思想学术的大量涌入和冲击,一些有识之士终于清醒地认识到中国已经远远落后于西方,他们探求的中国落后的原因之一就是缺少法治。于是,清末以来先秦法家思想得到"复兴",逐渐形成了以近代西方法政理论参酌衡量中国古代旧法家思想的"新法家"学派。① 甚至在民国初年出现了"一股颇有声势的法治思潮",革命党人和社会各界人士都积极鼓吹以法治国,热切期盼把中国建设成为民主共和的法治国家;各类法政学校如雨后春笋般涌现,介绍和研究中西法律的论著大量刊行。② 不论对古代法家法治思想的态度是扬弃还是否定,终归少不了对其的关注与研究,《商君书》法治思想的研

---

① 关于"新法家"及其思潮,时显群:《略论近代"新法家思想"的特点》,《法学评论》2008年第5期;程燎原:《晚清"新法家"的"新法治主义"》,《中国法学》2008年第5期;喻中:《显隐之间:百年中国的"新法家"思潮》,《华东政法大学学报》2011年第1期;王锐:《近代中国新法家思潮略论》,《学术论坛》2011年第6期;钱锦宇:《法家思想的近世续造——以陈启天的"新法家理论"为中心》,《社会科学战线》2017年第1期。

② 李学智:《民国初年的法治思潮》,《近代史研究》2001年第4期。

究就是其中之一。从研究进展来说,一是推出了一批《商君书》的校释本,二是产生了大量运用现代科学方法解读《商君书》的研究成果。从研究视野来说,西学的痕迹和影响比较突出,这主要体现在以下三个方面:第一,对西方学科和知识门类及术语的应用。对《商君书》思想的研究,往往按照一定的内容分类,"法治""政治""经济"等概念的内涵开始与西方接轨;第二,开始引入相关学科理论与研究方法,套用西方相关理论与研究成果对《商君书》的内容进行分析和评论;第三,尝试进行中西比较研究,论者在探讨商鞅的思想主张时,如将农战政策与斯巴达精神进行比较,以突出其特点。

第五章
新中国成立至
1978年前的《商君书》研究

1949年10月1日,毛泽东主席在天安门城楼隆重宣告:"中华人民共和国中央人民政府今天成立了。"从此,中国历史开启了新的纪元。同时,中国的学术也进入一个以马克思主义为指导的新时期。新中国成立之初的17年(1949—1966年)到"文化大革命"的10年,中国学术深受政治的影响,沉浮不定,变化曲折。在这样的背景下,《商君书》的研究也经历了从沉寂到热捧的起落。

新中国成立后17年
《商君书》研究的沉寂

新中国成立后,在思想文化和科学研究领域确立了马克思主义的指导地位,并在全国开展了学习马克思主义、对知识分子进行思想改造以及批判封建的、资产阶级的学术思想的系列运动。

就历史学科而言,早在1949年7月1日中国新史学研究会筹备会上通过的《中国新史学研究会暂行简章》就明确规定,该研究会的宗旨为:"学习并运用历史唯物主义的观点和方法,批判各种旧历史观,并养成史学工作者实事求是的作风,以从事新史学的建设工作。"[①] 1952年院系调整后,全国各综合大学历史系的课程分为理论的修养、工具的训练、基础课程和辅助课程四大类,其中理论的修养一类就要求学习马列主义基础和新民主主义论。[②] 至于思想改造方面,"几乎所有的历史学家和

---

① 《中国新史学研究会暂行简章》,中国史学会秘书处编:《中国史学会五十年》,郑州:海燕出版社2004年版,第4页。

② 方回:《解放四年来新中国的历史科学发展概况》,梁景和主编:《中国近代史基本理论问题文献汇编(上)》,北京:社会科学文献出版社2013年版,第539—540页。

第五章　新中国成立至1978年前的《商君书》研究

历史工作者都主动或被动地接受思想改造"①。如郭沫若1950年在读了郭宝钧《记殷周殉人之史实》一文后，指出"今天要研究中国的历史或从事地下的发掘，不掌握着马克思列宁主义的方法是得不到正确的结论的"，"唯心论与机械唯物论同样是学者们的绊脚石，我恳切地希望，我们大家对于马克思列宁主义应该更坚决地大胆深入"。②同年，翦伯赞在《怎样研究中国历史》一文中强调，应该"站在劳动人民的立场"，"用唯物主义的观点""用辩证唯物主义的方法"研究中国历史。③

新中国成立后17年，马克思主义成为历史研究的理论与方法，正如郭沫若所说："就历史研究的范围来讲，大多数的历史研究者已经逐渐从旧的史观转向了新的史观；这就是说，从唯心史观转向用马列主义的方法来处理实际问题。"④特别是1956年"双百"方针的提出，用毛泽东在中共中央政治局扩大会议上的讲话来说，就是"艺术问题上百花齐放，学术问题上百家争鸣"⑤被喻为学术界的一股"春风"。但由于"左"倾思想的影响，"双百"方针在贯彻和执行过程中逐渐背离了其初衷，1957年"反右"运动的扩大化，进一步把学术问题上升为政治

---

① 上海市社会科学界联合会编，姜义华、武克全主编：《二十世纪中国社会科学·历史学卷》，上海：上海人民出版社2005年版，第46页。
② 郭沫若：《读了〈记殷周殉人之史实〉》，收入《奴隶制时代》，郭沫若著作编辑出版委员会编：《郭沫若全集·历史编》第三卷，北京：人民出版社1984年版，第82—83页。
③ 翦伯赞：《怎样研究中国历史》，收入《历史问题论丛（增补本）》，翦伯赞：《翦伯赞全集》第四卷，石家庄：河北教育出版社2008年版，第481—492页。
④ 郭沫若：《中国历史学上的新纪元》（中国史学会成立大会上的发言），中国史学会秘书处编：《中国史学会五十年》，郑州：海燕出版社2004年版，第7页。
⑤ 《党的文献》编辑部编：《共和国走过的路——建国以来重要文献专题选集（1953—1956）》，北京：中央文献出版社1991年版，第248页。

问题，阻碍了学术事业的发展。因此，《商君书》的研究也随之陷于沉寂。

1955年杨宽《战国史》出版，该书第一章《绪论》中"关于战国史的材料"一节将《商君书》列入"关于战国史的材料"，并对其作者与成书时代做了简单交代："这是法家卫鞅（即商君）的后学所编著的，当是战国末年的著作。"① 同年，他在《商鞅变法》的注释里考察了《商君书·更法》篇的写作来源，认为《商君书》虽是"战国末年学商鞅这一派学说的人所编写的"，但《更法》篇的"记述应该是有来源的"。《史记·商君列传》所记商鞅言行都不是依据的《商君书》，《更法》篇的这段记述也应当是别有来源，"很可能出于战国时代的杂记，而没有为《战国策》所收辑"。《更法》篇称述"孝公"谥号，"当然出于后人追记，不是当时实录"。该篇许多文句和《战国策·赵策》"赵武灵王平昼闲居"一节类似，《赵策》这一节同样出于后人追记，很可能是因为商鞅变法和赵武灵王胡服骑射都曾引起争议，"两件事有一些类似的地方，追记的人把他们混同了"。②

高亨先后发表《商鞅与商君书的批判》和《商君书新笺》两篇文章。《商鞅与商君书的批判》一文认为，《商君书》的内容都符合商鞅的思想实质，它是"商鞅遗著和商鞅一派学者遗著的合编"，因此用"商氏"概称商鞅及《商君书》各篇的作者，并从政治思想体系、对人民的态度、法治主义与厚赏严刑、重农政策、重战政策、压抑学士政策、压抑工商政策等方面对

---

① 杨宽：《战国史》，上海：上海人民出版社1955年版，第5页。
② 杨宽：《商鞅变法》，上海：上海人民出版社1955年版，第36—37页。

商氏进行了批判。该文指出,商氏的政治目的是"国治、国富、国强",而"治富强"的最大效果是"王"。为了实现其政治目的,商氏要求实行法治主义。商氏对人民的态度是愚民、弱民,其法治主义的实质是"中央集权君主专制的政治制度,把君权提到神圣不可侵犯的地步"。商氏法治主义的内容很丰富,最主要的是赏和刑,并且是厚赏、少赏、严刑。作者强调,这一套刑赏理论是非常片面的。首先,刑罚"禁奸"的作用只是相对的,不是绝对的。其次,商氏认为严刑可以"利天下之民"也是错的,阶级社会的刑罚不过是统治阶级迫害人民的工具。为了实现富强的政治目的,商氏主张重农重战,为了重农重战,又要求压抑学士和工商。最后,作者指出:"事实的另一面,商鞅的政治主张有严重的缺点,如高压的严刑统治、严酷的兵役剥削以及压抑学士和工商等都增加了秦国人民生活的艰苦。"[1]《商君书新笺》源自高亨在1949年以前阅读《商君书》时的札记,"摘录成帙",后来在撰写《商君书译注》过程中又加以订补,"共得一百零三条",刊发在《山东大学学报》(语言文学版)1963年第1期。该文或释前人未释者,或对前人注解作申发、补充、辨正,新见颇多。

---

[1] 高亨:《商鞅与商君书的批判》,《山东大学学报(中国语言文学版)》1959年第3期。

"评法批儒"运动中《商君书》研究的热潮

1966年5月,"文化大革命"开始。在"以阶级斗争为纲"的政治环境下,学术研究几乎停止。出于政治斗争的需要,《商君书》的研究在1974年却迎来了"转机"。当时,根据毛泽东的几次谈话精神,把林彪路线定性为"尊儒反法"或"尊孔反法"①。1974年1月1日,《人民日报》、《红旗》杂志和《解放军报》联合发表了《元旦献词》,强调"要继续开展对尊孔反法思想的批判","批孔是批林的一个组成部分"。② 1974年6月以后,"批林批孔"转向了"评法批儒"。

在这种情况下,一大批以儒法斗争为主题的论著相继出现。据方厚枢《"文革"后期出版工作纪事(上)》一文引用的数据:"据国家出版局版本图书馆收到样书的不完全统计,从1973年下半年起到1976年底止,全国共出版评法批儒图书1403种,

---

① 中共中央文献研究室编:《毛泽东年谱(1949—1976)》第六卷,北京:中央文献出版社2013年版,第458、485页。
② 《人民日报》、《红旗》杂志、《解放军报》编辑部:《元旦献词》,中国人民解放军国防大学党史党建政工教研室编:《"文化大革命"研究资料》下册,北京:党史出版社1988年版,第64页。

总印数1940余万册（不包括批林批孔图书和各地互相租型、翻印及少数民族文字版），约占同期出版的哲学社会科学类图书的四分之一。在这1403种图书中，'批儒'的有496种（包括儒家著作批注，如《论语批注》《三字经批注》之类）；'评法'的有907种（包括报刊文章汇编217种，活页文选294种，'法家著作注释本'224种，'法家著作校点'或重印本34种，编写的《儒法斗争史》《法家人物评介》和资料138种）。"[1] 这其中一项重要出版物就是文中提到的法家著作的出版。

就《商君书》而言，根据《全国总书目》（1974—1976年）统计，除了法家著作选编选译和法家人物介绍等出版物中选注或译介的《商君书》篇目外，"评法批儒"运动前后共有近三十种《商君书》（或选篇）注译本出版，列之如下：

《商鞅》（法家人物著作评介），吉林人民出版社，1974年；

《商鞅》（法家代表人物和著作介绍），安徽人民出版社，1974年；

《商鞅和〈商君书〉》，北京人民出版社，1974年；

《商鞅和〈商君书〉》，山西人民出版社编辑、出版，1974年；

《商鞅　荀况　韩非论述选注》，孙维槐等，上海人民出版社，1974年；

《商鞅　荀况　韩非论述浅注》，湖南人民出版社，

---

[1] 方厚枢：《"文革"后期出版工作纪事（上）》，《出版科学》2005年第1期。

1974 年；

《商鞅　荀况　韩非论述浅注》（盲文版），北京盲文印刷厂，1974 年；

《商鞅　荀况　韩非批孔反儒言论选译》，开封师范学院中文系，河南人民出版社，1974 年；

《〈商君书·更法〉　荀况〈天论〉　韩非〈五蠹〉译注》（读一点法家著作），广东师范学院中文系，广东人民出版社，1974 年；

《商君书》，商鞅等著，章诗同注，上海人民出版社，1974 年；

《商君书注译》，高亨注译，中华书局，1974 年；

《商君书注译》（线装大字本，全六册），高亨注译，中华书局，1974 年；

《商君书选注》（征求意见稿），山东大学《商君书》注释组，山东人民出版社，1974 年；

《〈商君书〉选注》，安徽大学中文系《商君书》注译小组，安徽人民出版社，1974 年；

《〈更法〉〈开塞〉注译》（哈萨克文版、托脱蒙古文版），新疆人民出版社，1974 年；

《〈商君书〉〈荀子〉〈韩非子〉选注》，北京大学中文系古典文献专业七二级工农兵学员，中华书局，1975 年；

《读〈商君书〉》，北京铁路分局工人理论小组，人民出版社，1975 年；

《读〈商君书〉》（工农兵批林批孔文选），辽宁省图书馆编，辽宁人民出版社，1975 年；

《商君书新注》,《商君书新注》编辑组,陕西人民出版社,1975年;

《〈商君书〉选注》(法家著作选读),《法家著作选读》编辑组编,北京人民出版社,1975年;

《商君书选》(法家著作译注丛书),天津人民出版社,1975年;

《〈商君书〉选注》,朝阳重型机器厂等《商君书》注释组,辽宁人民出版社,1975年;

《商君书选注》,山东大学《商君书》注释组,山东人民出版社,1975年;

《商鞅著作选读》,武汉师范学院中文系古典文学教研组,湖北人民出版社,1975年;

《商君书选篇注释》[法家著作选(14)],舟山地区法家著作注释编审组编,浙江人民出版社,1975年;

《〈商君书·更法〉评注》,首都钢铁公司炼铁厂修理车间工人理论小组,中华书局,1975年;

《商君书评注》,北京电子管厂、北京广播学院《商君书评注》小组,中华书局,1976年;

《商君书新注》,山东大学《商君书》注释组,山东人民出版社,1976年;

《〈商君书〉注释和语译》,沈阳电缆厂工人理论组、辽宁省图书馆注释和语译,辽宁人民出版社,1976年。

此外,还有很多《商君书》篇目的注译是以文章的形式刊登在杂志上的。

回望这些成果，我们会发现其中也有少数值得重视、具有很高学术价值的著作，如高亨注译的《商君书注译》。《商君书注译》以严万里校本为底本，并依据其他版本删订。每篇篇名下列题解，主要提示本篇内容。将原文分段标点，加注释和译文。注释征引前人成说，或参以作者见解。遇有歧见处，"以引用个人认为正确可取的一种说法为原则"。但有"异说可以并存、是非不易判断"者，便一并列举以供读者参考。① 除正文注译之外，本书尚收录《商鞅与〈商君书〉略论》《商君书新笺》两篇事先已经发表的论文，前文原题《商君与〈商君书〉略论》，经作者重新改写后以现题收入。书中还附有《商君书的校释书目》《商君书的古本》《商君书作者考》《战国两汉人关于商鞅的记述（摘要）》等相关内容。关于该书校释的特色，葛洪春硕士学位论文《高亨先生〈商君书〉研究述论》从校勘、字词注释和白话译文三方面做了总结。作者认为，该书借鉴前人成果并根据字形、文意、句式进行校勘，通过因声求义、泛稽古书、辨正旧说和考证名物等方式注释字词，并提供了准确、简明、精炼的白话译文。同时，葛洪春也指出该书在校勘、训诂方面的偏颇和可商榷的地方，以及对阶级分析方法的机械使用等不足之处。②《商君书注译》虽是一部应时应景之作，但学界对其学术价值基本持肯定甚至赞誉的态度，将其视为"一部严肃而多有创见的学术著作"③。该书仍然是今天阅读、研究

---

① 高亨注译：《商君书注译·叙例》，北京：中华书局1974年版，第1—2页。
② 葛洪春：《高亨先生〈商君书〉研究述论》，三、四部分，山东大学硕士学位论文，2015年5月，第17—40页。
③ 葛洪春：《高亨先生〈商君书〉研究述论》，"摘要"，山东大学硕士学位论文，2015年5月，第Ⅰ页。

《商君书》最常用的参考注本之一。

除了文本的注解,这一时期还涌现了一些有关《商君书》的真伪、作者和思想内容的研究论文。关于《商君书》的真伪和作者,高亨《商君书作者考》(收在其一《商君书注译》中)认为,战国时代诸子著书立说之风极盛,商鞅在相秦前后的几十年中完全有著书的时间和条件。韩非曾说"藏商、管之法者家有之"(《韩非子·五蠹》),又引用"公孙鞅"的话(《韩非子·内储说上七术》),足以证明《商君书》"在战国时代已有传本"。今本《商君书》乃是汉代以来的传本,它的内容"都符合商鞅的思想实质,没有重大的自相矛盾之处",但"各篇并非作于一人,也非写于一时","可以说它是商君遗著与其他法家遗著的合编"。具体哪些是商鞅遗著,哪些不是呢?作者通过《商君书》中述及的"孝公""乌获""魏襄""周军之胜""华军之胜""长平之胜""秦师至鄢郢""唐蔑死于垂沙"等史实,认定《更法》《错法》《徕民》《弱民》《定分》五篇"明确是作于商鞅死后"。又根据篇中行文作者自称"臣"判断,《算地》《错法》《徕民》《赏刑》《君臣》《禁使》《慎法》七篇"很明确是作者献给秦君的书奏(也可能有献给他国国君者)","不是为著书传世而写的",其中《错法》《徕民》两篇已证非商鞅所作,余下五篇"有无商鞅作品,则不可考"。再从语言风格考察,《去强》《弱民》《靳令》并非出于一人之手。

至于《商君书》中的商鞅遗著,作者以为《垦令》"当是商鞅所作",《靳令》"可认为商鞅所撰",《外内》"可能是商鞅所撰",《开塞》《耕战》"可能是商君遗著"。其理由是:《垦令》篇"则草必垦矣"出现二十次,可见该篇就是《更法》篇提到的"垦草令"。不过,它只是垦草令的方案,因而当为商鞅所写。《韩非子·内储说上七术》引公孙鞅曰"行刑,重其轻者,轻者不至,重者不来,是谓以刑去刑",这"很明确是摘自《靳令》篇",《靳令》当然就是韩非所见"商君之法"的一篇了。《靳令》与《韩非子·饬令》文字基本相同,"乃后人误将商鞅遗著编入韩非书中",因为"韩非不能把自己的话引作商君的话","足以证明此篇不是韩非所作"。罗根泽认为《韩非子·南面》中的"商君之内外"即是说《商君书·外内》篇,但陈奇猷却说此处"内外"是出入之意,各有道理,所以"只能说《外内》篇可能是商鞅所作"。刘安曾提及《开塞》,司马迁也说过《开塞》《耕战》,故这两篇"可能是商鞅遗著"。①

关于《商君书》思想内容的研究,高亨《商君与〈商君书〉略论》(后经作者重新改写以《商鞅与〈商君书〉略论》为题收入《商君书注译》)一文做了比较综合的总结分析。《商君与〈商君书〉略论》和《商鞅与〈商君书〉略论》内容大同小异,只是后者行文、表述更加突出儒法斗争、路线斗争的主题。高亨于1959年曾发表《商鞅与〈商君书〉的批判》(以下简称《批判》)一文,可以将《商君与〈商君书〉略论》(以下简称《略论》)与之比较。首先,《略论》较之《批判》思想内容的分析减少,附会政治、影射现实的成分增多。其次,作者的立场受现实政治的影响发生了转变。《批判》一文对商鞅的定位是"先秦时代的重要的思想家和政治家",而《略论》一文则称商鞅是"反对复古、主张革新的法家",《商君书》所阐发

---

① 高亨:《商君书作者考》,《商君书注译》,北京:中华书局1974年版,第6—11页。

的政治思想"具有重大的进步意义"。由此可见，高氏前后所持立场的转变，直接决定了两文在《商君书》具体思想内容评价上的对立或侧重点之不同。如厚赏重刑政策，《批判》虽然认为"刑无等级"的精神是值得赞扬的，但更强调其"严刑统治是异常残酷的"，并指出其严刑理论的片面性；《略论》则极力鼓吹厚赏重刑在富国强兵以成就王业、推动社会由奴隶制进步到封建制方面的"重大的积极意义"，以及有助于奴隶的解放这一"不可否认的事实"。再如《商君书》反对儒家所推崇的礼乐诗书、仁义孝悌的主张，《批判》认为"商氏的压抑学士政策"是"反动的文化政策"，是"反历史反人民的"；《略论》却说"商君反对儒书与儒术，是完全必要的"，这是"针对当时斗争形势，防止奴隶主与儒家的反动活动"，是"对阶级敌人发动反攻的一种战略"。① 两相比较，《批判》一文更具学术意义。

署名众志的《新兴地主阶级的革命专政——读〈商君书〉的体会》一文，也认为商鞅的"进化历史观"是其"法治"路线的理论基础。从"进化历史观"出发，把商鞅的重刑主义鼓吹为"革命暴力"。在"实行革命暴力的思想指导下"，商鞅"为了强化、巩固地主阶级专政和维护国家的统一"，坚决主张中央集权。为了打破世袭等级制，他采取了"攻官"的措施和"壹赏"的政策。在意识形态领域，商鞅对儒家的礼乐、诗书、仁义、孝悌"采取严厉措施"，主张"壹教"，"用法家思想统一人民的思想"，"引导人们遵守法令，专一于农战"。② 洪善思

---

① 高亨：《商鞅与〈商君书〉的批判》，《山东大学学报（中国语言文学版）》1959年第3期；高亨：《商君与〈商君书〉略论》，《文史哲》1974年第2期。
② 众志：《新兴地主阶级的革命专政——读〈商君书〉的体会》，《辽宁第一师院学报》1975年第1期。

《新兴地主阶级专政的理论和实践——读〈商君书〉》一文,认为《商君书》是新兴地主阶级专政在理论与实践上的总结,其主要"政治路线"和"方针政策"包括:强调法治,"以法治者强";"重视中央集权问题";注意建设军队,全民皆兵,以法治军;"主张用法律的形式把封建所有制固定下来",按照土地产量收取租税,打击"工商奴隶主";对"儒家及其反动学说"采取"专政措施","让法家思想去占领思想文化阵地"。①

在"评法批儒"运动中,出现了一系列对《商君书》的专题研究,涉及《商君书》的军事思想、法治思想、经济思想、教育思想等。这类文章除了突出"批林批孔"的主题,内容大多沿袭前人的研究,乏善可陈。当然,其中也有个别文章运用唯物史观具体分析了《商君书》与现实需要相契合的内容。比如对战争起源和战争正义性的讨论,郝清涛的《试论商鞅的军事路线——读〈商君书〉》,将《商君书》关于战争起源的论述概括为"战争是在一定的历史阶段中才出现的"②;高晓青、张庆华、刘德庆的《论商鞅的"以战去战"》,认为这一思想"说明了战争是'时变'的产物,是不以人们意志为转移的,谁想逃避也逃避不了,只有用进步的战争去消灭反动的战争,才能摧毁旧制度,建立新制度,实现社会的变革"③。春革的《试谈商鞅的教育革新思想》,把商鞅的教育思想归纳为"明法"教

---

① 洪善思:《新兴地主阶级专政的理论和实践——读〈商君书〉》,《山东师院学报(社会科学版)》1975年第2期。
② 郝清涛:《试论商鞅的军事路线——读〈商君书〉》,《郑州大学学报(哲学社会科学版)》1974年第2期,第79页。
③ 高晓青、张庆华、刘德庆:《论商鞅的"以战去战"》,《吉林师大学报(哲学社会科学版)》1975年第1期。

育、"农战"教育和"以吏为师"。① 华金才的《论商鞅的法治路线》,指出商鞅"锐利地看到了法治的极端重要性",认识到法令"是治国的根本",推行法治,就必须建立中央集权制,确立新兴地主阶级的法权。②

简言之,新中国成立后,唯物主义历史观和阶级分析法成为《商君书》研究必须遵循的方法论,相关术语与原理是这一时期《商君书》研究表现出来的鲜明特色。但由于"左"倾错误思想的发展,《商君书》的研究陷于沉寂。"文化大革命"爆发后,随着"批林批孔"特别是"评法批儒"运动的开展,作为法家代表作的《商君书》受到前所未有的热捧,以研究为名的论著井喷式发表,但学术性严重不足。不过,新中国成立后到改革开放前的《商君书》研究,依然有几笔遗产令人称道:一是高亨《商君书注译》等论著的发表,促进了《商君书》释读与相关问题的认识;二是开辟了《商君书》教育思想、军事思想等新的研究领域;三是《商君书》注译本的大量刊行,一定程度上促进了《商君书》的普及。

---

① 春革:《试谈商鞅的教育革新思想》,《延边大学学报(哲学社会科学版)》1974年第4期。
② 华金才:《论商鞅的法治路线》,《山东师院学报(社会科学版)》1975年第1期。

第六章
改革开放以来的《商君书》研究

"文化大革命"结束后,国家立即对"四人帮"的反动谬论进行揭露与批判,特别是关于真理标准问题的大讨论,极大地解放了人们的思想,最终确立了"解放思想,实事求是"的思想路线。同时,"百花齐放,百家争鸣"的方针被重新提倡,并逐步得到恢复、贯彻。随着改革开放的深入,海外学术思潮不断涌入,相关理论与方法被中国学界接受并应用于科学研究。20世纪90年代以来的"国学热"以及传统文化复兴,一方面加大了专业人士对古代思想与文化的研究力度,另一方面也推动了古籍的出版与普及。

《商君书》文本研究

改革开放以来的《商君书》文本研究，已经不再仅仅纠缠《商君书》的真伪问题，而是将主要的精力聚焦于该书的成书、流传、版本的探究和文字的校释。

一、对《商君书》辨伪方法的反思

这一时期，专注于《商君书》真伪定性的研究已经很少，一般只是在相关研究的学术史回顾中作总结性评述。其中，刘建国的《先秦伪书辨正》将前人关于《商君书》真伪的认识分为两种意见：一是"不同程度地认为《商君书》是伪书"，二是"《商君书》是商鞅著作"。刘氏赞同第二种说法，认为"《商君书》是商鞅的作品，间有后人窜入"。理由是：其一，《更法》存在称秦孝公谥号的问题，但不能据此认为是伪书，称谥可能是传抄中导致的。同篇中称"孝公"不加"秦"，称"公"不加"秦"，也不称"秦孝公"，可见是秦孝公当世之作。其二，《商君书》中所讲的事情，每篇皆是为秦国的强盛而言，同时书中的官制也都是秦孝公时的官制。其三，司马迁为商鞅作传，亲眼见过《开塞》《农战》书。其四，《商君书》自著述以来一直流传至今。①

张林祥认为，人们对《商君书》真伪问题的讨论形成了"以偏概全"和"矫枉过正"两种倾向。"以偏概全"即论定某篇不为商鞅所撰进而否定全书，如因为《更法》篇中的"孝公"谥号或《徕民》篇中的魏襄王谥号和"长平之胜"而否定全书。这种"以偏概全"的做法早就遭到过批评与矫正，但"有的人似乎急于矫正前人的失误，而未经细致的分析研究就得出了大胆的结论"，又出现了"矫枉过正"的倾向，并以刘建国《先秦伪书辨正》为例进行了逐一分析，认为导致这两种倾向的原因在很大程度上"是因为人们不了解或忽视了先秦古书在成书、命题、题名等方面的特点"。②

"以偏概全"的结果是简单否定全书，"矫枉过正"导致轻信其书为商鞅所著，二者有一个共同特点，便是对《商君书》真伪的认识走向极端。其实，在这两个极端之间，早就有论者尝试对《商君书》各篇作具体分析。刘咸炘即指出《商君书》"不得全谓鞅作，亦不得谓全无鞅作"，《更法》《定分》为"后人所记"，《去强》以下诸篇"文势有异，而语或复冗"，《徕民》《弱民》两篇"皆及秦昭王时事，必有徒裔所增衍，然其称臣者亦或当时敷奏之词"。③陈启天在刘咸炘的基础上进一步

---

① 刘建国：《先秦伪书辨正》，西安：陕西人民出版社2004年版，第280—281页。
② 张林祥：《〈商君书〉的成书与思想研究》，北京：人民出版社2008年版，第34—43页。
③ 刘咸炘：《子疏定本》"法家弟八"，刘咸炘著，黄曙辉编校：《刘咸炘学术论集·子学编》（上），桂林：广西师范大学出版社2007年版，第111页。

"将全书一篇一篇的加以分析的研究",并最终列出各篇的作者与写作时代。① 高亨考证认为,有些篇章明确作于商鞅死后,有些则是作者献给秦君的书奏,有些确是商鞅遗著。②

改革开放以来,对《商君书》的成书需要对具体篇章进行具体分析已成共识,郑良树、曾振宇、张林祥、仝卫敏等人在这方面都进行了有益的探索,在继承、发扬前人运用过的有效辨伪方法的同时,还催生了更多辨别《商君书》作者与写作时代的判定依据。其中,郑良树所撰《商鞅及其学派》就是非常典型的体现。郑氏对《商君书》成书的探讨,倡导摆脱"平面式"的研究,建立一个"立体式"的商学派。也就是说,"将这二十几篇思想相串连、内容相因袭的《商君书》,当作商鞅及其学派的集体作品"。这不仅"比起将某些篇章当作'真著'、某些篇章当作'伪作'更富意义和更有合理性",而且"最富意义的是思想、主张的矛盾的解决"。为了得出比较合理的结论,郑氏要求对各个篇章作分别处理时"证据不厌其多,分析不厌其烦"。具体操作过程中,除了批判继承前人的有关研究成果与辨伪方法,还专门提出根据作品的不同风格和不同思想进行辨别。所谓"作品的不同风格",就是这些篇章在行文上存在"简峻朴质"和"浅白流畅"的差异。前者行文"尚简朴,以短句为多,尽量少用虚字,也极少自问自答";后者行文"以浅畅为主,故句子多数冗长,虚字折语助词用得多,也经常设文

---

① 陈启天:《商鞅评传》,上海:商务印书馆1947年版,第120—135页。
② 高亨:《商君书作者考》,《商君书注译》,北京:中华书局1974年版,第6—11页。

自我问答"。这具体表现在"也""夫""之所以"等语助词和句式以及顶真句型的使用方面。所谓"作品的不同思想",即"商学派经已析分为若干小支系,支系之间政见不同,思想也有别"。如"刑赏"思想,商鞅主张"重刑厚赏",而商学派主张"重刑轻赏"甚至"重刑不赏"。"壹"的观念,由最初没有被赋予特别意义的"统一""专一"发展为"心志、力量专一于农战",进而又发展为"心志专一于农耕",并且析分出"抟力"与"杀力",再后来又转变为"统一"的意思。①

张林祥对郑良树所据不同风格和不同思想的判别标准做了评述,认为通过"简峻朴质"和"浅白流畅"两种不同的行文风格证明"其作者固非一二人,也非相近的一二时代所完成"的结论虽可信赖,但"相当有限"。并且,语助词的多寡"仅仅是文风的一种表现",无法直接决定行文是否"浅白流畅","何况所谓多寡很难比较",而相比之下,"文体的成熟程度也许是更值得注意的一个方面"。根据前人研究,"先秦诸子散文的发展成熟经历了从以《论语》为代表的语录体,到以《孟子》《庄子》为代表的对话体论辩文,再到以《荀子》《韩非子》为代表的高度成熟的长篇议论文三个阶段"。《商君书》中的大多数篇章"称得上比较成熟的议论文,不大可能出现于商鞅的时代",但从其思想、内容、结构、行文、语辞等诸多方面来看,

---

① 郑良树:《商鞅及其学派》,《秦国政治与〈商君书〉——〈商鞅及其学派〉自序》及本书相关章节,上海:上海古籍出版社1989年版,第2—3、8、30—40、61—66页。又见郑良树:《商鞅评传》,南京:南京大学出版社1998年版,第195—204、214—226页。

"这些文章都比荀、韩要逊色很多",再加之它们之间"也有很明显的差别",所以"大部分篇章应是战国后期一些不太著名的法家所作"。虽然《商君书》"总体上说是比较成熟的政论文的合集",但也有例外,如《垦令》和《境内》两篇"严格说来不属政论文,而是法令或法令草案",《去强》《说民》《弱民》三篇"很难说是像样的政论文",《更法》《定分》两篇"出自后人追记,所以有意保留了对话体的痕迹"。此外,他还提出古史传说的引用也是值得注意的辨别手法,认为对古史传说的引用,可资作为成书时间的判断依据的突破口主要有两个,一是"伏羲、神农、昊英出现于文献的时间",另一个是"'五帝'说的形成及其变化"。目前的研究表明,"古圣先王的传说主要形成和盛行于战国中晚期,而且越是后出的传说,其时代越是邈远难知,其帝王越是纷繁无序"。《商君书》涉及的帝王相当多,最可注意的是神农之前的昊英,书中描述的三皇、五帝"已明显不是其原初形态,而是经过反复的整合加工后的样子"。①

张林祥关于《商君书》真伪问题的讨论所表现出的两种倾向,以及对郑良树提出的不同文风与不同思想的判定依据的评析,其实是对《商君书》辨伪方法的专门反思。虽然此前也有论者针对某些用以辨别《商君书》真伪的方法发表意见,但这样系统的总结与反思尚不多见。

---

① 张林祥:《〈商君书〉的成书与思想研究》,北京:人民出版社 2008 年版,第 43—66 页。

二、各篇作者及成篇考

郑良树将今本《商君书》各篇逐一考察后，按成书时间先后分为五个阶段：

成篇阶段	时间	篇名
一、商鞅在世	前361—前338	《更法》《垦令》《境内》《战法》《立本》《兵守》
二、商学派第一期	前337—前318	《算地》《农战》《修权》
三、商学派第二期	前317—前247	《去强》《徕民》《弱民》《说民》《外内》
四、商学派第三期	前246—前221	《靳令》《壹言》《开塞》《错法》《赏刑》《画策》《慎法》
五、商学派第四期	前221—前210	《君臣》《禁使》《定分》

本表据郑良树：《商鞅及其学派》（上海古籍出版社1989年版）第139—156页内容制作。

曾振宇在高亨研究的基础上，"效其方法，穷源竟委，以篇章为单位，进行认真的考索，力求做到证据不厌其详，分析不厌其烦"，经过一番"全面辩证的考订"后，认为整部《商君书》是分别在三个不同的时期完成的。

第一阶段（前361—前338），有《垦令》《农战》《壹言》《算地》《境内》《战法》《立本》《兵守》《开塞》《赏刑》《慎法》《君臣》《靳令》《修权》《更法》等15篇，这些作品极可能是商鞅亲著。

第二阶段（前337—前247），有《去强》《徕民》《弱民》

189

《说民》《外内》《错法》《画策》等7篇。

第三阶段（前221—前206），有《定分》《禁使》2篇。

曾氏对《商君书》成书考证的结论是：其一，《商君书》不全是商鞅一人亲著，而且也不是他的弟子在同一个时期内完成的。其二，整部《商君书》写成的上、下限相距不短，有的是秦孝公二十四年（前338）商鞅车裂以前的作品，有的是秦始皇二十六年（前221）秦统一天下后才完成的，前后创作时间相距一百多年。其三，可以认为《商君书》是一部集体的创作，由商鞅及其后学分别在不同时代完成，然后编纂成书，但全书思想框架与脉络仍是对商鞅思想的一以贯之。其四，整部《商君书》除个别地方因时代的原因需仔细加以勘误、剔抉之外，基本上反映和代表了商鞅思想，《商君书》是研究、了解商鞅思想与行事的最原始可信的文献史料。①

张林祥将《商君书》各篇的成书分为以下几类：

对商鞅言行的追记，有《更法》《定分》2篇；

商鞅遗著，有《垦令》《境内》2篇；

疑为商鞅所著，有《开塞》《农战》《靳令》《战法》《立本》《兵守》6篇；

商鞅后学写于战国晚期的政论文，有《画策》《修权》2篇。

商鞅后学献给国君的书奏，有《算地》《徕民》《错法》《赏刑》《君臣》《慎法》《禁使》7篇；

---

① 曾振宇：《前期法家研究——法、术、势社会政治理论的建构》，济南：山东大学出版社1996年版，第30—48页。

其他，有《去强》《说民》《弱民》《壹言》《外内》5篇。①

仝卫敏在充分吸收、评述前人研究成果的基础上，利用各种方法综合分析每一篇的内容信息，对《商君书》进行逐篇考证，结论是：

商鞅亲著的有《垦令》《农战》《去强》《算地》《开塞》《战法》《立本》《兵守》《修权》《境内》《外内》《君臣》《禁使》《靳令》等篇；

商鞅门客、私徒属的作品有《更法》《说民》《弱民》《壹言》等篇；

出自商鞅再传弟子的有《画策》《错法》《徕民》《赏刑》《慎法》等篇；

掇拾商鞅余论的法家者流所作的有《定分》篇。②

从以上对《商君书》各篇的具体分析与考察来看，《商君书》的作者群基本圈定在商鞅及其弟子、门客、私徒属、后学等构成的所谓"商学派"。只是，对个别篇章作者的推定尚存在分歧。如仝卫敏认为，《更法》篇最初极有可能出自秦国史官之手，《定分》篇作者应该是秦国御史一类的官员。③ 徐勇结合尉缭的经历和《徕民》篇的内容及语言风格判断，尉缭才是"最有可能述作《徕民》篇的人"。《徕民》篇本与《商君书》无关，但由于该篇作者不详且内容与商鞅思想相似，因此班固在

---

① 张林祥：《〈商君书〉的成书与思想研究》，第二章《〈商君书〉各篇的作者和作时》，北京：人民出版社2008年版，第67—109页。
② 仝卫敏：《出土文献与〈商君书〉综合研究》，上编《〈商君书〉分篇成书时代考证》，新北：花木兰文化出版社2013年版，第31—230页。
③ 仝卫敏：《〈商君书·更法篇〉成书刍议》，《东北师大学报（哲学社会科学版）》2010年第3期。

整理先秦古籍时误将《徕民》篇认作商鞅作品而编入《商君书》中。①

三、《商君书》的编者及编订时间

关于《商君书》编订的时间，冯树勋根据"农战""耕战"两个词自《商君书》流传至班固《汉书》期间的使用情况的统计分析，推测"《商君书》的编成，当在东汉初年"。②郑良树认为，"西汉初年《商君书》不但已经汇聚成书，而且也获得学林的承认，认为是商鞅本人的著作"③。曾振宇也持此说，认为"至少在西汉初年，《商君书》已经汇编成书，该书的作者是商鞅本人已成共识，并无他议"④。张觉根据《韩非子·五蠹》"藏商、管之法者家有之"的提法，以及《韩非子·内储说上》对公孙鞅话语的引述、《韩非子·饬令》因袭《商君书·靳令》等推断，"《商君书》在公元前233年韩非被害之前就已经编成并广为流传了"，大体"应该编成于公元前260年与公元前233年之间"。⑤ 张林祥也赞同《商君书》编订时间的上限为公元前260年左右，但成书下限"还不能确定"，因为对《商君书》成

---

① 徐勇：《〈商君书·徕民篇〉的成书时代和作者蠡测》，《松辽学刊（社会科学版）》1991年第2期。又见徐勇：《〈尉缭子〉逸文蠡测》，《历史研究》1997年第2期，本文较之前文稍有修改。
② 冯树勋：《从〈商君书〉辑定年代看古籍整理的几项要素》，《书目季刊》2004年第38卷第3期。
③ 郑良树：《商鞅及其学派》，上海：上海古籍出版社1989年版，第4页。
④ 曾振宇：《前期法家研究——法、术、势社会政治理论的建构》，济南：山东大学出版社1996年版，第31页。
⑤ 张觉：《〈商君书〉杂考纠缪》，《古籍整理研究学刊》1994年第5期。

书时间下限的推断一般要根据能够考证的写成时间最晚的一篇来确定，问题是：" 古书在流传过程中往往经过多次的编订，篇卷分合增删的情况很复杂，可能形成多种不同的本子，某篇何时收入某本，殊难断定。"①

关于《商君书》的编者，一般认为是商鞅后学，汉代刘向也进行了校订。但张觉反对此说，他推测《商君书》的编订者当是秦国主管图书档案的御史，因为具有档案性质的《更法》篇被编排在开头第一篇，而《更法》《定分》等篇都称商鞅为"公孙鞅"，不符合弟子或再传弟子编老师或宗师的书时称其为"子"的口气。刘向等人校书时也未留下《商君书》的叙录，所以刘向并未校订重编此书。②

对此，张林祥反驳道："说《更法》属档案性质便没有根据，因为如系档案则应为实录，而《更法》首尾完具，且描写生动，绘声绘色，看得出是一篇着意写成的文章。"所谓商鞅的弟子，并不能与孔门七十子之徒或孟子弟子公孙丑、万章之流相提并论。商鞅是所谓"实行的政治家"，并不以聚徒授学为事，从师以求仕进之风也不行于当时的秦国，其所谓及门弟子，其实就是门客之类，并不见得恪守师徒之谊，谨遵弟子之礼，因此编书时直称商鞅之名并不为怪。至于《商子书》以《更

---

① 张林祥：《〈商君书〉的成书与命名考辨》，《古籍整理研究学刊》2007年第2期。又见张林祥：《〈商君书〉的成书与思想研究》，北京：人民出版社2008年版，第30—31页。这里张林祥比较谨慎地指出成书下限"还不能确定"，但在其博士学位论文"摘要"中，张氏以为"下限当在秦统一天下前后"，见张林祥：《〈商君书〉研究》，摘要，西北师范大学博士学位论文，2006年6月。
② 张觉：《〈商君书〉杂考纠缪》，《古籍整理研究学刊》1994年第5期。

法》为第一,《垦令》为第二,"盖亦编书者著其变法之事于首,以明其说之得行也"①。至于刘向是否重新校编过《商君书》,张林祥指出:"经他(刘向)校订的书并不限于遭秦火而残佚脱散者。例如《韩非子》亦属法家著作,未被秦火,而经刘向校订,并写有叙录。刘向为各书所写叙录大都失传,现仅存七篇。既已失传,安知刘向未曾为《商君书》写下叙录?"他的结论是:"《商君书》为商鞅后学或商学派所编这个结论是能够成立的;后来又经过刘向手校,编订为二十九篇,最终成为流传后世的这个本子,也是完全可能的。"②

四、校注成果

这一时期《商君书》的校释、注译本非常多,大体分为学术著作和普及读物两种类型。其中绝大部分是普及读物,现主要介绍学术性注本。

张觉校注《商君书校注》。《商君书校注》由前言、凡例、正文、附录、后记五部分构成,"前言"介绍了商鞅生平及其评价、《商君书》的编集和流传、《商君书》的作者、《商君书》内容概略等情况。正文中每一篇校注前列有"题解",以解释篇名、简述内容、考辨真伪及作者与写作时间。注释部分非常详

---

① 张林祥:《〈商君书〉的成书与命名考辨》,《古籍整理研究学刊》2007年第2期。又见张林祥:《〈商君书〉的成书与思想研究》,北京:人民出版社2008年版,第31—32页。值得注意的是,相较于论文中的这段引文,书中少了"再次"以下内容。
② 张林祥:《〈商君书〉的成书与命名考辨》,《古籍整理研究学刊》2007年第2期。又见张林祥:《〈商君书〉的成书与思想研究》,北京:人民出版社2008年版,第33页。

尽，注重不同版本的校对与前人成果的吸收、补正。附录包含"《商君书》佚文""商鞅及《商君书》的研究考证资料辑录""本书采撷文献要目"三部分，其中"商鞅及《商君书》的研究考证资料辑录"辑录的主要是古代的（近代取其一二）商鞅及《商君书》研究资料，极便利用。

张觉撰《商君书校疏》。本书是《张觉述作集》中的一种，是作者"二十四年来研究《商君书》的一个最终成果"。该书由述作集自序、前言、凡例、正文、附录、后记六部分组成，正文部分除《商君书》原文外，还包括校记、提要、注释、义疏四部分。原文"不专主一本，择善而从"，遇有不同版本的异文就在"校记"中注明。本书汇校分为两类，一是"善本全息汇校"，所参校的是《商君书》早期十种文本（严本、范本、冯本、李本、程本、吴本、朱本、陈本、四库本、崇文本）；二是"古籍非全息汇校"，主要是利用某些《商君书》的版本、古籍异文、类书、古注引文。"注释"注重资料性与学术性，即"全录明刻本旧注，广采前贤之说，同时进行学术研讨，案陈拙见，释难纠谬"。"义疏"是对原文的白话翻译。"附录"共有十二则，依次是"《商君书》佚文""本书《商君书》原文所据文献及文字取舍略例""《商君书》版本考述及其序跋题识辑录""商君及《商君书》研究资料辑录""《商君书全译》前言""先秦法家述要""《商君书注译》校勘失误管窥""申子""慎子""《商君书》人名索引""《商君书》地名、国名、朝代名索引""本书采撷文献要目"。作者自认为它是"一部来自第一手材料的精到可靠而兼具权威性、资料性、学术性、通俗性的集大成之作"。

周立升等编著《商子汇校汇注》。本书以上海图书馆藏严可均《商君书重校本》（传录本）为底本，旨在汇集前人校注《商君书》的已有成果，共计收入《商君书》历代版本二十种，主要校勘参考用书及注释专著四十七种。正文中每篇标题之下是编者的编校说明，交代本篇校勘所据版本，并列出未收该篇的版本。本书是目前为止汇聚《商君书》各版本和注本最丰富的本子，极便利用。遗憾的是，它只是简单地将各家校注汇聚在一起，对异文异说并不作裁断，也不附任何按语。

此外，还有很多集中对《商君书》中部分篇章或文句的注释成果，如：杨春霖《读〈商君书〉札记》（《西北大学学报（哲学社会科学版）》1977年第1期）、彭铎《商君书札记》（《甘肃师大学报（哲学社会科学版）》1978年第4期）、马宗申《〈商君书〉论农政四篇注释》(农业出版社、陕西科学技术出版社1985年版)、连劭名《〈商君书〉新证》（《文献》2001年第4期）、仝卫敏《〈商君书·垦令〉篇发微》（《历史文献研究》第30辑）、刘敏《〈商君书·境内篇〉会注会疏考译》（《秦汉研究》第11辑）等。这类研究往往能针对《商君书》的某些具体问题提出新的见解，或对前人观点有所订正、补充。

第六章　改革开放以来的《商君书》研究

《商君书》思想研究

1912年以来，对《商君书》思想的解读一直是《商君书》研究的重要方面。改革开放后，随着中西学术交流的开展和跨学科研究的提倡，《商君书》思想的研究在广度与深度上都得到了极大的拓展与提升，不仅在传统的法治、政治、经济、军事、教育等思想的阐发上继续深入，而且开拓了人口、生态、管理、文学、音乐、档案等新的研究领域。

一、历史观

《商君书》认为历史是发展变化的，并对之做了分期，这一点是公认的。在此基础上，人们做了进一步的提炼。刘泽华指出，《商君书》"提出了历史进化理论"，"在中国思想史上第一次用分期的方法分析了历史的过程，并得出了今胜于昔的结论"。①贺凌虚将《商君书》对历史的认识总结为"演变不复的历史观"，即"历史的演变实在无法使其回复"。②卢枫指出，

---

① 刘泽华：《先秦政治思想史》，天津：南开大学出版社1984年版，第212页。
② 贺凌虚注译：《商君书今注今译》，附录《〈商君书〉及其基本思想析论》，台北：台湾商务印书馆1987年版，第228页。

商鞅承认人类社会有客观规律性，倡导历史进化论，首次提出关于社会发展阶段的学说，初步认识到经济对政治的决定作用，不仅看到了人民是可供统治者役使的力量，而且还看到了人民也是威慑统治者权利的危险力量。① 曾振宇认为商鞅的历史观由英雄史观和历史进化论两部分构成，在历史发展动力问题上，商鞅将人类社会历史发展的内在原因看成是"圣人"个体意识不断发展、变化的结果，人类社会文明是"圣人"思想轨迹演化的自然产物。在历史进化论上，商鞅提出了衡量社会变革进步与否、优劣与否的标准，即强国与利民。② 骆志弘认为《商君书》历史观的内容包括：历史是进化发展的自然进程；历史发展的动力有英雄人物（"圣人"）、社会矛盾和经济；国家是历史发展到一定阶段的必然产物，国家是圣人作用和现实需要的共同产物。③ 李慧认为，商鞅将社会进程分为三个文明阶段，依次是物质文明、制度文明和精神文明。④

对《商君书》历史观的评论，主流观点认为，《商君书》的历史观是进步观或进化论。在这一认知前提下，人们对之给予了充分的肯定甚至很高的评价。刘泽华指出："《商君书》的历史进化观像一把锐利的宝剑，斩断了一切迂腐守旧，死抱住历史僵尸不放的陈词滥调，为政治上的变法改制提供了最有力的论据。"⑤

---

① 卢枫：《商鞅历史观论评》，《湘潭大学学报（社会科学版）》1988年第4期。
② 曾振宇：《前期法家研究——法、术、势社会政治理论的建构》，济南：山东大学出版社1996年版，第172—179页。
③ 骆志弘：《〈商君书〉历史观略论》，《徐州师范大学学报（哲学社会科学版）》2001年第1期。
④ 李慧：《春秋战国时期三晋学者世界观比较研究》，山西师范大学硕士学位论文，2014年4月，第39页。
⑤ 刘泽华：《先秦政治思想史》，天津：南开大学出版社1984年版，第214页。

卢枫指出，商鞅的历史观突破了传统的天命史观和圣人史观的局限，发前人所未发。① 曾振宇认为，商鞅的历史观"在历史进化论上，又表现出一定程度的唯物主义与辩证法的特点"②。当然，学界也普遍认识到，《商君书》的历史观还是有局限性的。曾振宇认为，《商君书》的英雄史观"在历史的起源、历史发展的动力等问题上，表现出浓厚的唯心主义与形而上学色彩"③。骆志弘认为，《商君书》中的历史分期并不是对历史发展阶段的科学划分，不能反映出人类社会发展中真正的质的飞跃。《商君书》的英雄史观不符合人民群众是历史创造者这一历史唯物主义的基本原理，它未能找到推动历史发展的真正动力。不过，作者同时强调指出，对于两千多年前的商鞅及其后继者，不应做出不合实际的苛刻要求，不能超越时代去评价他们，更不能对英雄史观一笔抹杀，而应看到其历史哲学的闪光点。④ 也有学者认为《商君书》的历史观并不是进步史观，而是变易观。张林祥认为："《商君书》虽然认识到历史演变的阶段和当时社会发展的趋势，但它并没有对这种演变发展做出后胜于前、今胜于古的价值判断……它的最高认识也只是'当时而立法，因事而制礼'，这是战国时代很普通的变易观，不是进步观，也不是进化论。"⑤

---

① 卢枫：《商鞅历史观论评》，《湘潭大学学报（社会科学版）》1988年第4期。
② 曾振宇：《前期法家研究——法、术、势社会政治理论的建构》，济南：山东大学出版社1996年版，第179页。
③ 曾振宇：《前期法家研究——法、术、势社会政治理论的建构》，济南：山东大学出版社1996年版，第179页。
④ 骆志弘：《〈商君书〉历史观略论》，《徐州师范大学学报（哲学社会科学版）》2001年第1期。
⑤ 张林祥：《进步观还是变易观——〈商君书〉历史观再认识》，《西北师大学报（社会科学版）》2006年第3期；又见张林祥：《〈商君书〉的成书与思想研究》，北京：人民出版社2008年版，第185—186页。

如果将《商君书》的历史观和同时代其他学派比较，还是会发现其中不乏可取之处。仝卫敏就认为《商君书》的历史观有以下两点可取之处：其一，商鞅一系法家对历史的理解有超出儒家之处；其二，回避西周以来流行的宗教和道德因素，基本上是以人事、人谋来理解历史的变化，而不言天命鬼神。① 胡振涛认为，商鞅学派对三世阶段发展的认识，没有优劣之分，不是哪一代优越于哪一代，这就打破了当时社会普遍认为古代社会是黄金时代的思想，可谓是当时古今思想的一股清风。②

《商君书》对社会发展的论述在先秦时期确属突出，其历史观可以明确者有两条：其一，历史是不断发展变化的。其二，将人类社会的发展历程做了分期。可贵之处在于，它突破了简单地以代表人物或朝代作为分期的界限，而是从社会发展的角度对一定历史时期的社会特征进行抽象和概括，将之分为"亲亲而爱私"的上世、"上贤而说仁"的中世、"贵贵而尊官"的下世。学界存在的争议是其历史观是否是进化史观，主流意见认为是进化史观，也有部分学者反对将之定性为进步史观或历史进化论，认为书中的论述仅仅是变易观。

《商君书》完整描述历史发展阶段的议论出自《开塞》篇，其文曰：

> 天地设而民生之，当此之时也，民知其母而不知其父，

---

① 仝卫敏：《出土文献与〈商君书〉综合研究》，新北：花木兰文化出版社2013年版，第272页。
② 胡振涛：《先秦古今观的构建》，南京师范大学硕士学位论文，2017年3月，第46页。

其道亲亲而爱私。亲亲则别，爱私则险，民众，而以别险为务，则民乱。当此时也，民务胜而力征，务胜则争，力征则讼，讼而无正，则莫得其性也。故贤者立中正，设无私，而民说仁。当此时也，亲亲废，上贤立矣。凡仁者以爱〔利〕为务，而贤者以相出为道。民众而无制，久而相出为道，则有乱。故圣人承之，作为土地货财男女之分。分定而无制，不可，故立禁。禁立而莫之司，不可，故立官。官设而莫之一，不可，故立君。既立君，则上贤废而贵贵立矣。然则，上世亲亲而爱私，中世上贤而说仁，下世贵贵而尊官。上贤者以道相出也，而立君者使贤无用也。亲亲者以私为道也，而中正者使私无行也。此三者非事相反也，民道弊而所重易也，世事变而行道异也。①

从中不难发现，作者论述的主旨在于说明"世事变而行道异"的道理，其出发点并非探讨历史的发展问题。正因如此，有论者甚至直呼"与其说是变古的历史观，不如说是变古的治道观更为贴切"②。不过，行文确实表达了对历史的认识。结合《商君书》其他篇章的记载，恰如刘泽华所论，它确实是"用分期的方法分析了历史的过程"，主张礼法应随着时代的发展而变更，不可拘泥于古法旧礼，这与儒家的历史倒退论是不同的。但从《开塞》篇所说的这个历史的过程——上世、中世、下世之间还看不出从低到高依次发展的递进关系，还停留在对不同

---

① 高亨注译：《商君书注译》，北京：中华书局1974年版，第73—74页。
② 康珮：《〈商君书〉与商鞅治道之研究》，台北县：花木兰文化出版社2008年版，第45页。

时期历史特征的概括和描述的层面,如果一定要将之定性为一种历史观,也是一种相对模糊的历史进化观。

二、人性论

中国"轴心时代"的诸子百家,特别是建立系统政治学说的儒、法两家摆脱宗教神学的束缚之后,出于寻求建立各自学说理论根据的需要,大抵都是从人性的角度立论的。民国时期对《商君书》的研究基本没有涉及人性的话题,最多在论及商鞅农战思想的根据时提到人的趋利避害的天性问题。改革开放以来,学界在讨论《商君书》的思想体系时开始从更深的层次挖掘其思想的理论依据。

先秦诸子关于人性的认识可归纳为"性善论""性恶论""性无善无不善论"。对于商鞅在人性问题上持以怎样的立场,学界的看法是存在分歧的,概而言之,大体可归纳为以下诸说。

其一,趋利避害说。唐端正认为:"商鞅大体只从人的动物性来把握人性,认为人性都是怀生畏死,好利恶害的。"[1] 刘泽华也认为,《商君书》继承了"人性好利说"[2]。曾振宇将这个"好利"做了细化,认为"商鞅的人性论可以概括为'人性好利','利'的底蕴有二:一是物质上的欲望,土地、官爵、财货等;二是精神上的欲望——社会名望"[3]。

其二,人性自利说。人性自利说或"自利的人性论"是对

---

[1] 唐端正:《商鞅的强国之术》,《鹅湖月刊》1983年第98期。
[2] 刘泽华:《先秦政治思想史》,天津:南开大学出版社1984年版,第214—215页。
[3] 曾振宇:《道德与政治:孔子与商鞅的逻辑思维特点》,《烟台大学学报(哲学社会科学版)》1992年第2期。

"趋利避害"说的进一步引申，比如廖明就认为商鞅的人性论是"人性自利说"，即"强调人的本性是趋利避害的"。① 仇道滨将商鞅的人性论概括为"实用的人性观"，认为商鞅并没有就人性善恶问题从正面表示自己的观点，只是从人的利益追求和引发人利益追求的根源的实用主义角度探讨和认识人性，所以，"商鞅认为人生来就是自私自利的，趋利避害是人的本性"。② 同时，在基本认定商鞅的人性论属于自利说的前提下，也有学者认为这种"自利"在后天也是有所变易的。比如贺凌虚指出："《商君书》论人性，主要系从人情，亦即人的所欲及所恶出发。"虽然将之称为"自利的人性论"，但除了好恶之情，《商君书》的作者深悉人性中还有"计虑之知""勇、怯之性"，并且"人性亦随时代之不同而有所变易"。③

其三，性恶说。吴毅认为商鞅持人性"好利说"，这被荀子、韩非子等衍生为"人性恶"的著名论断，"从此角度讲，商鞅成为古代中国人性恶学说的开山鼻祖"。④ 梅中会也认为，"商鞅对人性的认定基本上还是不脱离'性恶论'这一范畴"⑤。仝卫敏试图从人的自然属性和社会属性上进行解析，认为《商君

---

① 廖明：《论商鞅的人性自利说及其对法律思想的影响》，《贵州社会科学》2005年第4期。
② 仇道滨：《商鞅思想与学术研究》，山东大学硕士学位论文，2007年4月，第37—39页。
③ 贺凌虚注译：《商君书今注今译》，附录《〈商君书〉及其基本思想析论》，台北：台湾商务印书馆1987年版，第235—246页。康佩也表达了类似的观点，见康珮：《〈商君书〉与商鞅治道之研究》，台北县：花木兰文化出版社2008年版，第52—60页。
④ 吴毅：《商鞅矛盾的道德思想及其社会价值观》，《人文杂志》2007年第5期。
⑤ 梅中会：《商鞅变法思想及其法哲学内涵的思考》，湖南大学硕士学位论文，2009年9月，第41页。

书》对人性有着深入、全面的思考,"从社会属性上看人的本性自私自利,是恶的;而人的自然属性则是趋利避害、好逸恶劳、贪生怕死,无所谓道德高下"。①

其四,非善非恶说。林义正主张对《商君书》人性论的剖析必须将君性与民性分开:所谓君性,《商君书》中理想的治国之君就是能应时制法、明法缘法、君国一体的"明君";所谓民性,《商君书》看到的是自卫的、自利的、自私的,并且是古愚今智的。不过,《商君书》对所述民性是不作价值判断的,只是为其政治目的服务,它是非善非恶论。②曾振宇指出,"'人性好利'说可以归纳为人性论上的第四派别","这是因为我们很难简单地将'人性好利'论划归到性善论类或性恶论类或无善无不善类","商鞅并不一概地否定或肯定'人性好利'的这种自然欲望"。③葛伟、汤欣则将《商君书》中的"人性"说概括为"一种人性的相对主义",非善、非恶、非中立,即"《商君书》对古今人性也有道德上的评价,并不是对人性保持中立","不同的历史时期有不同的人性","因此《商君书》中对不同时代的人性有所价值上的评价的,只是不同的人性对于君主治理国家来说没有道德上的意义。君主治理国家时看待人性不是关注其善或者恶,而是关注人性是这样,还是那样。"④

---

① 仝卫敏:《出土文献与〈商君书〉综合研究》,新北:花木兰文化出版社2013年版,第274页。
② 林义正:《论商君书对人性的看法》,《鹅湖月刊》1979年第48期。
③ 曾振宇:《前期法家研究——法、术、势社会政治理论的建构》,济南:山东大学出版社1996年版,第159页。
④ 葛伟、汤欣:《人性相对主义与政治秩序的重建——〈商君书〉的政治哲学内在逻辑分析》,《内蒙古农业大学学报(社会科学版)》2014年第1期。

其五，历时人性说。刘泽华认为"《商君书》把人性看成是一个历史的发展过程"："'上世'人们'爱私'，'中世'之人则'说仁'。经过一个马鞍形，从'下世'开始，一直到作者生活的时代，人的本性变为好利。"① 李锐认为"商鞅学派的人性论有多种，存在历时变化"："其谈性之常、朴以厚的，可能是帝道、王道的讲法，是开始想讲、一直认同的人性论。讲古今有别，不求民众反性于常于朴，而是根据民众的好恶，用赏罚来治民，恐怕是强国之术的人性论，是后来在实际中用于操作的人性论。他甚至不惜以人性恶来开启君主之茅塞，是偶一为之的人性说。这虽然是共时性的学说，但是因环境、游说对象不同，可以不同。"不过，作者指出"'古之民朴以厚，今之民巧以伪'当是商鞅学派主要的人性论"，"这说明，商鞅学派主要的人性论，不是人性恶，人性恶只是某一历史阶段的情况，所说原初社会人性恶则是为了让君主茅塞顿开这种环境之下而偶一为之之说"。②

总之，《商君书》对人性的认知是其很多主张特别是刑赏观和农战政策的重要理论基础，因此它是《商君书》研究绕不开的话题。我们赞同绝大多数学者的意见，认为其人性论是"好利""自利"或"好利恶害""趋利避害"的。这种"人性"从严格意义上说，还不是对人的自然本性的认识，更偏向于人后天养成的社会习性。正如有论者所指出的那样，书中并没有过多探讨人性的道德意义，其立论的出发点不过是将人性的把握

---

① 刘泽华：《先秦政治思想史》，天津：南开大学出版社1984年版，第215页。
② 李锐：《再论商韩的人性论》，《江淮论坛》2017年第3期。

作为政策制定的依据。无论人性善恶与否，重要的是其能为君主实现富国强兵所用，或许这才是《商君书》体察人性的初衷。至于书中是否有意将君性与民性区分，尚无明确依据。

三、法治思想

作为一部古代法家著述，《商君书》中有关法治的论述自然备受关注。

（一）商鞅法治思想的背景分析

人们对商鞅法治思想产生的思想渊源的探究，总体来看，主要关注他所受到的教育、汲取其他学派的思想以及吸收李悝和吴起变法的经验等。刘泽华指出，在法的理论上，《商君书》继承了慎到与《管子》的有关理论。[1] 黄中业认为商鞅法治思想的渊源，一方面是其"青年时代所接受的教育"，另一方面是"吸取了魏文侯改革和吴起变法的成功经验"。[2] 另有论者指出李悝制定的《法经》"成为商鞅变法的重要指导思想"[3]，也可视为商鞅法治思想的渊源之一。

至于商鞅法治思想的理论基础，基本都归之为他的历史观或人性论。其中，有的人同时强调二者共同构成商鞅法治思想

---

[1] 刘泽华：《论〈商君书〉的耕战与法治思想》，《山东师大学报（哲学社会科学版）》1983 年第 4 期。又见刘泽华：《先秦政治思想史》，天津：南开大学出版社 1984 年版，第 223 页。

[2] 黄中业：《商鞅法治思想的渊源及其贡献》，《吉林大学社会科学学报》1988 年第 6 期。

[3] 王蕊军、杨吕吕、郭佳爽：《论商鞅的法律思想》，《法制与社会》2015 年第 34 期。

的理论基础。如覃碧琴认为,商鞅进化的历史观和"好利恶害"的人性论成为其法治思想的哲学基础。① 也有论者只提及人性论一点,如萧伯符指出,"好利恶害"是商鞅法治的人性论基础。② 值得注意的是,除了历史观和人性论,萧伯符还指出"商鞅的法治理论是以功利主义为基础的"③。

关于商鞅法治思想产生的时代背景,一般都认为是春秋战国的社会变革和秦国面临的内外形势。覃碧琴指出,春秋战国时期的经济发展和社会变革为商鞅法治思想的产生提供了时代条件和社会基础。④ 周密认为商鞅刑法思想产生的时代背景有以下几个方面:社会大变革,民人有私田;诸侯兼并,众雄争霸;学派林立,百家争鸣;法、礼之争与集权统治。⑤ 徐国允认为《商君书》"以法治国"治道观形成的社会条件主要是战争、内乱、工商和阶层分化带来的经济、政治和阶层的变革摧毁了封建的春秋时代,以及秦国地处西北、文化滞后、贵族势弱、民风强悍的独特形势。⑥ 刘术永侧重从刑名之学的角度解读促成商鞅"法治"思想形成的社会变革条件:"王室衰微,礼消刑长,

---

① 覃碧琴:《简论商鞅的"法治"思想》,《广西教育学院学报》1999年第3期。
② 萧伯符:《商鞅法治理论及其现代借鉴》,《中国法学》2002年第2期。同持此观点者尚有喻名峰、曹兴华:《论商鞅法律思想之刑罚目的》,《时代法学》2007年第3期;蔺小强:《商鞅法律思想之刑罚目的论》,《怀化学院学报》2007年第6期;李健:《论商鞅的法治思想及其影响》,《湖北经济学院学报(人文社会科学版)》2009年第8期等。
③ 萧伯符:《商鞅法治理论及其现代借鉴》,《中国法学》2002年第2期。
④ 覃碧琴:《简论商鞅的"法治"思想》,《广西教育学院学报》1999年第3期。
⑤ 周密:《商鞅刑法思想及变法实践》,北京:北京大学出版社2002年版,第24—38页。
⑥ 徐国允:《〈商君书〉"以法治国"的治道观论》,重庆大学硕士学位论文,2008年5月,第5—8页。

研究刑名之学是时代之需";"作为魏相家臣,拥有研究刑名之学的便利条件"。①

思想的产生,总是离不开它诞生的社会环境。但时代背景并不是催生思想的唯一因素,某种思想的出现还可能受到前人业已提出的观念、主张的影响,这自然成为人们在分析某种思想的产生时关注的两个方面——所谓的社会背景与思想渊源。此外,还有一种比较隐性的非必要条件也是支撑某种思想成立的重要因素,即理论基础。所谓理论基础,就是整套主张赖以建立的认知前提,是一切观念的出发点,是思想大厦的柱础。需要强调的是,有些论者提到的人物、思想与商鞅的关联是非常间接、宽泛的,缺乏有力的证据。

(二)《商君书》法治思想解析

不同的人对《商君书》法治思想的内容有不同的理解与归纳,概括起来约略有如下几个方面:对法与法治的认识,包括法的起源、特征、法治的作用等;任法思想,包括缘法而治、反对德治与礼治;刑赏观,包括壹赏壹刑、重刑、刑无等级等;法律教育与普法思想;司法原则等。如刘泽华认为,《商君书》法治理论主要包括定分尚公、保证利出一孔、胜民弱民和轻罪重罚四项内容。② 黄中业则从变法思想与立法原则、以法治国与农战学说、赏刑法约与德生于刑、整饬吏治与以法为教四个方

---

① 刘术永:《商鞅"法治"思想的形成与内容剖析》,《福建论坛(社科教育版)》2011年第2期。
② 刘泽华:《论〈商君书〉的耕战与法治思想》,《山东师大学报(哲学社会科学版)》1983年第4期。又见刘泽华:《先秦政治思想史》,天津:南开大学出版社1984年版,第223页。

面论述了《商君书》的法治思想。① 以下选择学界讨论较多的内容,分别介绍如下。

1. 《商君书》的法哲学

首先,对《商君书》"法"的起源,学界的看法基本一致,都认为是社会发展到一定阶段适应保护私有财产的需要而产生的。王威宣指出:"关于法律的起源问题,商鞅认为法律不是自古就有的,而是社会发展到一定阶段的产物。"具体言之:"由于人类进入'亲亲而爱私'和'以强胜弱,以众暴寡'的混乱局面,'圣人'为了定'分'止'乱',就要'立禁''立官''立君'加以制裁,使人类社会走上正轨,划定土地、货财、男女的分界。"并予以评论说:"这种观点,把法律的起源与土地、货财的所有权联系起来了,初步接触到了国家和法律是适应保护私有制的需要而产生的这一唯物主义的命题。"② 曾振宇说:商鞅认为"法不是从来就有的,法与其他社会制度一样是一种自然的历史过程","法就是'适于'私有财产的需要而产生的"。③ 此外,廖明、黄文娟等也持上述观点。④

其次,对《商君书》有关法的概念、特征、性质的理解,学界意见不一。唐端正认为商鞅所谓的法"其实就是赏罚之

---

① 黄中业:《〈商君书〉法治思想述论》,《史学集刊》1990 年第 4 期。
② 王威宣:《论商鞅的法律思想》,《山西大学师范学院学报(综合版)》1994 年第 1 期。
③ 曾振宇:《前期法家研究——法、术、势社会政治理论的建构》,济南:山东大学出版社 1996 年版,第 180、184 页。
④ 廖明:《论商鞅的人性自利说及其对法律思想的影响》,《贵州社会科学》2005 年第 4 期;黄文娟:《先秦法家法治思想的衍变——以〈管子〉、〈商君书〉和〈韩非子〉为中心》,《管子学刊》2008 年第 3 期。

法","亦即建立刑赏的客观标准"。① 洪浩指出,从法的内容看,《商君书》中变"法"的"法"是行政管理制度,而不是现代意义的法;从法律实施主体来看,《商君书》中的"法"是君臣共同掌握的标准。因此,《商君书》中的"法"可归结为管理——近代权之"法"。② 也有论者将这两种看法统摄起来,或认为"无固定含义",如欧阳凤莲认为《商君书》中的"法"并无固定含义,有时泛指国家统治臣民的典章、制度,有时指法律、法令,有时特指刑法。③ 学界还提出应区分为《商君书》中"法"的广义和狭义两层含义,如张林祥认为《商君书》中的"法"有两层含义:一是广义的法令制度,包括政治、经济、军事、文化以及社会生活的各个方面的制度,是政府、官吏、军士及其他一切人的行为规范;二是狭义的刑法,这是法的特殊部分。④ 梅中会进而把《商君书》中的"法"区分为三层含义:一是治国的权衡,二是人民的生命和国家安定的根本,三是君主控制人民的根本所在。⑤ 吴保平认为:"商鞅之'法'的含义,除在基本语义层面泛指法律、禁令外,在政治思想和政治制度层面指的是一种治国方略、政治主张和政治理想,即'法治'。"⑥

---

① 唐端正:《商鞅的强国之术》,《鹅湖月刊》1983年第98期。
② 洪浩:《商鞅的"法、信、权"思想及对我国法治建设的启示》,《中国司法》2004年第5期。
③ 欧阳凤莲:《〈商君书〉思想研究》,东北师范大学博士学位论文,2009年6月,第89页。
④ 张林祥:《〈商君书〉的成书与思想研究》,北京:人民出版社2008年版,第188—192页。
⑤ 梅中会:《商鞅变法思想及其法哲学内涵的思考》,湖南大学硕士学位论文,2009年9月,第51页。
⑥ 吴保平:《政治哲学视角下的商鞅之"法"》,《法制与社会发展(双月刊)》2015年第3期。

对《商君书》中法的特征或性质的归纳，比较集中的有公正性、平等性、公开性，此外还有规范性、普遍性、统一性、强制性、确定性、权威性、严明性、通俗性等。①

最后，是对《商君书》"法"的作用、目的和必要性的认识。关于《商君书》"法"的作用与目的，学界基本总结为"定分止争"、"备民""制民""胜民"、加强君权以及富国强兵。葛懋春指出，商鞅法治的目的在于"维护地主阶级对农民的统治"②。祝瑞开认为商鞅等人提倡的"法治"，"首先是为了统治和镇压农奴"，"法的目的和作用，就在于统治和镇压人民"，不过"同时也具有反对封君贵族的积极意义"。③唐华琳认为，商鞅对法的功能的认识有以下三点：首先，商鞅提出"缘法而治"的理念，即强调建立健全的法律制度是治理天下的必由之路；其次，商鞅充分认识到了法律制度对于社会的理性化、秩序化、规范化的功能；再次，商鞅从实用功利出发，强调法律制度具有整顿吏治富国强兵的功能。④吴保平、林存光认为商鞅之

---

① 曾振宇：《前期法家研究——法、术、势社会政治理论的建构》，山东大学出版社1996年版，第185—188页；曾振宇：《商鞅法哲学研究》，《史学月刊》2000年第6期；唐华琳：《商鞅法治思想的价值透视》，《嘉兴学院学报》2004年第4期；梅中会：《商鞅变法思想及其法哲学内涵的思考》，湖南大学硕士学位论文，2009年9月，第53—57页；朱雅婷：《浅谈商鞅与韩非的法律观》，《黑龙江科技信息》2010年第3期；邱佳佳：《商鞅变法的法律文化解释》，郑州大学硕士学位论文，2013年5月，第16—18页；汪良：《〈商君书〉中"法"、"刑"概念辨析》，《法制与社会》2014年第13期；吴保平：《政治哲学视角下的商鞅之"法"》，《法制与社会发展（双月刊）》2015年第3期。等等。

② 葛懋春：《商鞅法治的主要目的是什么？——评梁效〈论商鞅〉》，《文史哲》1977年第3期。

③ 祝瑞开：《先秦社会和诸子思想新探》，福州：福建人民出版社1981年版，第126页。

④ 唐华琳：《商鞅法治思想的价值透视》，《嘉兴学院学报》2004年第4期。

"法"的目标分两个层级逐步推进：第一层级的目标是由"法"致"强"，即实现富国强兵；第二层级的目标是由"法"致"治"，即实现天下大治。① 邱端端指出，商鞅从"人性邪恶"与"德治虚空"两方面论证了"法治"的必要性。②

法是什么？法是如何产生的？这依然是法学界孜孜以求又众说纷纭的重大问题。不论是出于学术探讨的公心，还是受到民族情感的驱使，中国学者对古代典籍中体现当代共性价值的思想与制度表现出极大的热情和偏爱，将《商君书》中的有关论述上升到"法哲学"的高度就是其典型表现。《商君书·开塞》篇描述了上世、中世、下世的阶段说，提出从中世演进至下世时，法即产生："故圣人承之，作为土地货财男女之分。分定而无制，不可，故立禁。"③ 这里的"禁"，一般理解就是法律、规章、制度。显然，"立禁"是为了确保"土地货财男女之分"。此处的"分"，大概就是"分别""分属"的意思。这就很容易让人联想到法的产生是为了保护私有财产，而且与马克思主义关于法的起源的认识——人类社会发展到一定历史阶段的产物——有某些契合之处，所以人们才对《商君书》的这段论述给予了充分肯定。不过，《开塞》篇立论的核心旨在说明"世事变而行道异也"，其初衷并不是探讨法的起源问题。而且从原文的叙述次序来看，是先"立禁"，然后"立官"，最后"立君"。这在认知逻辑上是先"立禁"，再考虑"立官"和

---

① 吴保平、林存光：《商鞅之"法"的政治哲学反思——兼论法治的功能、价值和精神》，《武汉大学学报（哲学社会科学版）》2015年第3期。
② 邱端端：《〈商君书〉法律思想研究》，中南民族大学硕士学位论文，2012年3月，第26—28页。
③ 高亨注译：《商君书注译》，北京：中华书局1974年版，第73—74页。

"立君"的问题,如果把"立官""立君"简单理解为国家的诞生,则法显然是先于国家而出现的。

2.《商君书》的赏刑思想

关于《商君书》的赏刑思想,改革开放以来的相关研究接续了民国时期讨论的话题,一般认为它是《商君书》法治思想的重要内容,将其比喻为"纲要""关键""主线"或"基础"。《商君书》赏刑思想大致包括赏刑关系、信赏必罚、壹赏壹刑和重刑等四个方面,其中,信赏必罚即按照法令的规定,该赏则赏,当罚则罚;壹赏就是统一奖赏,将奖赏集中到农战上。对此,学界似无异议,在此侧重梳理关于壹刑、重刑和赏刑关系的研究。

壹刑,就是统一刑罚,"刑无等级"。对《商君书》提出的"刑无等级"思想,学者们普遍给予了很高的评价,认为它是对"刑不上大夫"的否定,体现了法律面前人人平等的观念。黄中业指出:"这种'刑无等级'的理论,是对中国奴隶制时代'刑不上大夫'理论的彻底否定,体现着有法必依、执法必严的原则。"[①] 王威宣认为,商鞅提出的"刑无等级"的思想,"具有'法律面前人人平等'的思想萌芽"。[②] 随着国家法制建设步伐的加快,对《商君书》"壹刑"主张的评价也开始回归理性,意识到所谓的"刑无等级"也只是一种有限的平等。曾振宇就指出,"商鞅所主张的法的平等,实质上是不平等前提下的'平

---

① 黄中业:《〈商君书〉法治思想述论》,《史学集刊》1990年第4期。
② 王威宣:《论商鞅的法律思想》,《山西大学师范学院学报(综合版)》1994年第1期。

等'"。这表现在两个方面：一是"君主在现实政治中实际上具有凌驾于法律之上的特权"，二是"商鞅的法治思想存在着不少矛盾"。① 张林祥也认为"这不是一个彻底的平等观"，原因在于："首先，不但国君超越于法律之上，而且其他有爵位者也享有法律上的特权"；"其次，轻罪重刑、刑不称罪也是一种不平等"。② 王占龙讲得更明确："首先，'刑无等级'是一个在用刑执法问题上尊君的口号。其立足点和出发点都是为了贯彻王令，是为了维护君主专制统治服务的。其次，'刑无等级'思想在内涵和价值取向上与近代资产阶级'法律面前人人平等'绝对不是等量齐观的口号。"③

关于《商君书》提出重刑思想的依据或理由，学界有人从"以刑去刑"即刑罚威慑的层面予以解释，如刘泽华指出"作者的逻辑是，轻罪重罚使人不敢犯轻罪，自然更不敢犯重罪"④，周密认为"商鞅重刑思想的理论基础是刑罚威慑主义"⑤。有人从"好利恶害"的人性的角度进行分析，如徐进、范进学指出：

---

① 曾振宇：《前期法家研究——法、术、势社会政治理论的建构》，济南：山东大学出版社 1996 年版，第 199—201 页。又见曾振宇、崔明德：《由法返德：商鞅社会理想之分析》，《中国史研究》1997 年第 1 期；曾振宇：《商鞅法哲学研究》，《史学月刊》2000 年第 6 期。

② 张林祥：《〈商君书〉的成书与思想研究》，北京：人民出版社 2008 年版，第 196—198 页。

③ 王占龙：《商鞅法律思想中的社会控制理论管见》，苏州大学硕士学位论文，2009 年 10 月，第 22 页。

④ 刘泽华：《论〈商君书〉的耕战与法治思想》，《山东师大学报（哲学社会科学版）》1983 年第 4 期。又见刘泽华：《先秦政治思想史》，天津：南开大学出版社 1984 年版，第 230 页。

⑤ 周密：《商鞅刑法思想及变法实践》，北京：北京大学出版社 2002 年版，第 91 页。

"商鞅的重刑思想首先是和他的人性论紧密联系在一起的。他反复强调人生来就是好利恶害的,而且这是无法改变的,而人们的这种本性是犯罪的根本原因。"① 其实,刑罚威慑本质上基于人"好利恶害"的人性特点。所以,在分析《商君书》重刑思想的根据时,二者往往是不可分割的。曾振宇解释商鞅"重刑主义"的理论根据时,一方面指出商鞅基于人性好利的认识,从计算得失的角度设想"在重刑面前,犯罪现象就会逐渐减少,甚至最终绝迹";另一方面又强调:"商鞅认为,把重刑施加在犯罪者身上,其深层意义是要在尚未犯罪的良民心理上发挥刑罚的威慑、恫吓作用,使人们从心理上畏惧刑罚而不敢越雷池半步。"② 吕广雨则把"刑"与"德"联系起来进行思考,认为商鞅重刑思想的理论基础有"好利恶害"的人性基础、"以刑去刑"的预防犯罪目的,同时还有"重刑返于德"的至德途径。③

对《商君书》重刑思想的评论分歧较大,一种看法是全盘或基本否定。刘泽华指出,商鞅轻罪重罚的主张"是向人民横施淫威","以刑去刑论,无论在理论上还是在实践上,均无可取之处"。④ 徐进认为,商鞅的重刑论"潜藏着一种危机,一种不崩不止的危机","重刑的极致却是法制系统的崩溃"。⑤ 欧阳

---

① 徐进、范进学:《商鞅重刑理论述评》,《山东法学》1990 年第 3 期。
② 曾振宇:《前期法家研究——法、术、势社会政治理论的建构》,济南:山东大学出版社 1996 年版,第 190—191 页。
③ 吕广雨:《略论商鞅的"重刑"思想》,《法制与社会》2009 年第 7 期。
④ 刘泽华:《论〈商君书〉的耕战与法治思想》,《山东师大学报(哲学社会科学版)》1983 年第 4 期。又见刘泽华:《先秦政治思想史》,天津:南开大学出版社 1984 年版,第 230—231 页。
⑤ 徐进:《商鞅法治理论的缺失——再论法家思想与秦亡的关系》,《法学研究》1997 年第 6 期。

凤莲认为，《商君书》中的重刑主义和"以刑去刑"的主张违背了罪刑相当的原则，凸显了商鞅学派法治的实质，即法是维护君主利益、推行农战政策的重要工具。① 另一种观点是完全肯定重刑思想的作用。徐进、范进学认为，商鞅的重刑是变法成功的保障，是实现富国强兵的重要手段，使秦巩固了法制秩序，并形成了法治传统。② 在这两种截然对立的观点之外，也有学者一方面批判其残暴性，一方面承认其一定的"正当性"。如周密认为，商鞅重刑思想的产生，有其当时的社会背景和明确的政治经济目的，是为推行农战政策和富国强兵服务的。商鞅的重刑思想与封建专制是紧密相连的，在封建制取代奴隶制之际是符合潮流的，并在实践中收到了明显的成效。但是，单靠专制、压迫和残暴治奸是不能长久的。③

关于赏刑关系，一种观点是对《商君书》有关赏刑比重的论述作总体概括，认为相对于赏，《商君书》更突出刑，所谓"赏一罚九""刑多赏少"或"刑主赏辅"。刘泽华指出，从《商君书》全书来看，"作者既讲赏，又讲罚，不过重点在罚"，"由于赏是罚的补充，所以在数量上，罚要多于赏，比数为'赏一而罚九'"。④ 萧伯符也说，商鞅认为赏刑两手，应该并用，但二者的地位是不同的，刑是主要手段，赏是辅助手段，因此从

---

① 欧阳凤莲：《〈商君书〉思想研究》，摘要，东北师范大学博士学位论文，2009年6月。
② 徐进、范进学：《商鞅重刑理论述评》，《山东法学》1990年第3期。
③ 周密：《商鞅刑法思想及变法实践》，北京：北京大学出版社2002年版，第90—92页。
④ 刘泽华：《论〈商君书〉的耕战与法治思想》，《山东师大学报（哲学社会科学版）》1983年第4期。又见刘泽华：《先秦政治思想史》，天津：南开大学出版社1984年版，第229页。

数量上讲，应刑多赏少。[①] 人们虽然对"刑多赏少"达成了基本共识，但仅就赏而言，是轻赏还是重赏？王威宣、萧伯符等认为商鞅主张"赏要厚"[②]，张鸣芳、陆建华等认为商鞅主张"赏要轻"[③]。产生这种分歧的原因，在于《商君书》不同篇章有多种表述，因此，开始有人从商鞅及其学派的学说差异去认识《商君书》的赏刑关系。郑良树根据《商君书》不同篇章的成书时间、商学派的主张的前后变化入手，以为商鞅逝世后，"有的承继商鞅'重刑厚赏'的正统思想，有的歧分为'重刑轻赏'的主张者，有的甚至认为应该'重刑不赏'"[④]。张林祥也认为"《商君书》的主要倾向是重刑少赏、先刑后赏"[⑤]。

其实，《商君书》有关"赏"之轻重的表述有"轻赏""赏轻""重赏""赏重""赏厚""多赏""赏多""少赏""赏少"等，如果对这些概念的叙述逻辑仔细加以甄别，就会发现，《商君书》所言"轻赏""赏轻"，实际上是少赏、不滥赏之意；所言"重赏""赏重""赏厚"，指的是赏赐要厚重；所言"多赏""赏多"，指的是反对多赏、滥赏，主张厚赏、重赏。要而言之，《商君书》对赏的态度是"少"而"重"，也就是不滥加施赏，若赏则必厚重，奖赏的原则自始至终都是"少"而"重"，并无所谓的"矛盾"之处，自然也就谈不上学派内部在赏刑观上

[①] 萧伯符：《商鞅法治理论及其现代借鉴》，《中国法学》2002年第2期。
[②] 王威宣：《论商鞅的法律思想》，《山西大学师范学院学报（综合版）》1994年第1期；萧伯符：《商鞅法治理论及其现代借鉴》，《中国法学》2002年第2期。
[③] 张鸣芳：《商鞅关于实行"法治"的基本要求》，《当代法学》1999年第3期；陆建华：《商鞅礼学思想研究》，《孔子研究》2004年第4期。
[④] 郑良树：《商鞅及其学派》，上海：上海古籍出版社1989年版，第40页。又见郑良树：《商鞅评传》，南京：南京大学出版社1998年版，第219—220页。
[⑤] 张林祥：《〈商君书〉的成书与思想研究》，北京：人民出版社2008年版，第51页。

的分化问题。

3. 《商君书》的法律教育和普及思想

近年来，随着《商君书》研究的深入，学界还拓展探讨了该书中所蕴含的预防犯罪的思想、法律教育和法律普及的思想。关于《商君书》对法律普及作用的认识，欧阳凤莲总结为以下几点：第一，"万民皆知所避就"；第二，"吏不敢以非法遇民，民又不敢犯法"；第三，使民众主动致力于农战。① 关于法律教育与普及的具体内容，龚蔚红分为知法教育、强制性教育和认同教育。知法教育的手段有公布法律和吏师制度，强制性教育主要是赏与刑，认同教育包括合理性理论教育、行政强制、"利出一孔"以及移风易俗。② 高英彤、王凌皓则概括为：明确各级法官和法吏的责任，从体制上保证法律的宣传；推行"以法为教，以吏为师"的文教政策；采取"厚赏重罚"的有力举措，保证法律的普及。③ 吕红安认为商鞅的法治教育主张是提倡"壹教"，反对儒家仁义道德说教，痛斥私学；提出以耕战为基础的法治教育设想、"以吏为师"的教育理念。④

由此可见，对《商君书》法律教育思想的评论，基本都是从现代教育理念和价值观念立论的。其实，《商君书》中并无预防犯罪和法律普及一类的现代概念，尽管如此，并不妨碍人们

---

① 欧阳凤莲：《〈商君书〉思想研究》，东北师范大学博士学位论文，2009年6月，第97—98页。
② 龚蔚红：《论商鞅学派的法制教育思想》，首都师范大学硕士学位论文，2000年5月。
③ 高英彤、王凌皓：《商鞅的"普法"思想及其现代价值》，《法制与社会发展（双月刊）》2001年第4期。
④ 吕红安：《试析商鞅的法治教育思想》，《三门峡职业技术学院学报》2007年第1期。

去挖掘《商君书》的相关内容。虽然人类的知识结构、认知方式、表达符号在历史上是不断变化的，但人类面对的社会问题很多是大同小异的。为此，人们在探索解决这些社会问题的有效理论与方式的同时，才反观古代典籍中蕴含的相关理论和举措，从中汲取经验与教训。

(三)《商君书》法治思想的总体评论

这一时期，在对《商君书》法治思想的总体看法上，大致形成以下意见。

第一，肯定其思想精华，批判其思想缺陷。邱端端认为，《商君书》法律思想的进步性表现在对神权法的颠覆、"度俗而为之法"的进化立法观和对贵族特权的挑战。① 叶自成指出："商鞅以法治国思想的精华是2300多年传统中国以法治国思想的最高成就。商鞅以法治国中的法治是治理国家的最好方法，其法治思想体现了强国利民因循的原则；同时，商鞅提出并践行了法治是人人平等、法治高于权治、法治就是治官、法治就是利民爱民、法治就是法官独立、法治就是普法等思想。"②

同时，学界也批判了《商君书》法治思想中的尊君弱民、严刑峻法、功利主义的法律工具论、否定道德的作用、禁锢思想等。如区永圻认为，《商君书》法治理论的缺失主要表现为：一味强调法治，无视人治的客观存在；在商鞅所处的时代，"法

---

① 邱端端：《〈商君书〉法律思想研究》，中南民族大学硕士学位论文，2012年3月，第46—48页。
② 叶自成：《全面依法治国的重要本土思想渊源——商鞅法治义及其时代意蕴》，《学术前沿》2014年第21期。

治"必然屈居于君主的绝对权威之下,为君权所复盖;片面地夸大在治国中严刑峻法的暴力作用。① 徐进认为,商鞅法治理论的缺失有功利主义的法律工具论、强国弱民的制民论、只见人不见社会的人性论、以奸止为度的重刑论等方面。② 袁庆东将之概括为披着人治思想外衣的"唯法论"、商品经济的灾难的"农战论"、重刑主义泛滥的"刑赏论"和禁锢人性的枷锁的"壹教论"。③

第二,彻底否定《商君书》的法治思想。张林祥认为,商鞅"法治"的本质乃"专制而非法治","其'法治'观与西方的法治(the rule of law)思想刚好相反,是以君主为本位,以法律为工具的专制理论"。④ 邢晨指出,"商鞅之'法'无视个体生命,视人如牛马,以重刑驱使民众变为'虎狼',并教人变'恶'、以恶治民","这样的'法'一定是恶法,恶法非法"。⑤

第三,也有学者从现实需要出发,讨论了《商君书》法治思想的当代借鉴意义。如范耀文总结《商君书·修权》篇的借鉴意义,包括为公任法是治国的根本、立法明分是法治的前提、赏罚严明是法治的要求、上行下效是执法的关键。⑥ 萧伯符认为,商鞅法治理论值得借鉴之处有法律须保障国家以经济建设

---

① 区永圻:《〈商君书〉法治理论述评》,《广东教育学院学报》1995年第1期。
② 徐进:《商鞅法治理论的缺失——再论法家思想与秦亡的关系》,《法学研究》1997年第6期。
③ 袁庆东:《商鞅法治思想的缺失》,《徐州教育学院学报》2005年第4期。
④ 张林祥:《〈商君书〉的成书与思想研究》,北京:人民出版社2008年版,第202—204页;张林祥:《〈商君书〉研究》,摘要,西北师范大学博士学位论文,2006年6月。
⑤ 邢晨:《商鞅富国强兵思想研究》,兰州大学硕士学位论文,2013年5月,第58页。
⑥ 范耀文:《谈〈商君书·修权〉的借鉴意义》,《人大工作通讯》1997年第12期。

为中心、不断提高综合国力和国际竞争力以及进一步健全社会主义法制。①宫宏祥认为商鞅法律思想的历史启示包括：必须紧紧抓住经济建设这个中心，大力发展生产力，不断提高综合国力；必须坚持依法依德治国并重，在不断完善社会主义法制的同时，大力加强社会主义道德建设；要树立法律的权威，加大普法的力度，严格依法办事，做到法律面前人人平等。②

应当说，早在民国时期，随着西方法治理念在中国的传播，《商君书》法治思想便逐渐进入人们的视野，并得到了特别的重视。改革开放以来，《商君书》法治思想得到了更为全面和深入的发掘。从学理上讲，评价《商君书》法治思想，有几个原则问题是应当坚持的：一、《商君书》所主张的"法治"与近现代西方的法治是根本不同的；二、《商君书》的法治主张在古代中国确有其闪光之处，尽管没有超越君权凌驾于法律之上的极限，但在传统中国提倡"缘法而治"以及"壹刑"原则还是具有进步意义的；三、不论是"精华"还是"缺陷"，《商君书》法治思想的借鉴意义都是非常有限的，不应过分夸大。

四、礼法关系

孔子推崇周礼，故曰"周监于二代，郁郁乎文哉！吾从周"③。周礼的范围涵盖了国家典章制度、礼仪规范、伦理道德等方方面面。春秋战国时代"礼坏乐崩"，周礼逐渐丧失了维护

---

① 萧伯符：《商鞅法治理论及其现代借鉴》，《中国法学》2002年第2期。
② 宫宏祥：《商鞅的法律思想及其启示》，《太原理工大学学报（社会科学版）》2004年第3期。
③ 程树德撰，程俊英、蒋见元点校：《论语集释》卷六《八佾下》，北京：中华书局1990年版，第182页。

社会秩序的作用,新的制度、法令开始取代周礼。在这个过程中,一些人固守和维护周礼,一些人主张更法、更礼。《商君书》在礼法问题上反对儒家的因循守旧,张扬变法,正如陆建华指出的那样,商鞅认为三代之礼不相同,没有一种永恒不变且具有永恒价值的礼可以"循"。①

在礼法关系的有关讨论中,王启发认为,商鞅明确提出了其"法本论",即以"法"代"礼"。不过,"商鞅并没有全然否定先王之礼法制度,只是要根据时势对其加以变革更替","实际上,在法家人物具体的政治实践中,先王之礼法制度已经逐渐演变发展成为律令之法"。礼与法并不是决然对立的,"在儒家那里,制度之礼本身就具有法的性质,商鞅对制度则只不过是明确地以'法'而论","所谓'立法化俗',则是以'法'代'礼',或者说是以法之礼、制度之礼来代替道德之礼"。②陆建华认为,"商鞅推崇法治,否定三代之后的儒家礼治主张,强调在法律面前人的平等性,他所谓的法是脱离礼的制约且代替礼的政治功能的'平等法'"。即便如此,商鞅依然无法排拒礼的"渗透",他所说的法的某些具体内容不可避免地带有些许礼的痕迹,显出等级性色彩。③

治理国家,是实行法治还是实行礼治,儒、法两家持有不同的立场和主张。在这个问题上,学界也形成了不同的认识。一种观点认为,《商君书》是轻德或反对德治的。王启发指出:

---

① 陆建华:《商鞅礼学思想研究》,《孔子研究》2004年第4期。
② 王启发:《先秦诸子论礼与法(下)》,《燕山大学学报(哲学社会科学版)》2002年第2期。
③ 陆建华:《商鞅礼学思想研究》,《孔子研究》2004年第4期。

"不过，在商鞅的观念里，'法'才是现实的，道德或许只是理想，甚或是幻想。"① 张明广认为，商鞅轻德，坚决反对以德化民。② 仇道滨也说，商鞅强烈地反对儒家的德教，认为德治已经不适应时代发展的需要，要治国必须摒弃德治，实行法治。③ 另一种观点认为，《商君书》并没有彻底否定道德的价值，甚或是追求德治的。吴毅就认为，商鞅虽然反对和排斥儒家仁义，"但他并非一概绝对排斥儒家的伦理道德，甚至对某些规范在一定情况下仍然予以肯定，至少不是完全反对，显示出他在道德认知与评判上的矛盾性"。这种矛盾性突出表现在他对道德的时代性和威生德的认识上。④ 辛佳颖认为，《商君书》对德法关系的认识是："法律少改，执行稳定，民众自觉遵从，久之，则可自成道德。而后生产力足够发展，且思想观念发生本质提高，能完全驾驭自我欲望，便是自然进入德治阶段。"⑤ 曾振宇指出，商鞅十分精辟地认为，"在道德感召的基础上再辅之以法的干预，才有可能真正地实现社会道德理想。道德在本质意义上依赖于法与法治，法是道德理想得以实现的内驱力，法治保护下的道德才是真正合乎人性的社会关系准则"，"从'法治'走向'德治'，这就是商鞅政治理想的底蕴"。⑥ 于涛认为，商鞅法治

---

① 王启发：《先秦诸子论礼与法（下）》，《燕山大学学报（哲学社会科学版）》2002年第2期。
② 张明广：《商鞅不死——一位改革家的历史使命和思想遗产》，苏州大学硕士学位论文，2006年9月，第12—14页。
③ 仇道滨：《商鞅思想与学术研究》，山东大学硕士学位论文，2007年4月，第11—12页。
④ 吴毅：《商鞅矛盾的道德思想及其社会价值观》，《人文杂志》2007年第5期。
⑤ 辛佳颖：《重观法德之道——略读〈商君书〉有感》，《新西部》2015年第11期。
⑥ 曾振宇：《道德与政治：孔子与商鞅的逻辑思维特点》，《烟台大学学报（哲学社会科学版）》1992年第2期。

思想中存在儒家因素，其表现之一便是认同道德。虽然商鞅曾经刻薄地批判过儒家道德理论，可他只是反对以"道德"作为社会管理手段，并不是彻底否定"道德"本身的价值。①

《商君书》对礼、法、德以及德治和法治关系的认识比较复杂，无论如何对此进行评说，都不应脱离《商君书》推崇法治这一根本前提。《更法》篇谓"礼法以时而定"②，说的是"礼"和"法"都要根据时代来确定，这不仅表达了历史进化的思想，而且是在为变法张目。在这一点上，可以说《商君书》并没有否定"礼"的存在价值。但在推进法治的过程中，儒家宣扬的周礼、德治与法家路线是背道而驰的，势必妨碍法家的农战政策，因此被视为"虱害"，故《靳令》曰："六虱：曰礼、乐；曰《诗》《书》；曰修善、曰孝弟；曰诚信、曰贞廉；曰仁、义；曰非兵、曰羞战。国有十二者，上无使农战，必贫至削。"③《农战》《去强》《说民》等篇也都表达了对"礼乐"的否定。

就战国时代的社会形势而言，为实现富国强兵，究竟应当实行"德治"还是"法治"？《商君书》贯彻的是实用主义原则，《开塞》篇说："古之民朴以厚。今之民巧以伪。故效于古者，先德而治。效于今者，前刑而法。"④ 作者认为当今应推行法治，德治已经不适宜了。《错法》篇也说："故凡明君之治也，任其力不任其德，是以不忧不劳，而功可立也，度数已立，而

---

① 于涛：《论秦法家政治中的儒家因素》，渤海大学硕士学位论文，2012年6月，第12—13页。
② 高亨注译：《商君书注译》，北京：中华书局1974年版，第17页。
③ 高亨注译：《商君书注译》，北京：中华书局1974年版，第106—107页。
④ 高亨注译：《商君书注译》，北京：中华书局1974年版，第77页。

法可修。"① 一个有趣的现象是,《商君书》提出了一个通过"刑"最终实现"德"的想法,如《说民》说:"刑生力,力生强,强生威,威生德。德生于刑。"②《靳令》《开塞》篇也有类似的议论,《开塞》篇强调法治的重要性时说:"治民能使大邪不生,细过不失,则国治……天下行之,至德复立。"③ 按字面理解,通过刑罚就会实现"德",如果天下所有的国家都这么做,那将迎来"至德"。换言之,今天以刑治国,是为了换来明天的"至德"。正是这些说辞,才有学者认为《商君书》不仅没有否定道德的价值,而且是追求德治的。在这个问题上,论者或许是把手段和理想高度统一化了。且不说法家的"德"与儒家的"德"在内涵上是否一致,即便从形式逻辑来说,法治和德治最终都可以通向"至德",但《商君书》在路径选择上是主张法治的,故曰"德生于刑",这与其说是追求德治,毋宁说是一种论辩需要。对此,如果蒙蔽于枝丫末节,大谈《商君书》追求德治,不仅本末倒置,而且毫无意义。

五、农战思想

农战,也称耕战,为了重农,又要抑商,它是《商君书》最基本、最核心的内容。学界在讨论中,主要是从以下几个方面展开的。

其一,关于《商君书》提出农战思想的理由,是民国以来的老话题,区别在于改革开放以来将之进一步细化了。比如祝

---

① 高亨注译:《商君书注译》,北京:中华书局1974年版,第90页。
② 高亨注译:《商君书注译》,北京:中华书局1974年版,第57页。
③ 高亨注译:《商君书注译》,北京:中华书局1974年版,第79页。

瑞开认为"商鞅等所鼓吹的耕战政策，是建立在人们所谓'好爵禄而恶刑罚'的理论基础上的"①。傅允生认为，商鞅主张重本抑末既有经济上的原因，也有政治上的考虑：就经济而言，秦孝公即位之初，秦国在诸侯中经济相对落后，国力较弱；就政治来说，为了适应战国时诸侯争雄的局面，秦国实行强兵政策，强兵就既要保证充足的兵源，还必须使战士一心征战。②吴保平、林存光将历史进化观、好利恶害人性论和力治说视为商鞅农战思想的三大"价值"支点。③

其二，关于《商君书》重农重战的具体内容与措施。对于《商君书》驱民农战的方法，人们主要归结为刑赏手段、价格、税收、市场和人口政策以及行政管理。刘泽华认为，《商君书》把民引到农战轨道上的办法的中枢是一个"利"字，主要包括"劫以刑"、"驱以赏"、利用价格和税收鼓励农耕和加强行政管理。④唐端正将商鞅重农重战的具体措施具化为：废井田开阡陌；允许土地买卖；訾粟而税；提高粮食价格；可以粮谷捐官爵；奖励耕织收获多的，惩罚从商经营不善者；全国人民都服兵役；没有军功的宗室取消资格；奖励军功；施行连坐法等。⑤张守军将商鞅的重农抑商措施总结为以下几条：第一，实行鼓

---

① 祝瑞开：《先秦社会和诸子思想新探》，福州：福建人民出版社1981年版，第125页。
② 傅允生：《战国时期农商关系与本末论》，《浙江学刊》2000年第5期；又见傅允生：《重本抑末再认识》，《财经论丛》2006年第1期。
③ 吴保平、林存光：《商鞅农战思想的价值论基础》，《江汉论坛》2015年第10期。
④ 刘泽华：《论〈商君书〉的耕战与法治思想》，《山东师大学报（哲学社会科学版）》1983年第4期。又见刘泽华：《先秦政治思想史》，天津：南开大学出版社1984年版，第217—219页。
⑤ 唐端正：《商鞅的强国之术》，《鹅湖月刊》1983年第98期。

励农业生产的"粟爵粟任"政策；第二，实行"不农之征必多"的赋税徭役政策；第三，实行"市利尽归于农"的市场价格政策。① 谢天佑总结了《垦令》篇中发展农业的措施：建立一个效率高、号令统一、实施有利于农业生产措施的行政机构；"使民无得擅徙"的人口政策；商税重农税轻的税收政策；限制商品交换的市场政策；利农则奖、害农则惩的奖惩政策；非学崇简尚愚的文化政策。②

刘玉峰认为商鞅农战政策的主要内容有：第一，由国家掌握调控土地资源，实行国家授田制；第二，发布垦荒令，鼓励垦荒务农；第三，免役轻税，保护农业；第四，改革军赋征收办法，将根据田亩数征收军赋改为根据人口数征收军赋；第五，入粟拜爵，军功拜爵，激励农战；第六，提高粮食价格，保障务农者获利；第七，采取强硬措施惩罚妨害农业生产的行为。商鞅抑商政策的主要内容有：第一，"一山泽"，"颛（专）山泽之利，管山林之饶"；第二，将私营工商业者编入专门的户籍——"市籍"中，并征收各种赋税；第三，推行严格的粮食政策；第四，加重私营工商业的通过税和营业税，"重关市之赋"；第五，"废逆旅"。③

其三，关于《商君书》抑商思想的对象是商业还是私营工商业的讨论，以下两种意见是有新意的。傅允生指出，战国时秦国的抑末"实际上是抑制民间工商业而发展官营工商业"，

---

① 张守军：《商鞅的重农抑商思想》，《商业研究》1985 年第 10 期。
② 谢天佑：《论商鞅、韩非的经济思想》，《学术月刊》1987 年第 1 期。
③ 刘玉峰：《商鞅变法农战政策和抑商政策之得失》，《学习时报》2008 年 8 月 25 日第 9 版。

"只不过商鞅特别强调抑制民间工商业的重要性，使人们产生一种商鞅否定工商业的误解"。① 李家钊认为，"商鞅的本、末观绝不能简单地视为农、商两项"，"'本'的内容涵盖了农业生产和对外作战两大项"，"'末'的内涵包括了除农战以外的一切罗致财富、追求显名的行为"，"商鞅所禁的是那些无益于国家富强、无益于社会安定的各色人等"。故此，"说商鞅提出农本商末的观点是站不住脚的"，"抑末并不等于抑商，商业不应属于被禁绝的部门和职业"。②

如何评价《商君书》的农战思想？学界在肯定这一主张的历史合理性的同时，也提出了种种批评。总体而言，改革开放之初，阶级分析方法仍然是一种评判标准，因此注重揭露其为君主专制或地主阶级统治服务的剥削本质。如祝瑞开就认为，商鞅的耕战政策"表现出新兴地主特别是军功地主对农奴的残酷剥削和压迫，具有反动的一面"③。刘知渐也认为，"商鞅所主张和实行的'重农贱商'，并非真正重视农业和农民，他不过是用法律禁止并消灭农业以外的工商业及其他行业，把人民全部赶到土地上去，以便剥削和统治而已"，"商鞅'重农贱商''崇本抑末'的经济思想，是违反历史潮流的错误思想"。④ 随着历史发展动力论讨论的深入，学者开始从农、工、商平衡发

---

① 傅允生：《重本抑末再认识》，《财经论丛》2006年第1期。
② 李家钊：《商鞅本末观再考察》，《苏州大学学报（哲学社会科学版）》2000年第4期。
③ 祝瑞开：《先秦社会和诸子思想新探》，福州：福建人民出版社1981年版，第126页。
④ 刘知渐：《商鞅政治经济思想批判》，《重庆师院学报（哲学社会科学版）》1991年第3期。

展的角度来重新认识《商君书》的农战思想。刘玉峰认为，农战政策内部的偏重，势必会出现全民为兵、全民重战的极端化情形。① 邢晨也说，"像商鞅这样将抑商思想推行到绝对和极端，并力图通过强制手段使商无以食，这种思想和做法必然失去其合理性"②。至于《商君书》重农抑商思想的历史影响，张守军认为商鞅的重农抑商思想到封建社会后期成为摧残资本主义萌芽、阻碍中国社会向资本主义方向转化的工具，是中国封建社会长期停滞不前的一个重要原因。③

农战思想是《商君书》中非常重要的内容，其目的在于富国强兵，历史上对其具体措施与内容的总结大同小异，对其强秦之功效自古也鲜有异议，只是对其重农抑商主张的认识分歧较大。西汉以后，对商鞅持鄙弃态度者占绝对主导，即便如此，人们依然肯定其农战政策的成效。清末民初，国人目睹西方工商业的发达，逐渐认识到工商业的重要性，开始批判商鞅的抑商政策。直至今天，商业作为第三产业成为国民经济的重要支柱，《商君书》的抑商主张自然仍难逃学者的批判。不过，也有论者并不认为《商君书》是要否定商业的作用，比如《去强》《弱民》两篇明确提出"农、商、官三者，国之常官也"，"官"一般理解为职业、事业，这显然是承认商业存在的合理性的。张觉将"常"训为"法"，意指合法，"常官"就是"合法的职业"。④ 其实，《商君书》在表达抑商主张时，常常与其农战政

---

① 刘玉峰：《商鞅变法农战政策和抑商政策之得失》，《学习时报》2008年8月25日第9版。
② 邢晨：《商鞅富国强兵思想研究》，兰州大学硕士学位论文，2013年5月，第33页。
③ 张守军：《商鞅的重农抑商思想》，《商业研究》1985年第10期。
④ 张觉：《商君书校疏》，北京：知识产权出版社2012年版，第60页。

策相联系，说明其抑商不过是为了让民众积极从事农耕、踊跃投身疆场，否则，人民"事商贾"就必然"避农战"。

六、财政经济思想

世纪之交，高等院校迎来跃进式发展，高校和科研院所实行聘任制，聘期考核的量化指标推动了科研事业的发展。在这种科研氛围下，学界拓宽了《商君书》思想研究的领域，除聚焦农战思想这一传统话题之外，也开始运用经济学、财政学、统计学等学科的理论和方法来研究《商君书》的财政经济思想。

冯晓宏认为，《商君书》中的经济思想是一种国家控制论，即国家政权干预经济生活的宏观管理的理论模式。这种经济控制系统具有以下四个特征：其一，国家是社会经济的控制器和调节器；其二，国家作为控制和调节的工具，具有多功能的调节作用；其三，调控的主要机制是法制和行政手段，即完全依靠国家权力的"刑"与"赏"，而不是经济杠杆；其四，这个调控系统所追求的目标，是动员全国的力量从事农耕和征战，达到富国强兵和社会稳定的目的。[①] 侯长安认为，《商君书》中的经济体制是君本位下的经济攫取，攫取的起点是驱民于农，攫取的方式是税收和赏罚激励，攫取的保障是法治。《商君书》构建的这一套高度集中的政治经济体制，无论是在生产还是财政汲取方面，都堪称空前绝后。同时，这套政治经济体制也有致命的缺陷，即体制的设计依赖于对君王极端理性人的假设；

[①] 冯晓宏：《试论〈商君书〉中国家对经济的控制思想》，《北京市总工会职工大学学报》2001年第1期。

依赖于农业和战争之间的相互支持;只攫取"体力",重视生产力和战斗力,却忽视"智力"的重要性,而且它所设计的法治实际并不如想象中那么高效。[①] 钟祥财也认为,《商君书》经济思想的方法论是"一种初始的整体主义",具有明显的专制特点,其主要特点是把国家战略和个人利益设定为目标和手段的关系,强调后者对前者的绝对服从,政府对社会经济享有超经济的控制权。[②]

琚喜臣认为商鞅的财政思想主要表现为:统一财政,集中国家财权;崇本抑末;注重开辟、培植和保护财源。[③] 郭俊雅从财权集中、税收政治化、财政管理三方面深度解析了商鞅的财政思想,认为商鞅的财权集中思想主要表现为强化政府与垄断财权、收入渠道单一化与打击工商、粮食垄断与国家安全。商鞅的税收政治化思想主要是指不仅仅将税收作为财政收入的方式,而是将之视作君主调节与民众关系、收服民心与彰显仁义的政治手段,利用税收政策收取民心、实现重农抑商以及集权的目的。商鞅的财政管理思想主要包括:重视财政统计,充分掌握"强国之数";及时进行土地规划,开垦荒地;集中力量务农生产;强制民众从军,提升国家军力。[④]

中国历史进入战国时代,君主专制和中央集权在国家政治生活中逐渐成为一种主旋律,各诸侯国尤其是秦国的变法活动,

[①] 侯长安:《〈商君书〉君本位下的经济攫取方略》,《浙江工商大学学报》2011年第2期。
[②] 钟祥财:《从〈商君书〉看法家经济思想的方法论》,《社会科学》2017年第5期。
[③] 琚喜臣:《商鞅财政思想初探》,《中南财经大学学报》1989年第6期。
[④] 郭俊雅:《先秦法家财政思想研究》,财政部财政科学研究所硕士学位论文,2014年6月,第39—50页。

无不将加强国家权力作为其改革的重要举措。加强中央集权涉及社会的方方面面，其中对主要经济资源的控制和财政权的集中在秦国是由商鞅开其端绪的。所以，学界对《商君书》财政经济思想的分析和定位尽管说法不一，但都基本抓住了问题的本质。至于"国民经济军事化思想""国家控制论""君本位下的经济攫取"等，哪一个说法概括得更为全面和准确，尚需学界进一步探讨。

七、政治思想

讨论《商君书》的政治思想，首先需要对这一思想体系的本质属性予以定位。在这个问题上，学界先后提出了两种有代表性的意见。

一是君主独裁论。如刘知渐认为，"商鞅在上层建筑方面的一系列主张，都是以君主独裁为核心的"①。欧阳凤莲认为，商鞅学派治国思想的核心在于尊君抑民、强国弱民，亦即"权制独断于君"。②

二是国家本位论。仝卫敏认为《商君书》的政治思想是"尚公"和国家本位，"尚公"在政治思想上表现出一种整体主义："由整体主义和国家本位出发，以商鞅为代表的秦法家学派将社会各阶层的民众、国家、君主作为一个完全的整体，并对这个整体赋予共同的立场和利益，加强民众对整体的服从，使

---

① 刘知渐：《商鞅政治经济思想批判》，《重庆师院学报（哲学社会科学版）》1991年第3期。
② 欧阳凤莲：《〈商君书〉思想研究》，东北师范大学博士学位论文，2009年6月，第19页。

他们勠力同心维护整体的利益。但在强调整体利益的同时,他们又崇君、隆君,以君主为该整体的利益代表,所以君主自上而下地专权就不可避免,自上而下地组织政权同样也不可避免,秦国的政治制度由此而创设,自然会带有专制集权色彩。"① 刘延周指出,商鞅政治思想呈现出二重性特征,即存在着国家本位的合乎理性的价值取向,然而却逃不出封建专制制度君主本位的现实困境。②

讨论《商君书》的政治思想,内核是所谓的"治道",即治国、治民之道。刘伟杰认为,商鞅的"法治"只是一种"治法",具体包括治力、治官和治民。治力,就是维护君主权力,保障军事实力,重刑以生力,预防犯罪;治官,即君主用刑罚和赏赐来控制官吏的意志以实现君主专制;治民,主要是轻民愚民、地尽民用、弱民治民、重刑治民。③ 岳强、许德娟指出,《商君书》主张任法治国,但并没有完全否定仁义的价值,"只是认为应当先法后义,法主仁辅"。其治理智慧体现在以下方面:家族、官吏、国君决断的治理能力三层次说;治理的关键在"治术";治术的运用要因时而异;任法而治具有道义上的优越性;遵循"以治去治"的理念。④ 关于治民,李禹阶专门分析了《商君书》"以奸民治善民"论,认为它是"商鞅等人为了

---

① 仝卫敏:《出土文献与〈商君书〉综合研究》,新北:花木兰文化出版社2013年版,第275—279页。
② 刘延周:《商鞅政治思想的逻辑及其二重性特征》,《曲靖师范学院学报》2017年第5期。
③ 刘伟杰:《商鞅的极端"治法"》,《岱宗学刊》2004年第4期。
④ 岳强、许德娟:《〈商君书〉的治理之思与启示》,《党政干部学刊》2016年第2期。

加强君主专制，消除世卿世禄的宗法贵族制，强化民间连坐制度等而实行的一种以民为寇仇，卑民辱民以重爵尊官，让民互相监视、告发的社会控制措施"，其目的是弱民以强国。①

总体上来说，《商君书》政治思想的核心内容，不外乎尊君弱民、重法崇公、尚力尚壹等，对此，可以从不同视角和价值取向上进行评断。但无论为其贴上多少现代概念的标签，尊君弱民、重法强国才是《商君书》追求的价值目标。

八、君民关系论

关于君主产生的原因，高旭指出，《商君书》基于社会历史观和人性论的理论，提出了"圣人立君一官说"，借此解释专制君主产生的问题。② 张功指出，《商君书》中君主存在的合理性在于顺应社会政治发展和统一政府管理理念的需要。③ 唐端正探讨了商鞅君主专政的思想，指出"商鞅认为人君要独制天下，便要因权造势，托势专权"。商鞅推行君主专制的不二法门在于"使官民之势完全拆散，使父子兄弟夫妻交友的利害矛盾对立起来，互相监督"，如此，人主才能加以操纵。所以说，"商君的君主专政，不是凭借阶级矛盾进行阶级专政，而是凭分化人民的关系，制造人与人之间的矛盾来进行专政的"。为达此目的，就要"广设告奸连坐之法，推行特务政治"。④

---

① 李禹阶：《〈商君书〉"以奸民治善民"论探析》，《重庆师范大学学报（哲学社会科学版）》2006年第2期。
② 高旭：《论〈商君书〉的君道观》，《内蒙古农业大学学报（社会科学版）》2007年第4期。
③ 张功：《〈商君书〉君主观探析》，《咸阳师范学院学报》2012年第3期。
④ 唐端正：《商鞅的强国之术》，《鹅湖月刊》1983年第98期。

君主应如何治理国家？高旭认为《商君书》主张专制君主应该具有极端的务事功、求实效的治国精神，坚持"不法古，不修今"的治国理念，贯彻重法严刑、唯事农战的治国策略。①欧阳凤莲指出，为了止乱趋治、富国强兵，以至于在兼并战争中胜出，《商君书》对君主的要求除了需要独特的智能，还要具备法律、信誉和权势三个条件。②

与孟子的"民为贵，社稷次之，君为轻"的君民关系思想不同，《商君书》强调的是尊君、抑民、弱民、愚民。刘泽华指出，在国家和个人的关系问题上，"《商君书》强调国家至上"，"胜民弱民"。③唐端正指出："商鞅的强国之术，既不是为了富民，也不是为了强民，相反地，他只想通过弱民贫民的手段来达致人主的私欲。"④高炳生认为，商鞅的政治思想是把人民视为统治者的工具，其法律思想否认人民应享有的生命权利和人身权利。⑤欧阳凤莲认为，尊君抑民、强国弱民是商鞅学派治国思想的核心，是《商君书》各篇的总纲。⑥徐奇堂专门论述了商鞅的愚民思想，认为其动机和目的是使君主能够更好地统治和驱使人民，使人民专心从事农战，从而实现富国强兵、无敌于

---

① 高旭：《论〈商君书〉的君道观》，《内蒙古农业大学学报（社会科学版）》2007年第4期。
② 欧阳凤莲：《〈商君书〉思想研究》，东北师范大学博士学位论文，2009年6月，第21—23页。
③ 刘泽华：《论〈商君书〉的耕战与法治思想》，《山东师大学报（哲学社会科学版）》1983年第4期。又见刘泽华：《先秦政治思想史》，天津：南开大学出版社1984年版，第224、227—229页。
④ 唐端正：《商鞅的强国之术》，《鹅湖月刊》1983年第98期。
⑤ 高炳生：《论商鞅变法的奴隶制社会属性》，《洛阳大学学报》1999年第3期。
⑥ 欧阳凤莲：《〈商君书〉思想研究》，东北师范大学博士学位论文，2009年6月，第19页。

天下的目标。① 在这种主流认识的同时，也有论者提出《商君书》中体现的是"民本"思想，比如张建会、王云鹏认为《商君书》是以"民本"思想为主要宣扬诉求，主张创造多个社会范畴内的统治机制以形成社会差序格局并给予百姓所期望的人人平等机制下建构的平民政治模式，并提炼出所谓"民本"核心思想指导下的四种具体体现方式——安民是基础、养民是手段、治民是保障、使民是目的呈现阶梯式的递进结构，且高度评价说："《商君书》的'民本'理论经过历史的检视具有普世性和科学性，重新探讨其建构的'民本'思想体系及应有价值是我们在当代社会发展法制理论的前提。"②

《商君书》中的君民关系论，正如绝大多数学者指出的，是尊君抑民、强国弱民，这类论述在《商君书》中俯拾即是，并有专门对其进行论证的《弱民》篇。至于《商君书》表达的是"民本"理论，从学理的角度来说，则是见仁见智了。

九、吏治思想

专制统治的本质是人治，君主治国的前提是治吏，因此，《商君书》有很多论述官吏选拔和管理的内容。国家公共权力源于民众的委托，但国家形成后，权力作为一种公共资源异化为君主的独断性权力，因此，治吏也就成为君主治国的重要问题。《商君书》提出了很多治吏办法，归纳起来大体包括：严格选

---

① 徐奇堂：《试论商鞅的愚民思想》，《广州大学学报（社会科学版）》2002年第9期。
② 张建会、王云鹏：《〈商君书〉的"民本"思想体系》，《洛阳师范学院学报》2017年第9期。

拔；明确职权；提高工作效率；考核、检验官吏，并对之进行奖惩；以法治吏，严惩不法的官吏；法、势、术结合；严禁官吏结党营私；建立官吏的监督机制；干预甚至控制官吏的私生活。

学界在对《商君书》吏治思想的讨论中，或总体概述，或侧重某一方面。张守军总结商鞅整饬吏治的思想有如下几条：第一，坚持法制，则官无邪人；第二，重奖告奸，加强监督；第三，刑无等级，先惩贵戚；第四，以功授爵，则奸不生。[1] 隋淑芬认为，"严密的制度、心理的威慑、侥幸心理的消除、利益的诱导、理性的认知、民众的监督等相互结合，构成了商鞅防范官吏犯罪的综合治理的思路"[2]。张文安归纳商鞅提出的预防和治理官吏犯罪的具体措施有：强化法律的规范性和平等性，重刑治理官吏犯罪；明确官吏的职权范围，建立整饬有序的官僚体制；建立新的检举、揭发机制，用利益驱动使官吏互相监督，以官治官；公布成文法，广为宣传，建立透明的法律体系，使官吏、民众在知法的基础上养成主动的守法意识；强化官吏的办事效率，让官吏没有时间和机会犯罪。[3]

在对《商君书》治吏思想的评价上，有学者肯定其对秦国乃至古代中国官吏管理的重大作用。比如刘焕曾、王国文认为《商君书》的吏治思想对商鞅变法的成功起了推动和保证的作用，对秦国吏治影响极为深远，对中国封建社会的各个王朝一

---

[1] 张守军：《商鞅整饬吏治的思想及功效》，《人文杂志》1989年第4期。
[2] 隋淑芬：《商鞅关于防范官吏犯罪的思想及其启示》，《中国人民公安大学学报》2005年第2期。
[3] 张文安：《论商鞅预防和治理官吏犯罪的思想》，《河南社会科学》2005年第3期。

直有极大的影响。① 也有学者反思商鞅的预防和治理官吏犯罪思想存在着明显的缺失，如张文安认为：商鞅对官吏犯罪的理解建立在预先设定的基础上，有很大的随意性；检举揭发和重刑威慑，造成人人自危，打击了官吏的热情和积极性；商鞅特别强调的法律的规范性和平等性在实际的实践中大打折扣，有很大的局限性。② 赵荣、郑传璋指出，"由于其'重罚轻赏'原则的指导，势必会对当时的官吏，特别是勤于政务的官吏有所打击。有些做法是过于强调了法令，而忽视了人的自身发展，忽视了官吏的自身的创造性的开发"③。至于《商君书》治吏思想的借鉴意义，隋淑芬认为《商君书》防范官吏犯罪思想的启示主要表现为制度防范是根本性的防范，明确官吏的权利界限、权利边界等。④

吏治思想是《商君书》中的一大亮点，其内容主要涉及官吏的选拔、考核、监督、奖惩，以及预防官吏犯罪等方面。人们在肯定其对秦国乃至古代中国官吏管理的重大作用的同时，总结了其对当下的启示和借鉴意义。《商君书》中对官吏的选拔、考核、监督和奖惩的主张，今据战国和秦代的简牍资料，证明其已经落实到制度层面，并制定了相应的官吏法规，其中的很多政策措施被后代所继承。但在实际运作过程中，这些制

---

① 刘焕曾、王国文：《〈商君书〉吏治思想初探》，《锦州师院学报（哲学社会科学版）》1988 年第 3 期。
② 张文安：《论商鞅预防和治理官吏犯罪的思想》，《河南社会科学》2005 年第 3 期。
③ 赵荣、郑传璋：《商鞅预防官吏犯罪思想评析》，《晋城职业技术学院学报》2011 年第 1 期。
④ 隋淑芬：《商鞅关于防范官吏犯罪的思想及其启示》，《中国人民公安大学学报》2005 年第 2 期。

度和律令并不能有效预防官吏犯罪，吏治腐败问题始终是帝制中国无法解决的严重政治问题，说明这个问题已经不是预防和官吏的道德自觉的问题，而是专制体制本身的问题。如果对这一点缺少起码的认识，奢谈对现实的启发或借鉴是毫无意义的。

十、军事思想

《商君书》军事思想的研究，是民国以来讨论的话题，新时期主要是围绕其中的战争观、战争与综合国力的关系、战略战术等问题展开的。

关于《商君书》的战争观，王联斌认为，"商鞅学派的战争观是积极的进攻型的战争观"，即无论国之强弱、贫富，均应务战，核心是"以战去战"。① 仝卫敏认为，在战争观上，《商君书》认为战争是不可避免的，主张应积极出战，而非回避战争；在对战争性质的认识上，《商君书》更注重战争的结局，而不在乎采取何种手段；在决定战争胜负因素的认识上，《商君书》更强调政胜，即教民勇于寇战。②

关于战争与综合国力的关系，论者大多认为商鞅提出了政治是战争之本的主张。胡炳权指出，商鞅把政治视为战争之本，视为战争胜负的关键，在兵未起之前，应先把国家治理好，作为巩固的政治的基地。③ 丁文宏认为，"商鞅是一位深知政治与

---

① 王联斌：《〈商君书〉的军事伦理思想》，《军事历史研究》1995年第1期。
② 仝卫敏：《出土文献与〈商君书〉综合研究》，新北：花木兰文化出版社2013年版，第294—298页。
③ 胡炳权：《论商鞅的军事思想——读〈商君书〉浅议》，《河北大学学报（哲学社会科学版）》1980年第4期。

军事关系的政治家",他"明确提出政治上的胜利是战争胜利的根本前提"。① 既然如此,对战争而言,经济与政治哪个更根本呢?仇道滨对此有辨析:"商鞅既强调'政胜'是军事胜利之本,也强调'农战'是军事胜利之本,这两个'本'在商鞅看来是有区别的。'政胜'侧重于政治是军事的目的,军事是政治的手段;'农战'侧重于经济发展是军事战争的基础,军事战争是经济发展的必然结果。"②

关于战争与法治的关系,表现为缘法治军和刑赏励战。曾振宇指出,商鞅认为"只有以法治军,才能永远保持军事强盛","强兵一定要实行法治,只有实行法治才能使兵强"。具体到如何以法治军,《商君书》有以下观点:其一,从法律上确认,作为一名战士,只有在战争中建立军功,才有望获取土地、房屋与官爵;其二,运用法律力量,对全国吏民广泛、持久地进行宣传教育,树立起"重战""好战"的社会道德风尚。③

关于《商君书》中的战略战术与用兵原则,学界主要集中在对其出击与防御战法的论述上。胡炳权指出,"商鞅尊重战争的客观规律,非常重视带有全局性的战略决策";"商鞅在注意战略问题的同时,对个别战役和战术问题也是非常谨慎,认真对待的";"此外,商鞅在攻击、守城和组织兵力与民众等方面,都提出了一些具体的原则和方法,表现了卓越的指挥才能和组

---

① 丁文宏:《商鞅军事哲学思想简论》,《军事历史》1998年第6期。
② 仇道滨:《商鞅思想与学术研究》,山东大学硕士学位论文,2007年4月,第30页。
③ 曾振宇:《商鞅军事哲学论纲》,《烟台大学学报(哲学社会科学版)》1996年第1期;又见曾振宇:《前期法家研究——法、术、势社会政治理论的建构》,济南:山东大学出版社1996年版,第213—217页。

织才能"。① 曾振宇分析了商鞅的防御战和攻坚战理论。在防御战理论方面,商鞅认为衡量一场防御战胜或败的标准并不在于城墙是否被敌军攻陷,而在于能否始终保持战场上的主动权,他还主张在防御战期间,对人类的自然情感应该严加约束,使之不致于瓦解军队的斗志。在攻坚战理论方面,商鞅主要有重"庙算""论敌察众,胜负先知""穷寇勿迫"和坑道战术。②

对于如何评论《商君书》的军事思想,曾振宇认为:"商鞅军事思想是《孙子兵法》军事理论的继承与发展,商鞅既探讨了攻坚战理论,也涉及了防御战理论,这与《墨子》仅仅注重防御战战略战术是有所区别的。正因如此,商鞅军事思想基本上是完整的、系统的。"③ 仇道滨认为军事思想是商鞅思想的归宿,其政治思想、法治思想和经济思想都是为其军事思想服务的;同时,商鞅的军事思想也带有时代和阶级的局限性。④

《商君书》并非一部兵书,其有关军事方面的议论主要集中在《战法》《立本》《兵守》三篇,另外散见于其他篇章的零星论述。学界的以上讨论已经涉及《商君书》军事思想的方方面面,现仅就学界普遍认为的《商君书》提出的"政治乃战争之

---

① 胡炳权:《论商鞅的军事思想——读〈商君书〉浅议》,《河北大学学报(哲学社会科学版)》1980 年第 4 期。
② 曾振宇:《商鞅军事哲学论纲》,《烟台大学学报(哲学社会科学版)》1996 年第 1 期;又见曾振宇:《前期法家研究——法、术、势社会政治理论的建构》,济南:山东大学出版社 1996 年版,第 217—226 页。
③ 曾振宇:《商鞅军事哲学论纲》,《烟台大学学报(哲学社会科学版)》1996 年第 1 期;又见曾振宇:《前期法家研究——法、术、势社会政治理论的建构》,济南:山东大学出版社 1996 年版,第 226 页。
④ 仇道滨:《商鞅思想与学术研究》,山东大学硕士学位论文,2007 年 4 月,第 28、33 页。

本"的说法略作辨析。这一提法主要缘于对《商君书》"战法必本于政胜"的理解。此句语出《战法》篇:"凡战法必本于政胜,则其民不争,不争则无以私意,以上为意。"①"政胜",一般解释为"政治上占优势",自然就产生了"政治上的胜利乃是战争胜利之根本"的解读。其实,这是一种误读,这里的"政胜"应另有所指。陶鸿庆以为"政胜二字当重"②,即"凡战法必本于政胜,政胜则其民不争",但陶氏并没有解释何谓"政胜"。蒋礼鸿认为"此重一政字即得",也就是"凡战法必本于政,政胜则其民不争",并援引《说民》篇的"民胜其政,国弱;政胜其民,兵强"、《画策》篇的"能胜强敌者,必先胜其民者也"注解。③张觉进一步明确指出,"政胜"也就是《说民》篇的"政胜其民"、《画策》篇的"胜其民""制民"。④蒋礼鸿引《说民》《画策》篇注"政胜"甚是,但其只需"重一政字"之说并没有陶鸿庆当重"政胜"二字之解通畅。此"政胜"即为"政胜其民"之省,而"政胜其民"在《商君书》中有其特定语义。《说民》篇曰:

> 辩慧,乱之赞也。礼乐,淫佚之徵也。慈仁,过之母也。任举,奸之鼠也。乱有赞则行。淫佚有徵则用。过有母则生。奸有鼠则不止。八者有群,民胜其政。国无八者,政胜其民。民胜其政,国弱。政胜其民,兵强。故国有八

---

① 高亨注译:《商君书注译》,北京:中华书局1974年版,第92页。
② [清]陶鸿庆:《读诸子札记》,北京:中华书局1959年版,第414页。
③ 蒋礼鸿:《商君书锥指》,北京:中华书局1986年版,第68页。
④ 张觉:《商君书校疏》,北京:知识产权出版社2012年版,第136页。

者，上无以使守战，必削至亡。国无八者，上有以使守战，必兴至王。①

也就是说，所谓"政胜其民"意指国家没有"辩慧""礼乐""慈仁""任举"八者；如有此八者，则是"民胜其政"。可见，我们并不能简单地将"政胜"理解为"政治上占优势"，而单字"政"不仅不能表达此特定"政胜"（"政胜其民"）之意，反而更容易被误解为"本于政治上的优势"。需要说明的是，张觉已经意识到"政胜"乃指"政胜其民"，但依然将之解释为"政治上占优势"，不过张氏又特别强调"政治上占优势"乃指"政令能制服国内的民众"。② 当然，如果敌国"民胜其政"，而我方"政胜其民"，则"政胜"也可被视为政治上占优势之一种表现。需要指出的是，《商君书》也提到了政治之优劣对战争胜负的影响。《战法》篇有云："兵起而程敌，政不若者勿与战；食不若者勿与久……"③ 此处的"政"才是"政治""治理"之意，"政不若者勿与战"即政治上不如敌国就不要与之作战之意。只是，我们在评价《商君书》军事思想时，不应刻意将之与现代军事理论轻加比附，轻率地拔高到"政治上的优胜是战争胜利之本"的高度。

十一、人口思想

中国的上古时代，总体上地广人稀，所以控制人口比控制

---

① 高亨注译：《商君书注译》，北京：中华书局1974年版，第52页。
② 张觉：《商君书校疏》，北京：知识产权出版社2012年版，第136页。
③ 高亨注译：《商君书注译》，北京：中华书局1974年版，第93页。

疆土更重要。因此，人口思想也是《商君书》讨论较多的内容。民国时期有关这个话题的研究中，一般是将之放在农战政策或经济思想之中一并论述。改革开放以来，学科方向越分越细，人口问题随之成为一个专门领域。

关于《商君书》人口思想的具体内容，学者们的归纳大致有增殖人口、"徕民"政策、人口与土地平衡、扩大农业人口的比重、调整人口结构、加强户口管理等方面。比如，张敏如认为商鞅的人口思想包括：采取"徕民"政策，大量增加秦国人口；人口与土地必须保持平衡；扩大农业人口在总人口中的比重；反对提高人民的知识和文化；加强户口管理，建立人口调查统计等。[1] 凌大珽在此基础上，着重指出了以下几点，一是为了保证实现扩大农业劳动者的队伍，还需要改变社会人口的结构，其措施有分化大家庭组织和实行户籍法；二是融合少数民族，改变民族结构成分。[2]

对《商君书》人口思想的总体评价，学界一是肯定其符合当时的历史条件和社会经济状况，促进了秦国的富强；二是揭露它专制剥削、为统治阶级服务的本质，特别批判了商鞅学派一以贯之的愚民政策。张敏如认为，商鞅的徕民政策为秦国的人口增长和富国强兵直至统一中国创造了重要条件，但他反对提高人民的知识和文化，暴露了他的残酷统治人民的反动本质。[3] 刘家强认为，《商君书》所包含的丰富的人口思想，都得

---

[1] 张敏如：《商鞅的人口思想》，《人口与经济》1981年第6期。
[2] 凌大珽：《评述商鞅的人口论与劳动力论》，《中央财政金融学院学报》1983年第2期。
[3] 张敏如：《商鞅的人口思想》，《人口与经济》1981年第6期。

到了具体的贯彻和实施,为秦国的富国强兵、统一天下奠定了物质基础。但另一方面也应看到,《商君书》中反映的思想又不可避免地具有阶级和历史的局限性。① 此外,学者还针对《商君书》中的移民政策做了评论。张超林认为,《商君书》第一次明确提出了同时具有经济性和军事性的双重性移民目的,第一次对移民可行性进行了分析,第一次提出鼓励移民的优惠政策,《商君书》的移民思想具有较强的科学性和可行性。至于《商君书》移民政策是否得到贯彻落实,张超林、欧阳凤莲、王奥等认为由于政治和军事形势的激烈动荡,以及文化背景和价值观的差异,这一政策并没有在秦国实施。②

中国作为世界上人口最多的国家,人口问题一直以来受到高度关注。总体而言,人们对《商君书》中的人口思想是持肯定态度的。关于其负面评论,比较有意义的是对其愚民政策的批判。至于书中提出的徕民政策是否在秦国施行,尚缺乏足可信据的证明材料。

十二、管理思想

管理是一种普遍的社会现象,所谓"有人群活动的地方,就有管理"。《商君书》集结了商鞅及其学派的治国理政思想,完全可以视为一部国家管理的指南手册。也因此,余德仁指出,

---

① 刘家强:《评〈商君书〉的人口思想》,《财经科学》1987年第5期。
② 张超林:《试析〈商君书〉的移民思想》,《三峡大学学报(人文社会科学版)》2001年第3期;欧阳凤莲:《〈商君书·徕民〉篇的移民思想及其实践》,《史学月刊》2008年第6期;欧阳凤莲:《〈商君书〉思想研究》,东北师范大学博士学位论文,2009年6月,第73—76页;王奥:《〈商君书·徕民篇〉招徕移民战略探析》,《学理论》2016年第1期。

商鞅的变法实践是在其"治世不一道，便国不必法古"的管理思想下，运用行政、法律和经济各种管理手段实现的。① 熊俊松全面分析了商鞅的管理思想，认为晋文化、先秦诸子学说、先秦事功思想对商鞅管理思想产生了深刻影响。商鞅立足于人性和现实基础，在管理的逻辑上因人性而实行法治管理，以"法治为富强"作为管理目标，以刑赏为管理激励。在管理的内涵上，商鞅提出了以法为本进行管理约束，以功利的管理目标为驱动，尚力抟力而进行管理控制。在管理的效率上，商鞅注重无宿治，在人才的管理上注重举贤能、重事功。② 冯晓宏、张弘、宋慧考察了《商君书》的经济控制论和工商管理思想，指出现代管理学中的经济控制论早在古代就由《管子》和《商君书》开创了。商鞅的工商管理思想"多从政治目的出发，要求经济发展必须无条件地服从于政治的需要"。③ 关于《商君书》的人力管理思想，张文安认为，其主要特征就是使人尽其力。商鞅根据现实的政治功利需要把人力分为农业劳动力、兵力、官吏三个主要组成部分，又在人性好恶的基础上提出一系列的"治民""愚民""赏民""刑民"的人力资源管理措施。④ 马向

---

① 余德仁：《"治世不一道，便国不必法古"——商鞅的管理思想及其变法实践》，《河南师范大学学报（哲学社会科学版）》2000年第6期。
② 熊俊松：《商鞅管理思想研究》，华南理工大学硕士学位论文，2010年5月。刘栋《商鞅人力管理思想研究》（燕山大学硕士学位论文，2015年5月）观点与之大体相同。
③ 冯晓宏：《中国古代经济控制论反思——读〈管子〉、〈商君书〉有感》，《淮阴工业专科学校学报》1999年第1期；张弘、宋慧：《试论战国时期的工商管理思想与工商管理政策》，《济南大学学报》2002年第6期。
④ 张文安：《论商鞅的人力资源管理思想》，《河南大学学报（社会科学版）》2004年第6期。

阳认为商鞅变法中的人力资源管理思想包括建立"奖励勇战"激励机制、建立奖励"耕织"绩效指标体系和趋利避害的人性假设思想。① 苏坤专门探讨了《商君书》中的"刑赏"激励管理思想，认为商鞅管理的逻辑是将人性的好利恶害和激励管理进行有效的结合，其具体内容包括利农战为赏、用重刑为主和信赏必罚。②

"管理"是一个现代词汇，《商君书》管理思想研究就是用现代管理学的理论审视书中有关国家治理的主张，其内容实质仍然是探讨法治、农战、刑赏等思想，不过是套用了管理学的相关概念与术语，称之为行政管理、工商管理、人力管理等。这种从不同学科的探讨，也不失为多棱镜透视《商君书》提供了新的视角。正是在这个意义上，还有学者缕析了《商君书》中的社会理想、社会控制与整合、档案管理、治安、生态、音乐等方面的内容，从不同侧面拓展了《商君书》的研究范围，俨然成为《商君书》研究百花园中的几朵小花。

对《商君书》思想的研究，除了分类阐发其中的诸如法治、农战、政治、经济、军事等思想内容，还有几个非常重要的方面：一是梳理其思想的渊源与流变，二是将之与相关著作、人物的思想学说进行比较，三是探讨其对秦国乃至古代中国的历史影响与意义。

---

① 马向阳：《商鞅变法中的人力资源管理思想分析》，《新西部》2011 年第 21 期。方松森《试论商鞅变法中的人力资源管理思想》（《人力资源》2013 年第 7 期）中的观点与之大体相同。
② 苏坤：《试论〈商君书〉中的"刑赏"激励管理》，《经济研究导刊》2015 年第 13 期。

十三、《商君书》思想学说的渊源与流变

《商君书》思想学说的渊源，与其法治思想的渊源基本一样，都是受到其他学派和法家前辈李悝、吴起的影响。仇道滨指出，儒、道两家对商鞅的影响是深刻而又深远的，此外，商鞅还受到兵家、杂家和农家的影响。[①] 张林祥认为"商君思想的来源不是单一的，而是多元的"，主要包括卫国的政治传统，李悝、吴起的思想和改革经验，秦国的风俗和政治传统，以及兵家孙子的军法和战术等。[②] 魏文山将《商君书》思想的理论渊源分为学术和社会历史两大方面，前者主要指商鞅早年受到法家、兵家、杂家尤其是李悝、吴起、尸佼等人思想的影响较大，后者主要指春秋战国以来势不可挡的"法治主义"思潮。[③] 沈玮玮、赵晓耕还提到墨子对商鞅思想的影响。[④]

关于《商君书》的理论基础，人们在探讨其具体思想时略有提及。刘泽华在《先秦政治思想史》中系统论述了《商君书》政治思想理论基础的三个最基本的理论：一是"历史进化思想"，二是"人性好利说"，三是"力的原则"。他指出："进化、利益、力量三者构成《商君书》的政治理论基础"，三者是"有机连在一起的"，"由进化观得出的基本结论是改革，不改革

[①] 仇道滨：《商鞅思想与学术研究》，山东大学硕士学位论文，2007年4月，第45—47页。
[②] 张林祥：《〈商君书〉的成书与思想研究》，北京：人民出版社2008年版，第127—149页。
[③] 魏文山：《商鞅与〈商君书〉研究》，南昌大学硕士学位论文，2013年5月，第39—50页。
[④] 沈玮玮、赵晓耕：《从兵法到礼法：孙墨商荀的思想承继》，《西安政治学院学报》2011年第5期。

就没有出路。改革必须切中时代的脉搏,抓住人民的意愿,这就是利益。作者并不是为人民谋利益,而是以利益为诱饵,从人民中钓出巨大的力量"。①

学界讨论《商君书》的思想流变包含两个层面:一是商学派思想自身的发展,二是《商君书》对后世思想的影响。

关于商学派思想的发展演变,郑良树在对《商君书》各篇成篇时代进行分析的基础上,做了非常细致的梳理,将《商君书》的思想内容分为五个阶段:

第一阶段是商鞅思想的建立。此时的商鞅思想,除了政治目标要固执而政治手段要灵活、"法律之前,人人平等"等一般法家共有的主张外,还包括商鞅本身的思想,如全农的经济政策、重刑厚赏、军国主义、统一心志和制度等。

第二阶段是商学派的第一期。商鞅车裂后的头19年,被认为是思想开拓的时代。该时期,商学派继续强调法律的平等、农战的政治纲领以及重刑厚赏的政治作风,保持法家的共性及商鞅思想的特色。在思想及理论的开拓方面,有下列要点:国君掌握法、信、权;规划和支配土地;敌视其他学派。

第三阶段是商学派的第二期。从商鞅车裂后19年起,至秦庄襄王三年止,前后70年,是商学派进入思想发展的时代。这期间,商学派产生了相当大的变化,不但内部开始分支分派,引发一些争论,而且逐渐向独裁的政治理论进展,使商学派成为独裁政治的思想泉源。

第四阶段是商学派的第三期。从秦始皇元年起,至秦始皇

---

① 刘泽华:《先秦政治思想史》,天津:南开大学出版社1984年版,第211—217页。

二十六年统一天下止，前后 26 年，是商学派思想定型的时期。这一时期，作为秦国政治主导思想的商学派，逐渐观察出局势的大方向，为应付国际变化及一统大局的来临，他们集中精力提出几个重要的思想，包括：国君和法律的地位的提高；战争被突出和强调，提出"抟力"和"杀力"；在刑赏的态度上不但保持了"重刑轻赏"的主张，而且分化出"重刑不赏"的小支系。

第五阶段是商学派的第四期。自秦统一天下以后，秦国传统政治思想的商学派很自然地成为学术界及思想界的"霸主"，也因此无须在言论上攻击儒家及其他诸子学说了。同时，商学派对国君和法律的提高和推崇，已经达到前所未有的境地。①

郑良树还具体考察了《商君书》中刑赏主张和"壹"观念的流变，指出，商鞅死后，其学派逐渐分裂为几个不同的小支系，有的继承商鞅的"重刑厚赏"，有的歧分为"重刑轻赏"，有的甚至认为应该"重刑不赏"。而"壹"的含义，则经历了由只作"统一""专一"的泛称，到心志、力量专一于农战，再到心志专一于农耕（原本包含在"壹"中的重战观念此时独立析分为"杀力"的概念），最后都只作"统一"的意思。②

张林祥进而总结"商鞅学派"的立场观点值得注意的变化还有：一，对儒家态度的变化。"凡出自商君之手的篇章，对儒家的经典和学说都持坚决的排斥打击态度……而写成较晚的一

---

① 郑良树：《商鞅及其学派》，上海：上海古籍出版社 1989 年版，第 249—263 页。
② 郑良树：《商鞅及其学派》，上海：上海古籍出版社 1989 年版，第 35—40、60—66 页；又见郑良树：《商鞅评传》，南京：南京大学出版社 1998 年版，第 214—226 页。

些篇章则对儒家的学说有所宽容甚至假借"。二,"在商君的学说中已经隐含了对势的肯定,但始终'任法不用术',而《画策》《修权》《禁使》等篇则明确地论势用术了,特别是《禁使》全篇围绕势和术展开"。三,对商业态度的变化。"凡出自商君之手的篇章,都对商业末技持压制取缔的态度,而《去强》《说民》《弱民》三篇把商与农、官并列为国家的三种基本职业"。①

《商君书》对后代思想家产生了哪些影响,也是学界十分关注的话题。张林祥认为,齐法家及韩非、李斯与商鞅学说有明显的因袭关系,《墨子·备城门》也受到商鞅学说的影响,传世《尸子》与《尉缭子》亦应与商君学说相关。②张铮指出,荀子"王霸"观念受到商鞅的影响,商鞅关于纵横家的看法、历史认知和"强本利民"学说都对荀子产生了影响。③李存山甚至认为,汉代统治者尊儒的思想源于法家经典——《商君书》。《开塞》篇所云"取之以力,持之以义"表达了"文武并用"思想,直接或间接地影响了陆贾、贾谊等人。儒家学说是经汉儒吸收道、法、阴阳等家思想因素经过理论调整才适应中国封建制度需要的,《开塞》则在儒与法的结合上起到一定的中介作用。④

就学者对《商君书》思想的渊源与流变的探讨而言,由于

---

① 张林祥:《〈商君书〉的成书与思想研究》,北京:人民出版社2008年版,第152—153页。
② 张林祥:《〈商君书〉的成书与思想研究》,北京:人民出版社2008年版,第153—165页;又见张林祥:《商君学说流变初探》,《宁夏师范学院学报(社会科学)》2009年第5期。
③ 张铮:《荀子与商鞅学派研究》,《北方论丛》2010年第1期。
④ 李存山:《〈商君书〉与汉代尊儒——兼论商鞅及其学派与儒学的冲突》,《中国社会科学院研究生院学报》1998年第1期。

缺少足够坚实的证明材料作支撑，往往给人以笼统宽泛的感觉。在论证《商君书》思想对后代的影响时，因为可供比对的材料较多，实证性稍强，但得出的结论仍然难以走出宽泛和推断的困境。在对《商君书》内部思想的发展演变的研究中，最具代表性的成果当推郑良树的《商鞅及其学派》和《商鞅评传》，从前文介绍来看，作者的研究路径虽然能够很好地解释《商君书》中思想主张的歧异现象，但它又是非常大胆和危险的。其实，《商君书》内部思想发展演变的探究往往伴随着《商君书》各篇成书时间的考察，即按一般性逻辑首先应该确定每一篇的成书时间，至少需要明确关涉同一思想主题之诸篇的相对成书时间。如果不能敲定《商君书》各篇的大体时间并得到学界的认可，得出的结论难免还是建立在推测的基础之上。

十四、《商君书》与其他思想流派的比较研究

（一）《商君书》与《韩非子》

《韩非子》是先秦时期法家的集大成作品，在研究先秦法家思想时，比较它与《商君书》之间的继承性、异同及产生差异的原因就成为题中之义。

关于两部法家代表作的相同点，一般都认为，在历史观上《韩非子》继承了《商君书》的进化论思想，并且两者都主张重农抑商、推崇法治、主张重刑等。在人性论上，宋淑萍认为《商君书》以为"民乐生安佚"，道于名利，《韩非子》以为人性喜乱而轻法，好佚恶劳、好名喜利，又好声色；在法治观上，有关国家源起、对礼治的否定、法的定义和特性、赏罚精神、

第六章 改革开放以来的《商君书》研究

对君的态度、尊君富国的政治理想等方面，二者都有相类的论述。① 谢天佑指出，"'重农抑商'加上反'仁政'，这就是商鞅、韩非的经济思想的全部"②。吉湖指出，商鞅和韩非有着相同的理性主义的战争观念，对战争这一社会历史现象进行了审慎的考察，重视战争、推崇战争。③ 陈海华在他的硕士论文中概括了《商君书》和《韩非子》思想的四个理论支柱，分别是历史进化观、人性好利论、唯物主义的天道观和认识论。两者在农战思想上高度一致，都重农重战，鼓励人民的好战之风，极力排斥士工商。④ 耿爽认为，商鞅、韩非思想中的共通性体现在：都坚持奖励农战富国强兵；都主张厚赏重刑原则；都持时移事异、与时俱进的社会发展观。⑤

在对两者思想差异的比较研究中，学界的讨论主要集中在以下四个方面。其一，法、术、势。张涅指出，《商君书》"法规至上"，《韩非子》"权术至要"。⑥ 徐进也认为商鞅重法治，韩非突出术治。⑦ 陈海华认为，"商鞅重法，而韩非法术势兼论"。⑧ 其二，君主权力。张涅认为《商君书》是国家本位，

---

① 宋淑萍：《论商君书的成书时代》，《书目季刊》1979 年第 13 卷第 1 期。
② 谢天佑：《论商鞅、韩非的经济思想》，《学术月刊》1987 年第 1 期。
③ 吉湖：《略论商鞅和韩非理性主义的战争观念》，《南昌职业技术师范学院学报》1994 年第 4 期。
④ 陈海华：《〈商君书〉与〈韩非子〉思想同异论》，西北大学硕士学位论文，2003 年 5 月。
⑤ 耿爽：《从〈商君书〉到〈韩非子〉——法家思想的演变与秦政治》，内蒙古大学硕士学位论文，2017 年 5 月，第 12—17 页。
⑥ 张涅：《法治主义与权术主义——〈商君书〉和〈韩非子〉的比较分析》，《舟山师专学报（社会科学版）》1994 年第 2 期。
⑦ 徐进：《韩子亡秦论——商鞅、韩非法律思想之比较》，《法学研究》1994 年第 4 期。
⑧ 陈海华：《〈商君书〉与〈韩非子〉思想同异论》，西北大学硕士学位论文，2003 年 5 月，第 27 页。

《韩非子》是君权本位。[1] 徐进认为，商鞅的独断以"中法"为前提，以君臣有"共"为基础；韩非的独断不受法律约束，排斥"共"。[2] 陈海华认为，"商鞅注重的是如何建立强大的中央集权制的国家，而韩非考虑的是如何形成完善的君主专制理论"[3]。何建强认为，在法治思想的推行上，商鞅认为法治应当为"君臣所共操"，在实际施行中要"重刑轻赏"。韩非则主张法治只是君主"导制其臣"的工具，为了推行法治君主必须要握有"刑赏二柄"，处处以君主为中心。[4] 其三，君臣关系。汤新祥、张雪梅认为，商鞅强调以法治臣，提倡君臣合作，共同治理国家；韩非强调君臣利益的对立，坚持以术御臣。[5] 其四，赏刑观。张小玲认为，商鞅主张"刑无等级"与"重刑轻赏"，而韩非主张"刑赏二柄"与"赏誉同轨，非诛俱行"。[6] 要之，就如张涅所认为的，《商君书》表现出一种理想主义，《韩非子》则充满了现实主义。[7]

商鞅是战国中期人，韩非是战国末年人，时代的差异使他

---

[1] 张涅：《法治主义与权术主义——〈商君书〉和〈韩非子〉的比较分析》，《舟山师专学报（社会科学版）》1994 年第 2 期。

[2] 徐进：《韩子亡秦论——商鞅、韩非法律思想之比较》，《法学研究》1994 年第 4 期。

[3] 陈海华：《〈商君书〉与〈韩非子〉思想同异论》，西北大学硕士学位论文，2003 年 5 月，第 27 页。

[4] 何建强：《商鞅韩非法治思想比较研究》，郑州大学硕士学位论文，2007 年 5 月，第 11—24 页。

[5] 汤新祥、张雪梅：《成也法家，败也法家——商鞅、韩非法治思想异同论》，《湖北大学学报（哲学社会科学版）》2008 年第 6 期。

[6] 张小玲：《商鞅韩非"法治"思想比较研究》，重庆大学硕士学位论文，2008 年 5 月，第 16—19 页。

[7] 张涅：《法治主义与权术主义——〈商君书〉和〈韩非子〉的比较分析》，《舟山师专学报（社会科学版）》1994 年第 2 期。

们面对的社会形势和要回答的问题有很大不同，这必然导致两者提出的解决时代课题的方案、途径和政治诉求等方面存在诸多差异。张涅认为从《商君书》到《韩非子》的逻辑嬗变的原因存在四个必然：封建形势由萌芽到蓬勃；国家兼并由诸侯分封到天下一统；统治实践由简朴到复杂；政治思考由政术到道术。① 何建强从时代和个人两个方面分析了商鞅和韩非法治思想存在差异的原因：就客观方面而言，二人生活在不同的历史时期，面临着不同的时代问题，学术的渊源也各不相同；从主观方面来说，二人不同的出身地位、政治经历、人生阅历以及在此过程中所造就的性格特征等，也是催生其法治思想各有侧重的部分原因。② 韩晓梅则从秦与韩两国在地理环境、文化背景、面临的社会问题等方面的差异解释了商鞅和韩非治国思想的不同：从地理方面来说，秦国地理位置优越，与戎狄接壤，土壤质量高；韩国地不满千里，四周都是大国，土壤贫瘠。从文化背景上来看，秦受礼乐文化的影响小，旧贵族势力较弱，受宗法制影响较小；韩是礼乐文化的中心区域，传统势力较大。从面临的社会问题讲，秦国需要解决的问题是如何在战国诸侯如林的国际形势中保持不败之地，甚至可以称王称霸；韩国历史遗留问题是法治混乱，如何能协调新旧之间的矛盾，这需要有强有力的君权。③

---

① 张涅：《法治主义与权术主义——〈商君书〉和〈韩非子〉的比较分析》，《舟山师专学报（社会科学版）》1994 年第 2 期。
② 何建强：《商鞅韩非法治思想比较研究》，郑州大学硕士学位论文，2007 年 5 月，第 24—31 页。
③ 韩晓梅：《战国法家创新思想与实践研究》，西安：陕西师范大学硕士学位论文，2011 年 5 月，第 27—33 页。

（二）《商君书》与《管子》

一般认为《管子》一书成书于战国中后期，可能出自齐国稷下学派诸多学者之手，内容包括儒、道、法、兵、农、阴阳诸家的思想言论。《汉书·艺文志》将之列为道家，《隋书·经籍志》及其后的目录书将之列为法家，近代以来许多学者认为该书属于杂家。书中既有反映法家、兵家、阴阳家的篇章，也有讲述管子生平事迹的杂记性质的篇章，其中托名管子与齐桓公对话的19篇是《管子》一书的核心部分，反映的是《管子》的经济思想，有些内容可以与《国语·齐语》对读。学界在比较《商君书》与《管子》异同时涉及很多方面，现主要介绍两者的经济思想、法治思想、战争观等几个侧面。

在经济思想方面，林鹏旭认为，在调控经济的方法手段上，《管子》侧重于用经济手段调控经济生活，《商君书》则强调用法制手段干预和控制社会经济。对农工商各生产部门的认识不同，《管子》重农而不抑商，主张农工商协调发展；《商君书》则严厉地推行重农抑商政策。在消费观上，《管子》主要是提倡节俭，但也主张在一定条件下通过侈靡消费来刺激生产；《商君书》则坚决反对奢侈，提倡节俭淳朴的民风。在财富分配方面，《管子》认为只有民富才能国富国强，主张藏富于民；《商君书》则主张国富而民贫。此外，作者还从齐、秦两国的地理环境、文化背景、国情等方面分析了《管子》与《商君书》经济思想不同的原因。[①]

[①] 林鹏旭：《〈管子〉与〈商君书〉经济思想之差异分析》，《哈尔滨学院学报》2008年第2期。

在法治思想方面,周怀宇、朱华认为,《管子》德法并重,在强调法治的同时,强调德政,注重礼的作用;《商君书》唯法,法治和德治在《商君书》中处于不同层次,德治只能在法治业已实现的更高层次上实现。《商君书》认为国君是凌驾于法律之上的,国君通过掌控国家政权而掌控法律是实现法治的前提;《管子》也主张树立国君的权威以加强专制集权,但国君自己也必须受法令的限制和约束。[①]

在战争观上,杨玲认为《管子》认识到战争的残酷和破坏性,故主张避免战争,视战争为不得已而为之的外交手段;《商君书》则把战争看作取得霸主地位必需的手段,所以主张积极出战,而不是回避战争。《管子》看重战争的正义性,而《商君书》更注重战争的结局。《管子》注重兵器和战争谋略,《商君书》重视斗志。总之,《管子》认为战争的目的不是攻城略地,而是消灭战争;《商君书》则把国家的强大、安定都建立在战争之上,表现出对武力和战争的极端崇尚。《管子》的兵学思想表现出一缕温情,而《商君书》的兵学思想显现出赤裸裸的功利性,这正是二者在文化、政治理念上的差异的反映。[②]

(三)《商君书》与《孟子》

儒、法两家在治国路线上截然对立,儒家提倡改良主义,法家主张变法,孰是孰非不同时代会有不同的认识。今人对两

[①] 周怀宇、朱华:《论〈管子〉与〈商君书〉法治思想的异同》,《安徽省管子研究会2011年年会暨全国第六届管子学术研讨会交流论文集》,2011年5月。

[②] 杨玲:《〈管子〉和〈商君书〉兵学思想比较》,《甘肃高师学报》2005年第6期;又见杨玲:《先秦法家思想比较研究——以〈管子〉、〈商君书〉、〈韩非子〉为中心》,浙江大学博士学位论文,2005年4月,第169—170页。

者的比较研究大体还停留在表面的层次，缺少理性的价值追问。

彭秀礼比较了孟子的改良思想与商鞅的变法主张：孟子提出"仁政"，商鞅主张"严刑峻法"。商鞅主张以军功论赏；孟子不言军战，反对暴力。孟子企图用"均井田"的办法来保持小农生产、小土地所有制的稳定性，企图限制地主阶级的过量剥削，主张"轻徭薄赋""与民生息"；商鞅则主张实行小家庭制度，重农抑商，"为田开阡陌封疆"。作者评论说，孟子的改良主张相较于残暴统治来说显得可贵；商鞅的法治理论虽然符合当时的历史潮流而得以称霸天下，但其严刑峻法也激起了统治阶级内部的愤怨，失掉了民心。①

汪蕾、罗玲比较了《商君书》与《孟子》的重农思想，认为二者都非常重视农业，把农业看成国民经济的决定性部门，虽然在具体措施上有差异，但是实质上有趋同性。②"《商君书》主张以重农抑商为形式的经济干涉主义，孟子主张以重农兼重商为形式的相对平均主义，来维护政治上的稳定"③。宋磊、胡平平认为孟子与商鞅都充分重视土地和人口的重要作用，孟子的逻辑进路在于让百姓不饥不寒，然后在百姓的追随拥护下实现王道；商鞅的逻辑进路是通过农战使国家富强起来从而实现霸道，至于让百姓获得田宅和爵禄只不过是途径和工具而已。在对待山泽和工商业的态度上，孟子主张统治者开放苑囿，与

---

① 彭秀礼：《孟子改良思想与商鞅变法主张的比较分析》，《辽宁师范大学学报（社科版）》1992年第5期。
② 汪蕾、罗玲：《〈商君书〉〈孟子〉关于重农思想的比较研究》，《重庆电力高等专科学校学报》2003年第2期。
③ 汪蕾、罗玲：《〈商君书〉〈孟子〉关于封建政治与经济关系思想的比较研究》，《重庆工业高等专科学校学报》2003年第3期。

民共享山泽之利,还主张减免市场和关卡的税收,从而保护甚至促进工商业的发展;商鞅则主张夺山泽、工商之利。总之,孟子人地关系思想的着眼点是民利,商鞅人地关系的着眼点是国家的富强和存亡。①

(四)《商君书》与《吕氏春秋》

《吕氏春秋》是战国末年秦国相国吕不韦召集其门客写成的一部兼收并蓄的杂家论著,特点如《汉书·艺文志》所论"兼儒墨,合名法",内容包括发挥儒家、道家、法家、墨家、名家、阴阳家、纵横家、农家、小说家、兵家等各家学说的篇章。学界在研究中,主要比较了两者的政治思想、兵学思想、重农思想等。

张姣比较了秦法家与《吕氏春秋》的政治思想,认为两者指导秦国统一天下、维护君主统治的目标是一致的,但具体实现方式与手段不尽相同。在统一国家的方式与建立的国家结构上,秦法家过于注重单方面使用武力统一国家,主张建立郡县制取代分封制,加强君主的权力;《吕氏春秋》关注在统一过程中要使用"义兵"统一国家,以是否具有正义性为价值标准,维护百姓的利益以获取支持、减少战争阻力,主张建立以分封制为基础的君主统治,削弱君主权力,抵制专制独裁。在君道观上,秦法家主张君主独掌大权,并用法律维护君主权力;《吕氏春秋》要求君主效法天道无为而治,反对君主独裁。在庶民观上,两者都认识到民众在统一国家巩固君主地位中的作用。

---

① 宋磊、胡平平:《养民与强国:孟子与商鞅人地关系思想比较研究》,《重庆第二师范学院学报》2017年第2期。

秦法家主张加强对百姓的控制，不断削弱百姓势力，愚化百姓，使之服从而成为满足君主私欲的工具；《吕氏春秋》认为民众是维护君主统治的根本，应当顺应人性，适当满足百姓需求以争取民众支持，其思想主张中的民众地位较秦法家有明显提高。在治理国家的方略上，两者都认识到实力对于国家的重要性。秦法家主张用苛法管控、严刑督责落实农战政策，重视功利而反对伦理道德建设；《吕氏春秋》认为治国应先德后力，张扬人性道德，但不忽略实力，主张实力的获取与运用要以符合德义为前提，法治与道德教化并重。作者最后评论说，秦法家建立起的一套严密的法治体系抓住了社会管控的根本，但失在用法律压迫民众为君主利益服务，而缺乏限制君主独裁的机制，造成社会利益失衡，国家速亡；《吕氏春秋》高举形而上的天道理论指导统治实践，重视道德，注意平衡各阶层利益，但败在对君主权力的限制和不符时代潮流的分封制主张，使其思想没能真正完整地实施。两者的思想能在一定程度上互相弥补，共同促进了外儒内法的中国封建统治思想的确立。①

李亚光比较了《吕氏春秋》与《商君书》的重农思想，认为法家重农学说的特点是进取，并且被上升为农战理论，直接为富国强兵、兼并天下的目的服务；《吕氏春秋》重农学说的特点是守成，它脱离了七雄争霸的形势来谈论重农与治国，并未能直接而有效地为富国强兵、兼并天下的目的服务。②

---

① 张姣：《秦法家与〈吕氏春秋〉政治思想比较研究》，河北师范大学硕士学位论文，2016年6月，第44—46页。
② 李亚光：《〈吕氏春秋〉与〈商君书〉重农思想比较研究》，《长春师范学院学报（人文社会科学版）》2007年第6期。

杨玲比较了《吕氏春秋》与《商君书》的兵学思想，认为《吕氏春秋》认识到战争的破坏性，所以视战争为不得已而为之的政治手段；《商君书》则非常重视战争，常常把战争和国家的经济命脉农业生产相提并论。《吕氏春秋》高度重视战争的正义性；《商君书》则不在意取胜的手段，也不论其正义与否，而只重视战争结局。《吕氏春秋》认为获得战争胜利需要众多因素，譬如计谋、精锐的武器等；《商君书》认为战争取胜的决定因素在于士卒奋勇杀敌的顽强斗志。①

（五）《商君书》与西方思想学说的比较

希腊历史上的"古典时代"，被称为希腊城邦制度的鼎盛时代。在希腊城邦制度形成的过程中，梭伦改革奠定了雅典民主政治的基础，推动了社会的全面发展。梭伦改革的时间早于《商君书》的成书时间，但梭伦和商鞅分别是中西"古典时代"两位著名的改革家，因此成为中西历史比较研究的代表人物。

晏绍祥比较了商鞅与梭伦的经济改革，认为二人都重视农业的发展，在对待工商业的态度上，梭伦把工商业活动提到了与农业同等重要的地位，而商鞅则采取遏制、打击的政策。对此，作者评论说："如果说梭伦政策在无意中顺应了经济发展的趋势的话，取得成功应属必然。商鞅的做法则相反，几乎完全逆经济规律而动，仍然取得成功，说明上层建筑在某一时期，也同样可以决定经济发展的方向，这恐怕就不是反作用能说清

---

① 杨玲：《〈吕氏春秋〉与〈商君书〉〈管子〉兵学思想之比较》，《名作欣赏》2014 年第 11 期。

的。"梭伦与商鞅的工商业政策差别如此之大正是客观历史条件与改革者自身主观认识综合作用的结果。①

苏振兴比较了商鞅与梭伦的法制思想,认为:"商鞅之法以君王为核心,其目的是维护以君主为首的统治阶级的利益。梭伦之法则以雅典公民集体为核心,旨在维护公民集体的团结。但二者在对法制的重要性、法与时代、民情的关系以及公布成文法等问题上认识基本一致。"并分析了二者法制思想存在异同的原因:"因为他们在改革时面临的政治、法律传统不同,导致了在政治上的地位、改革所依靠的力量上的差异,并由此产生了各自不同的法制思想。由于他们对时代的要求以及对所处时代形势的接近,所以二者的思想在法制原则上又存在着许多相似之处。"②

贾文言比较了商鞅与梭伦的耕战思想,认为:"两者都重视耕战,但在制度安排上则有所不同,商鞅打破现状,重在变革;梭伦承认现实,重在继承。商鞅是通过类似于军事的手段重构了政治秩序,而梭伦则以平衡城邦内部不同阶层利益的方式缓和了公民的内部矛盾。在影响上,商鞅使得秦人因耕战而成为国家严密控制的对象,沦为国家的奴隶;梭伦则使得雅典公民成功地参与了政治,成为城邦的主人。"③

通过以上五个小节所述对比研究情况,我们了解了《商君书》思想与其他学说的差异。其实,《商君书》与周秦诸子思想

---

① 晏绍祥:《梭伦与商鞅经济改革的比较研究》,《社会科学战线》1993年第4期。
② 苏振兴:《商鞅与梭伦法制思想之比较》,《石河子大学学报(哲学社会科学版)》2004年第4期。
③ 贾文言:《商鞅与梭伦耕战思想的比较分析》,《四川文理学院学报》2011年第6期。

的比较，早在中国古代就开始了。陈振孙《直斋书录解题》辨析曰："管子似非法家，而世皆称管、商，岂以其操术用心之同故耶？然以为道则不类。"① 陈氏认为，世人并称管仲、商鞅，其原因大概就在于二人之"操术用心"相同。清末民国时期，还有论者将商鞅与西方的俾斯麦、梭伦等相提并论。改革开放以来，《商君书》与周秦诸子思想的比较研究蔚然成风。比较总是基于一定的可比性，因此《商君书》与《韩非子》的比较研究是最多的，这不仅因为它们同属法家，思想主张有很多相近甚至相同之处，可比性强，还在于对二者进行比较具有重大意义。这主要表现在：《韩非子》多次称引商君之法，且其《饬令》篇从题名到内容都与《商君书·靳令》篇高度雷同，对二者进行比较有助于考察《商君书》的成书问题。另外，《商君书》和《韩非子》分别与诸侯之秦国和帝制之秦国的国家政略与发展有着非常紧密的联系，甚至可能具有指导作用，二者的比较无疑能够加深我们对秦国政治制度与文化的认识，进而对秦由强盛走向覆灭背后的治理理念进行反省。

十五、《商君书》对秦国及古代中国的影响

《商君书》历来被视为秦国政治发展与制度建设的重要指导思想。郑良树指出："对秦国及秦朝而言，没有什么比商鞅及商学派更重要了。自从秦孝公开始，秦国在政治方面实际上都无不以商鞅及商学派为主导思想。"而且，"晚近睡虎地出土的秦

---

① ［宋］陈振孙撰、徐小蛮、顾美华点校：《直斋书录解题》卷十《法家类》，上海：上海古籍出版社1987年版，第291页。

简，许多迹象都显示出商鞅及商学派的思想和政策一直成为秦孝公以后历代秦王的政治主导"。① 他还在《商鞅评传》一书中对此做了更为具体的阐发，认为秦国加速发动统一战争应该是商学派好战思想作用的结果，商学派"提高君位"及"推动法治"两个口号深深地影响了当时的政治，李斯提高君位和巩固中央集权的提议，其思想极可能就源自商学派。② 康珮认为，商鞅死后，他为秦国定下的新法及其强秦的精神依然在秦国发酵，睡虎地云梦秦简中处处可见商鞅之法的精神，其中的《秦律》乃根据商鞅之法作为基础逐步发展而成的。③ 此外，欧阳凤莲、黄奕玮、邱端端、张乐时、仝卫敏、曹勤、秦涛、马卫东等学者还在相关论著中结合出土材料具体考察了《商君书》对秦国户籍、爵赏、法律、告奸、连坐、官僚、上计等制度的影响。④

《商君书》塑造了秦国的专制主义、功利文化和尚武精神。韩一敏认为秦始皇的文化专制措施主要表现在焚书坑儒和以吏为师几个方面，仔细考察，这几个方面都和《商君书》有着极

---

① 郑良树：《商鞅及其学派》，上海：上海古籍出版社1989年版，第4、6页。又见郑良树：《秦国政治与商君书》，《书目季刊》1987年第21卷第2期。
② 郑良树：《商鞅评传》，南京：南京大学出版社1998年版，第305—311页。
③ 康珮：《〈商君书〉与商鞅治道之研究》，台北县：花木兰文化出版社2008年版，第102—108页。
④ 欧阳凤莲：《〈商君书〉户籍管理思想与秦国户籍管理制度》，《古代文明》2009年第2期；欧阳凤莲：《〈商君书〉思想研究》，东北师范大学博士学位论文，2009年6月；黄奕玮：《秦代告奸制度研究》，西南政法大学硕士学位论文，2012年3月；邱端端：《〈商君书〉法律思想研究》，中南民族大学硕士学位论文，2012年3月；张乐时：《从军法到国法的转变——秦王朝专制主义中央集权制度形成的历史追溯》，湖南科技大学硕士学位论文，2013年4月；仝卫敏：《出土文献与〈商君书〉综合研究》，新北：花木兰文化出版社2013年版；曹勤、秦涛：《〈商君书·垦令〉与秦简比勘研究》，《西南法律评论》2014年第1期；马卫东：《"秦法未败"探析》，《史学集刊》2016年第3期。

大的关系,"《商君书》应是秦朝文化专制思想的主要来源和基础"。① 高梅认为,农战政策的推行,导致"人们心态价值上乐农重战,出现了'上首功'的世风,造成了'贪狠强力,寡义趋利'的世俗","反映在文化上,则是一种急功近利的农战文化。功利主义是秦文化的主题,也是秦文化的特色",商学派"使秦文化在古朴的戎夷文化基础上向功利主义发展了一大步"。② 王健指出:"法家事功思想对秦文化的渗透整合,塑造了秦人强烈的事功精神,成为支撑其崛起并担当一统华夏伟业的文化内驱力。"③

在《商君书》与秦的兴亡关系评判中,刘九生认为,秦国飞跃发展的奥秘就在于《商君书》提供的思想理论的指导。④ 陈世陜指出,商鞅的国民经济管理思想在秦国推行的结果是"使秦国由战国七雄中的最落后、实力最弱的国家,一跃成为战国时代的头等强国,奠定了统一事业的基础"⑤。对于《商君书》的治国思想和统治策略是否直接导致了秦的速亡,学界看法不一。主流观点认为,商鞅的治国思想导致了秦的速亡。李婷、田沐臣认为商鞅的法治思想"从一开始就孕育着君与臣民的严

---

① 韩一敏:《试论秦朝文化专制制度的历史渊源》,《宁夏社会科学》2010年第4期。
② 高梅:《论秦文化的功利主义》,《烟台大学学报(哲学社会科学版)》1997年第3期。
③ 王健:《法家事功思想初探——以〈商君书〉、〈韩非子〉为中心》,《史学月刊》2001年第6期。
④ 刘九生:《〈商君书〉新论:对秦国飞跃的一个探讨》,《陕西师大学报(哲学社会科学版)》1990年第3期。
⑤ 陈世陜:《秦汉国家经济思想的演变》,《湖北大学学报(哲学社会科学版)》1997年第5期。

重对立,秦始皇父子施行暴政不过是把这种对立引向了爆发,导致了秦的灭亡"①。徐进将秦亡的病源归结为商鞅理论中的缺失,其功利主义的法律工具论、强国弱民的制民论、只见人不见社会的人性论、以奸止为度的重刑论等不完善处,有导致弊政的因素,没有负起对实践中可能出现的极端情况预为之防的责任。②陈更宇认为,商鞅的法治思想没有论证最高法权问题,在立法理论方面没有详尽论证法律究竟该如何发展,"这两项理论缺口,商鞅以后的秦国法律制定者也未能加以修补,从而为秦朝的速亡埋下制度性祸根"。③当然,也有学者认为"将秦的灭亡归结于秦的法家思想显然是不公允的"④。如朱玲丽通过对睡虎地秦墓竹简《为吏之道》《语书》以及岳麓书院藏秦简《为吏治官及黔首》的分析,发现秦的统治思想非传统理解的独尊法家,而是儒、墨、道、法交融,兼采诸家之长,认为"所谓的秦用法家思想统治而导致秦快速灭亡是缺乏合理依据的"。⑤

商鞅变法的成功奠定了秦王扫六合的基础,秦制又为汉以后帝制王朝所继承和发展,故谭嗣同才说"二千年之政秦政也"。秦的奠基地位,不仅表现在专制主义中央集权的政治制度、法律制度、经济制度,还表现在极端专制的文化政策等诸

---

① 李婷、田沐臣:《商鞅法治思想与秦亡的关系》,《华夏文化》1992年第2期。
② 徐进:《商鞅法治理论的缺失——再论法家思想与秦亡的关系》,《法学研究》1997年第6期。
③ 陈更宇:《商鞅法治思想考论》,《诸子学刊》编委会编:《诸子学刊》第六辑,上海:上海古籍出版社2012年版,第265—292页。
④ 段战平:《商鞅变法及其在历史上的作用》,《西安文理学院学报(社会科学版)》2005年第3期。
⑤ 朱玲丽:《秦统治思想新探——以简牍为中心》,苏州大学硕士学位论文,2015年4月,第58—59页。

多方面，作为一种现实制度、政策和传统犹如遗传基因一样渗入中国人的骨髓，塑造了中国人的文化心理和价值选择，影响至深至远。对此，学界在讨论中也有发挥。仝卫敏就说，"《商君书》的思想是秦以后两千年封建制度的指导思想之一"①。张林祥指出，《商君书》"曾对延续二千余年的君主专制体制的形成和发展起过决定性的作用"②。欧阳凤莲也认为"商鞅及其学派的思想曾对我国延续两千余年的君主集权制度的形成和发展起到过重要的作用"，并指出"商鞅学派的治国思想对秦及整个中国后世的意识形态、政治经济体制影响深远"。③ 韩一敏也说："对中国知识分子和中国文化而言，《商君书》和秦朝文化专制制度所留下的影响是无比巨大的。"④

先秦文献本来有限，列国史书经秦火基本不存，而秦的文献资料亦尤其阙如，司马迁早在两千多年前就感叹："惜哉，惜哉！独有《秦纪》，又不载日月，其文略不具。"⑤ 正因为如此，研究战国史《商君书》就显得弥足珍贵。但由于该书的子书性质，又真伪难辨，所以研究秦史时往往只认可书中与《史记》

---

① 仝卫敏：《出土文献与〈商君书〉综合研究》，新北：花木兰文化出版社2013年版，第305页。
② 张林祥：《〈商君书〉研究》，"摘要"，西北师范大学博士学位论文，2006年6月。后张氏在其博士论文基础上完成、出版的专著《〈商君书〉的成书与思想研究》（人民出版社2008年版）中指出："《商君书》是法家的重要著作，代表了商鞅及其学派的主要思想，对中国历史，特别是对中央集权的君主专制制度的形成和发展起过巨大的作用。"（"导言"，第6页）
③ 欧阳凤莲：《〈商君书〉思想研究》，"摘要"，东北师范大学博士学位论文，2009年6月。
④ 韩一敏：《试论秦朝文化专制制度的历史渊源》，《宁夏社会科学》2010年第4期。
⑤ ［汉］司马迁撰，［南朝宋］裴骃等注：《史记》卷十五《六国年表》，点校本二十四史修订本，北京：中华书局2014年版，第836页。

相合的内容。随着简牍资料的大量发现，人们利用《商君书》从事战国史、秦史研究的信心日益增强，普遍坚信《商君书》对秦国政治制度及思想文化产生的影响。由此，在探讨秦王朝何以二世而亡的过程中，人们也自然联想到其与《商君书》之间的直接或间接的关联，尽管存在不同的认识，但以《商君书》为代表的先秦法家思想自商鞅变法就上升为国家意识形态，就成为一种信仰的旗帜或借口，却是不争的事实。而法家的实用主义、功利性、目的论一旦确定为统治者的信条，必然就会转化为政治实践。尽管后代的制度、政策、法令会进行程度不同的调整和变异，但总归是万变不离其宗的，从这个意义上说，将《商君书》与秦亡联系起来思考，进而剖析其对帝制中国的长期影响，也是切中要害的。

第六章　改革开放以来的《商君书》研究

《商君书》读本出版情况

古代中国，由于意识形态的影响和印刷技术的限制，《商君书》的出版与阅读是非常有限的。民国时期，随着商鞅形象的扭转和经学独尊地位的突破，特别是在保存国粹与整理国故运动的推动下，《商君书》得到更多的关注。不过，这依然主要停留在学术研究的领域。"评法批儒"运动期间，大量《商君书》注译本发行，《商君书》进一步走向大众的视野。改革开放后，尤其是在20世纪90年代以来的"国学热"与传统文化复兴大潮下，各种《商君书》的普及读物纷纷出版，《商君书》真正迎来了全民阅读的时代。下面大致按出版时间先后择要列举常见的《商君书》读本（版本信息省去著者商鞅，最后标注重印或再版年份），并简单介绍其中的几部。

严万里校：《商君书》（诸子集成），中华书局1978年版；
《商君书》（诸子集成），上海书店1986年版；
严可均校：《商君书》（诸子集成），河北人民出版社1986年版；
贺凌虚注译：《商君书今注今译》，台湾商务印书馆股份有限公司1987年版；

《商君书　尸子》，上海古籍出版社1989年版；

张觉点校：《商君书　韩非子》，岳麓书社1990年版（1996、2006）；

张觉、李传书译：《白话商君书　韩非子》，岳麓书社1992年版（1994、2000）；

张觉译注：《商君书全译》，贵州人民出版社1993年版（1995）；

《商君书》，中国文史出版社1999年版；

石磊、董昕译注：《商君书译注》，黑龙江人民出版社2003年版；

张觉等：《国学大讲堂　商君书导读》，中国国际广播出版社2009年版（2011）；

张燕编著：《商君书新疏》，贵州教育出版社2009年版；

石磊译注：《商君书》，中华书局2009年版（2011、2012、2014、2016、2017、2018、2019）；

徐莹注说：《商君书》，河南大学出版社2012年版；

周晓露译注：《商君书译注》，上海三联书店2014年版（2018）；

《商君书　列子》，北方文艺出版社2014年版（2015、2016、2018）；

《商君书精注精译》，线装书局2016年版；

梁万如导读及译注：《商君书》，中信出版社2017年版；

长治：《商君书评注》，武汉大学出版社2019年版。

其中，贺凌虚注译的《商君书今注今译》，注译正文中每篇除"今注""今译"之外，还有"题解""要旨""考证"三部分，分别解释篇题，简述本篇中心思想，分析其成书。书中还附有《〈商君书〉及其基本思想析论》一文，探讨了《商君书》的流传、成书情况，并论述、批判了其思想。该本注释、解析详尽，附录对《商君书》相关问题的述论也很全面、中肯，是一部非常精良的《商君书》注译本。

张觉的《商君书全译》，每篇注译由"题解""注释""译文"三部分组成，"题解"解释了该篇的篇名，简述了其主要内容，并考求了其成书情况。书中前言介绍了商鞅的生平事迹及其评价、《商君书》的编集和流传、《商君书》的作者、《商君书》内容概略等。书后还有六则附录，依次是：《商君书》佚文、清永瑢等《四库全书总目》卷一百一子部法家类《商子》提要、清永瑢等《四库全书简明目录》卷十子部法家类《商子》、清严万里《商君书新校正序》、清严万里《商君书总目》案语、本书采撷文献要目。该本注释非常细致，不仅广泛参考旧注，还间有作者按语，新见颇多。"题解"部分对相应篇章成书问题的看法也常有心得，成一家之言。需要特别说明的是，张觉在《商君书》研究、普及方面所作的工作非常突出。《商君书全译》出版后，张氏在此基础上又完成了《商君书校注》《国学大讲堂　商君书导读》《国学经典导读　商君书》《商君书校疏》等多部严谨的《商君书》读本和有重要参考价值的《商君书》注本。

徐莹注说的《商君书》，由"通说"和"简注"两部分组成，其中"通说"非常详细地介绍了商鞅及其时代、《商君书》的成书与流传、《商君书》的主要内容及思想内涵、《商君书》的历史影响、如何阅读《商君书》、校注说明等相关问题。正文部分只有"简注"，书后附有《史记·商君列传》全文及注释。该本最大的亮点在"通说"，它是一个非常全面的导读，详尽地论述了《商君书》阅读的相关问题。正文"简注"旨在疏通文义，基本做到了简而精。

石磊译注的《商君书》，前言部分介绍了商鞅其人和《商君书》的内容。正文译注由"题解""注释""译文"三部分组成，"题解"主要解释了篇名和该篇主要内容，"注释"则较为简明且附有参考译文。

改革开放以来的《商君书》研究在继承前人成果的基础上不断突破与发展，实现了全面深化与推广普及，其主要特征总结如下。

其一，《商君书》校释更趋精审。这主要表现在以下两点：一是出现了张觉《商君书校疏》和周立升等编著《商子汇校汇注》两种集大成的校注成果，二是发表了大量讨论具体篇章文意疏解的专题论文。

其二，《商君书》辨伪已经走出简单的真假之争，致力于逐篇立体考证。此时对《商君书》文本的认识已经不再纠结其真伪的定性，而是将更多的精力投入到具体篇章的分析。认知思路的转变，促使人们在扬弃、反思前人辨伪方法的同时，不断探索新的辨别依据。

其三，《商君书》研究的科际互动。传统的《商君书》研究基本限于历史学、文献学、哲学、法学等领域，随着跨学科研究的流行，不仅加入了更多的学科如经济学、管理学、语言学等，而且对相关学科理论方法的运用也更为纯熟。众多学科的参与，一方面使《商君书》思想内容的发掘不断拓展、深化，另一方面直接催生了语言学视域下的字词分析。

其四，《商君书》阅读的大众化。在20世纪90年代以来的"国学热"和传统文化复兴大潮下，专门为不同读者量身打造的各色《商君书》读本纷纷出版，《商君书》正在走向全民阅读。

结　语

　　《商君书》研究的学术史历程大致可以分为帝制中国、民国时期、新中国成立以来三大阶段。帝制中国，由于商鞅背负的恶名以及儒学独尊地位的确立，《商君书》被排斥在主流学术之外，其间最主要的研究成果主要表现为对该书的初步辨伪和校释。民国时期，随着社会思想与政治体制的剧变——西方法制理念的传播、经学独尊地位的轰然倒塌、保存国粹与整理国故运动的推动、现代学科体系与学术方法的建立，商鞅形象得以扭转，《商君书》研究也开始走向真正意义上的科学研究之路，在文本辨释与思想开掘方面成就斐然，不仅涌现出众多填补空白的《商君书》校释本，产生了大量系统的《商君书》辨伪著述，而且开启了《商君书》思想研究的绪端。新中国成立后，《商君书》研究以改革开放为界可大体划分为两大阶段。一是1949年至1976年，由于受到国内政治形势及意识形态的影响，《商君书》研究经历了由沉寂到热捧的起伏。在"评法批儒"运动中，作为法家代表作的《商君书》受到前所未有的"青睐"，"喷涌"出了数十种《商君书》及其选篇的注译读本，而且发表了大量专题论文，特别是开辟了《商君书》军事思想、教育思想研究的新领域。二是改革开放以来，兼容并包的学术环境，海外学术思潮、相关理论与方法的不断涌入，以及"国学热"和优秀传统文化的复兴，使得《商君书》研究在文本、思想、语言等方面走向了全面拓展与深化。

一、帝制中国时期：著录与辨伪

这一时期，《商君书》研究的相关成果主要体现在著录和辨伪两个方面。

经过春秋战国时代的社会变局，社会结构发生了巨大变化，所谓"高岸为谷，深谷为陵"。建立在周代爵制体系之上的贵族等级制度基本瓦解，代之以流动性、开放性为特征的秦汉爵制体系，社会阶层变动无常。在政治"大一统"的前提下，思想控制成为历代统治者实现政权稳定的基本价值追求。秦始皇"焚书坑儒"的文化专制政策激起士人的强烈反弹，而汉武帝的"罢黜百家"却以柔性手段实现了思想专制的目标。儒学独尊以后，通经入仕、明经取士成为官吏选拔的主要途径，隋唐至明清时期的科举考试更把儒家经典作为考试的唯一内容。在这种条件下，精通儒家著作成为改变个人乃至家族地位的重要途径，学而优则仕，宋真宗赵恒的《励学篇》对此说得非常浅显易懂，"书中自有黄金屋，书中自有颜如玉"成为读书人的口头禅。儒家以外的诸子著述，特别是法家鼓吹的统治术可以成为帝王的案头书，却不能摆到前台。因此之故，帝制时代研究《商君书》的成果很少，不多的几部也以著录、校释为主。

《商君书》作为一部先秦子书，其成书经历了由单篇流传到结集定本的过程。现存战国文献中并没有明确提及《商君书》

结 语

这本书的书名,可《韩非子》《战国策》等倒是多处称引"商君之法""公孙鞅之法"。这些书中引述的商君之法基本与《商君书》或《史记·商君列传》有关内容相符,且主要对之持肯定态度,认为商君之法造就了富强的秦国。不过,《韩非子·定法》篇也提到商君之法的不足之处:一是重法不重术;二是商君之法并不完美,如让凭借勇力的"斩首者"去做需要智能的"治官者",没有做到能力与职位相称。由此可见,战国文献对商君之法的认识还是较为客观公允的。

西汉之初,人们将秦的短命归结为不施仁义、专任刑法的残暴统治,而秦政酷烈的始作俑者被认为是商鞅。武帝即位后,在思想领域又确立了儒学的主导地位。从反思秦的速亡到儒学定位一尊,商鞅其人其法遭到猛烈抨击,这也奠定了整个中国古代对待商鞅的基调。其间虽然也有韩愈、李贽等人试图为商鞅正名,但终究无法撼动人们对商鞅"耻言""羞称"的传统看法。商鞅的形象又直接决定了《商君书》的命运,人们羞称商鞅,也就必然轻视《商君书》。更为深层的原因,在于儒学独尊后,学习和研究儒家经典才是获取功名利禄的唯一途径。因此,儒学之外的学问被彻底边缘化了,《商君书》之类的把帝王之术赤裸裸地展现于光天化日之下的著述被无情打入"冷宫"也就在所难免了。

自汉以后,历代统治者治理国家的基本策略就是"霸王道杂之",外儒内法,借儒家的仁义道德掩饰强权政治的本质,所以,《商君书》等法家思想一方面被巧妙地嫁接到儒家思想体系之中,另一方面也极其隐秘地成为教导皇家子孙的重要内容。比如刘备在临终遗诏中要求后主刘禅读《汉书》《礼记》,闲暇时还应该泛览诸子和《六韬》《商君书》。统治者虽然很少公开宣扬这部书，但也从不将之归入禁书之列。因此，在浩如烟海的古代典籍中仍然保留了很多《商君书》的信息。西汉刘安主持编著的《淮南子·泰族训》提到的"商鞅之启塞"，一般被理解为《商君书》的《开塞》篇。司马迁写《史记·商君列传》时评论说"余尝读商君开塞耕战书"，即指《商君书》的《开塞》和《农战》。东汉王充在《论衡·书解》篇也提到商鞅之书"篇章数十"。这些都证明，《商君书》在西汉时期已经在社会上流传了。刘向、刘歆奉命主持国家藏书的整理时，国家藏书中就有《商君书》。因此，班固在刘氏父子所撰《别录》《七略》的基础上完成的《汉书·艺文志》就著录了"《商君》二十九篇"，自注作者商鞅。

自此，古代正史的《经籍志》或《艺文志》，以及民间藏书家的目录书都著录有《商君书》，由此可见这部法家著作在社会上的流传情况。值得一提的是，唐太宗命魏徵等人编订的《群书治要》辑录有《商君子》的《六法》《修权》和《定分》三篇，这三篇都是论述以法治国的内容，对治国理政具有重要指导和参考意义。宋代兴起疑古之风，出现了质疑《商君书》作者为商鞅的声音，开启了《商君书》研究的历史。宋代以前对《商君书》以著录为主，兼有简单的评论或定性，宋代以后出于辨伪的需要，开始就《商君书》的内容进行研究和评析。这既得益于宋代相对开明的思想文化政策，也得益于印刷术的发明。

总体而言，古代中国的《商君书》研究，主要成绩一是著录，二是辨伪。"著录"反映了《商君书》的流传情况，"辨伪"得出了《商君书》非商鞅亲撰,乃"法家者流掇鞅馀论,以成是编"的结论。

二、民国时代:文本辨释与思想开掘

鸦片战争以后,中国社会开始由帝制向现代社会转型。历经70余年的艰辛抗争与探索,中国最后一个帝制王朝终被推翻,成立了中华民国政府。民国时期政治上长期分裂,思想文化领域却空前活跃,民主自由观念日益深入人心,一大批国学功底深厚并受到西方科学理论及方法熏陶和训练的归国学者高扬着科学民主的大旗,掀开了现代学科建设和学术研究的新篇章。《商君书》研究也因此走向了真正意义上的科学研究之路,在文本辨释与思想开掘方面成就斐然,主要表现在以下方面。

一是涌现了众多专门的《商君书》注本,填补了《商君书》校释本的空白。自《商君书》成书以来直至明代,我们看不到给《商君书》作注疏的记载。明清时期,虽有归有光、俞樾、孙诒让、于鬯、陶鸿庆等大儒有选择性地评注了《商君书》的部分条目和篇章,但它依然没有一个专门的注本。清末民国时期,科举考试制度被废除,儒学丧失了作为官方意识形态的光环,经学独尊的地位被打破。章太炎的《商鞅》、麦孟华的《商君评传》、陈启天的《商鞅评传》等论著的发表,根本扭转了汉代以来商鞅"酷烈""刻深"的负面形象。特别是晚清和新文化运动期间兴起的保存国粹和整理国故运动,极大地促进了传统典籍的整理,推动了诸子学的发展。这使得《商君书》受到前所未有的关注与重视,产生了诸多专门为之作注释的研究成果。诸如王时润的《商君书斠诠》（后更名为《商君书集解》）、尹桐阳的《商君书新释》、朱师辙的《商君书解诂》（后增订为《商君书解诂定本》）、支伟成的《商君书之研究》（也作《标点注解商君书》）、简书的《商君书笺正》、陈启天的《商君书校释》、蒋礼鸿的《商君书锥指》等。这些注本各具特色，尤其是朱师辙的《商君书解诂定本》和蒋礼鸿的《商君书锥指》，更是校释精审、创见颇多，至今仍是《商君书》研读的重要参考注本。

　　二是《商君书》辨伪成果丰硕，提出了很多有价值的辨伪方法。虽然宋代就有论者对《商君书》的作者提出怀疑，清修《四库全书》时馆臣又根据《更法》篇中出现的"孝公"谥号推断《商君书》非商鞅亲撰。但古代中国对《商君书》的辨伪只是零星的，而且缺乏系统的论证。民国时期，整理国故运动催生了"古史辨派"，形成了一股强劲的疑古思潮。在疑古风潮的推动下，产生了大量系统的《商君书》辨伪著述。经过讨论，大致形成非伪说、伪书说和不以真伪简单论定说三种观点。

　　坚持非伪说的只是少数人，以吕思勉为代表，理由或许是"其中可考古制，及古代社会情形处颇多"吧。伪书说是当时的主流观点，由胡适在《中国哲学史大纲》首倡其说，此后金受申《〈古今伪书考〉考释》、支伟成《商君书之研究》、傅斯年《战国子家叙论》、黄云眉《〈古今伪书考〉补证》、朱元懋《商鞅与韩非》、罗根泽《商君书探源》、钱穆《先秦诸子系年》、容肇祖《商君书考证》、熊公哲《辨商君书》、徐文珊《读商君书》、郭沫若《十批判书》、齐思和《商鞅变法考》、蒋伯潜《诸子通考》等进一步申论，《商君书》乃为伪书的意见几成定论。《商君书》既非商鞅所撰，作伪者当为何人？以上诸家称"三晋人士"者有之，谓"秦国人或客卿为秦国谋者"有之，号称商鞅"门客后学掇拾而成"者有之。伪书说虽然存在以偏概全的弊端，却开一代之新风，打破了几千年来泥古信古的学风，这既是思想解放的产物，也进一步推动了思想解放运动。不以真伪简单论定，走的是一条中间路线，是在反思伪书说的基础上形成的一种对待古书的方法。其基本取向一是具体篇目具体分析，试图厘清《商君书》不同篇章的作者；二是强调《商君书》承载的商鞅思想和该书的史料价值。这种实事求是的态度在一定程度上是对疑古思潮的反动，但也符合学术研究不断深化的学理逻辑，其基本思路也为后学所继承和发扬。

三是开创了《商君书》思想研究的新时代。中国古代虽然也有对《商君书》的农战政策、任法思想、刑赏观念的零散、简单的评说，但真正意义上的《商君书》思想研究是从民国时期开始的。这既与西方学科及知识体系的传入直接相关，也与民主法制建设、科教兴国、实业兴国等时代诉求密不可分。人们急需从先秦元典中寻找中国固有的法律思想、农本思想、民主精神等以与西方思想对接，这都离不开对《商君书》思想内容的研究。总体上看，当时的研究大体分为综合研究和具体评析两个方面。综合研究是对《商君书》思想的基础、核心、体系进行归纳、阐释和总体评价，认为书中的基本精神是一种"变"的观念，或"动的历史观"，思想核心是具有纲领性意义的重要政策如农战、刑法等，或从具体内容中抽象、提炼出具有哲学意义的能统摄全书的基本概念,如"抟力杀力""壹""严"等。当然,这种方法就一般性原理而言是可行的,但对《商君书》这种出自众手、递有增饰、结集汇编而成的思想著作来说则未必可取。其实,学者们已经发现《商君书》的思想主张存在很多冲突之处,这表明该书并非在某种思想体系之下精心完成的。所以,一味探求所谓的思想体系,可能会徒增认识上的想象。我们无意否认《商君书》篇目之间存在思想上的关联性,我们反对的是用所谓的体系去"绑架""裹挟"《商君书》,忽视那些不属于先在性设定的思想体系之外的内容。

这一时期对《商君书》思想的总体评价有以下几点值得注意:一是突出其"尊君"和"愚民"的思想,这与古代讥其刻薄寡恩、斥其离经叛道的基调截然不同。这种不同是由不同时代的主流意识形态和价值观决定的,帝制时代尊儒崇经,价值判断的标准是儒家的伦理道德,近代以来西方民主共和制度深入人心,价值评判的标准是民主共和思想。二是强调其"军国民主义"的特质。"军国主义"在今人看来是个贬义词,但在清末民初,"军国民主义"一度发展为一种强势的社会思潮。将《商君书》的思想比附为"军国主义",并非指责其穷兵黩武,而是表现对组建强势政府、进而实现国家富强的渴望,流露的是爱国志士的民族主义情感。三是从方法论上提出了对其评价应把握的原则,其中如注意时代、秦国的国情等都是非常有价值的看法。

这一时期,学界对《商君书》的具体评析是从具体的主张如法治、农战、政治、经济、军事等方面着笔,解读《商君书》的思想。关于《商君书》的法治思想,主要探讨了书中有关法或法治的起源、法的特征与性质、立法标准、司法原则、法权归属等。民国时期《商君书》政治思想的研究比较驳杂，这主要基于论者对"政治"意涵的不同理解。在相关研究当中，突出的亮点是讨论了其对君主权力、国家起源的认识。关于君主权力，民国学人已经普遍认识到《商君书》推崇君权的内容乃其"疵谬"，但要求君主恃法而治，仍有值得肯定的地方。关于国家起源，民国学人将《商君书·开塞》篇中那段有关人类社会历史发展的阶段特征的文字作为国家起源的认识，眼光是独到的、敏锐的。其实，这段有关社会发展变迁的描写旨在说明"世事变而行道异"的道理，虽然其内容与国家起源的探讨有近似或叠合之处，但它毕竟不是在思考国家是如何产生的，将之简单地与国家起源问题画等号，恐失之武断。

民国时期对《商君书》的法治思想表现出极大的兴趣，这与当时西方近代法治理念在中国的传播和实践有直接关系。虽然有论者对"法权属君"以及轻罪重罚等主张提出了批判，但从总体上看，他们对《商君书》的法治思想是充分肯定的，甚至流露出赞赏之情。从当时的国情出发，民国初建，百废待兴，当时的知识精英已经普遍认识到中国的落后，不仅是器物不如人，而且制度和思想观念也远远落后于西方，所以模仿西方的制度文明，接受具有共性价值的民主和法治思想，建设现代化的政治制度、法律制度、经济制度等就成为当务之急。在这种条件下，出于朴素的民族主义情感和爱国主义情怀，在两千年前的中国典籍中发掘出哪怕近似的、零星的、稚嫩的"法治"思想，都是令人振奋的。但我们也应该看到，这种貌合神离的"法治"思想毕竟是不同时代的产物，《商君书》的"法治"建立在"尊君弱民"、专制集权的目的论的基础之上,与当时西方传入的"法治"概念虽同,含义却风马牛不相及。然而,当时很少有人深究这一区别。尽管当时持实质主义法治观的学者已经非常清醒地认识到,中国固有的"法治"与近代西方传入的法治根本不同,整个中国古代都不存在近代以来西方的法治,遑论《商君书》,但这种声音在民族主义浪潮之下显得极其微弱。

民国时期《商君书》经济思想的研究显得非常"时髦",使用了很多新的概念与术语,并参照、运用了西方有关的经济学理论与思想。不过,我们应该看到,此时对相关经济理论的理解与运用还显得非常稚嫩,甚至极个别者完全是生搬硬套。如作为《商君书》经济思想的农战政策,古往今来对它富国强兵的效果一般都持以肯定评价,但近代以来特别是晚清已降,国人目睹西方工商业的发达,开始批判《商君书》的重农抑商主张,认为这有悖"生计之学理"。但随着日本对中国的虎视眈眈,这一思想也被赋予抗日救亡的时代意义。

总体上来说,民国时期的《商君书》研究,就其内容的发掘而论是《商君书》研究的起步阶段。一是因为在整个帝制中国,作为法家子书的《商君书》被排斥在主流学术之外,备受冷落。二是从学术发展史的角度看,古代《商君书》的研究基本停留在著录、语词训释和辨伪的层面,清末民国时期的《商君书》研究不仅在文本的校释和辨伪方面取得了很多开创性成果,而且开拓了《商君书》思想体系和内容研究的新领域,这不仅体现在近代以来西方学术思想和概念体系的运用上,而且在《商君书》的思想体系和分类评析上填补了研究的空白,为后来的研究奠定了文本研究和思想考评的基础。

三、新中国成立后 30 年：一度沉寂，一度热捧

这一时期，《商君书》的研究经历了由沉寂到热捧的起落。

新中国成立后，对知识分子以学习、教育、批斗等方式进行的改造运动，迅速确立了马克思主义在学术研究中的指导地位。唯物史观、阶级分析方法成为《商君书》研究必须遵循的方法论，相关术语与原理的应用也是这一时期《商君书》研究论著表现出来的鲜明特色。但随着"左"倾错误的扩大化，《商君书》的研究势头中断，陷于沉寂。

"文化大革命"爆发后，在"批林批孔"特别是"评法批儒"运动之下，作为法家代表作的《商君书》获得前所未有的关爱，短短三年的时间，"喷涌"出大量的《商君书》及其选篇的注译读本。虽然这些研究成果仍然是在马克思列宁主义、毛泽东思想的理论指导下完成的，但这种"指导"已经超出了学术的范畴，极少有学术价值可言。作为《商君书》研究的学术遗产，可能唯有高亨的《商君书注译》学术价值较高，此外，出于迎合现实政治需要，学界开辟了《商君书》军事思想、教育思想研究的新领域。

高亨先后于 1959 年、1963 年发表了《商鞅与〈商君书〉的批判》和《商君书新笺》两篇文章。前者认为，《商君书》的内容都符合商鞅的思想实质，它是"商鞅遗著和商鞅一派学者遗著的合编"。后者对《商君书》做了考释，"共得一百零三条"，或释前人未释者，或对前人注解作申发、补充、辨正。1974 年，高亨的《商君书注译》出版。这部译注虽出版于"文革"时期，前言及注文的字里行间难免出现那个时期的语录式

引文和阶级斗争色彩，但仍然得到学术界的普遍肯定和赞誉，被视为"一部严肃而多有创见的学术著作"。中苏关系破裂后，中国在国际上被日益孤立，承受着强大的军事压力，"反修防修""备战备荒"一时成为时代的主旋律。正是在这种严峻的形势下，《商君书》所蕴含的军事思想受到政治家的青睐，以致《商君书》关于战争起源的议论和"以战去战"的思想一度得到广泛宣传。在教育思想方面，《商君书》所阐发的"更礼以教"、禁绝诗书礼乐等教育思想成为政治上的有力武器，并由此开辟了一条《商君书》研究的路径。

四、改革开放以来：回归学术，全面深化

这一时期，《商君书》的研究走向了全面深化与普及的快车道。

首先，文本研究辨章成篇，走出辨伪时代。改革开放以来，对《商君书》的文本研究，在学术理路上接续的是民国时代"不以真伪简单论定"的路径，不再纠缠《商君书》的真伪问题，而是将主要精力投放到该书的成书、流传和文字的校释等方面。从主流意见来看，对《商君书》的成书应具体篇章具体分析的认识已形成共识，郑良树、曾振宇、张林祥、仝卫敏等在这方面都做了很多深入细致的探索。具体篇章具体分析的思路促使人们在继承和发扬前人辨伪方法的同时，还催生了更多辨别《商君书》作者与写作时代的判定依据。其中，郑良树的《商鞅及其学派》就是一部代表性作品。郑氏提倡摆脱以往的"平面式"研究，建立一个"立体式"的商学派，"将这二十几篇思想相串连、内容相因袭的《商君书》，当作商鞅及其学派的集体作品"。这不仅"比起将某些篇章当作'真著'、某些篇章当作'伪作'更富意义和更有合理性",而且"最富意义的是思想、主张的矛盾的解决"。郑良树走出辨伪时代,提出的"立体式"方法论具有开创意义。其后,张林祥在《〈商君书〉的成书与思想研究》一书中评析了以往研究中存在的"以偏概全"和"矫枉过正"两种倾向,在郑良树提出的以不同风格和不同思想为辨别标准的基础上,进一步补充了文体风格和古史传说的辨别方法。

其次,思想解读考镜源流,拓宽研究领域。中国轴心时代的诸子百家学说从源头上说,都出自西周的王官之学。西周实行贵族教育,学在官府,王官之学是当时知识的总汇。王官制度瓦解后,王官收藏的典籍流落民间,因而有"礼失求诸野"的说法,"士文化"也因此兴起。孔子对这些古籍进行了系统整理,称为"六经",即《诗》《书》《礼》《乐》《易》《春秋》。诸子之学就是在"六经"的基础上发展出来的。故《庄子·天下》篇曰:

> 《诗》以道志,《书》以道事,《礼》以道行,《乐》以道和,《易》以道阴阳,《春秋》以道名分。其数散于天下而设于中国者,百家之学时或称而道之。天下大乱,贤圣不明,道德不一,天下多得一察焉以自好。譬如耳目鼻口,皆有所明,不能相通。犹百家众技也,皆有所长,时有所用。虽然,不该不徧,一曲之士也。①

---

① [清]郭庆藩撰,王孝鱼点校:《庄子集释》卷十下《天下》,北京:中华书局1961年版,第1067—1069页。

对于诸子学与王官之学的关系，班固在《汉书·艺文志》分别做了交代，依序文顺序摘录如下：

> 儒家者流，盖出于司徒之官，助人君顺阴阳明教化者也。
> 道家者流，盖出于史官，历记成败存亡祸福古今之道，然后知秉要执本，清虚以自守，卑弱以自持，此君人南面之术也。
> 阴阳家者流，盖出于羲和之官，敬顺昊天，历象日月星辰，敬授民时，此其所长也。
> 法家者流，盖出于理官，信赏必罚，以辅礼制。
> 名家者流，盖出于礼官。
> 墨家者流，盖出于清庙之守。
> 从横家者流，盖出于行人之官。
> 杂家者流，盖出于议官。兼儒、墨，合名、法……
> 农家者流，盖出于农稷之官。
> 小说家者流，盖出于稗官。

他最后总结说："诸子十家，其可观者九家而已。皆起于王道既微，诸侯力政，时君世主，好恶殊方，是以九家之术蜂出并作，各引一端，崇其所善，以此驰说，取合诸侯。其言虽殊，辟犹水火，相灭亦相生也。"①

---

① ［汉］班固撰，［唐］颜师古注：《汉书》卷三十《艺文志》，北京：中华书局1962年版，第1728—1746页。

结　语

　　班固对诸家的归类及其与王官对应关系的说法未必正确，但从学术渊源上将诸子之学与王官联系起来思考应当是有道理的。从近源来讲，庄子所说"百家之学时或称而道之"，即出于"六经"的说法在学理上也是成立的。至于诸子分途，就是在"六经"的知识背景下，"多得一察焉以自好"或"各引一端"。而诸子之间的取长补短，就如同《吕氏春秋》所言："天下无粹白之狐，而有粹白之裘，取之众白也。"①

　　具体到《商君书》的思想渊源，因为书中各篇并非成于一时一人之手，改革开放新时期的研究主要侧重于法家内部及其与其他学派的关系，比如受到前期法家李悝、吴起的影响，也吸收了兵家、杂家的思想等，严格说来，新意不多。而对《商君书》思想流变的研究则取得了新的进展，比如郑良树的《商鞅及其学派》提出了商鞅思想的建立及商学派四期发展的五阶段说，是对《商君书》思想流变研究的一部力作。此外，张林祥还进一步指出了商学派在对待儒家、对待"势"与"术"、对待商业的态度变化等。当然，这些研究由于缺少足够坚实的证明材料作支撑，结论还一时无法坐实，但毕竟把问题研究引向了深入，在思路上启发了后学的进一步思考。

　　受比较史学方法的影响，也出于博士毕业论文选题的需要，改革开放以来在《商君书》思想研究过程中产生了一大批将其与周秦其他思想流派进行比较研究的成果，比如与《韩非子》

---

① （战国）吕不韦著，陈奇猷校释：《吕氏春秋新校释》卷四《孟夏纪·用众》，上海：上海古籍出版社2002年版，第236页。

《管子》《孟子》《吕氏春秋》的比较。这类比较依托的是学界对各自思想的已有研究成果，找出比较对象的思想交叉点，概括出双方思想某个侧面的特点，比较研究本身是有价值的，但思想深度略显欠缺。至于把《商君书》与《孟子》进行比较，简单化的意味更浓，不过以儒、法之争的要点相比附而已。这一时期视野更显开阔的比较研究，应是对商鞅变法与雅典梭伦改革的比较，尽管其比较还主要停留在经济改革、法治思想、耕战思想的异同层面，若能着墨于两者对中西发展道路的不同所产生的影响，或许会更有意义。

对《商君书》思想本质和具体内容的研究，取得的成绩主要表现在认识深度的提升和研究领域的拓展两个方面。一般来说，中国进入国家形态后，经过战国变法运动的洗礼，开始从宗法封建社会向帝制社会转型。商鞅变法形成的法家思想及商学派的思想在本质上是国家极权主义思想和君主专制主义思想，学界讨论中提出的"国家本位论"和"君主独裁论"从总体上来说都是切中要害的。如果一定要对这两种提法略加区分，"国家本位论"更贴近商鞅所在的时代，"君主独裁论"则体现了商学派在周秦之际鼓噪皇权专制的声音。秦始皇统一天下后建立的一整套专制主义中央集权制度是历史形成的，绝非凭空产生的，在其形成过程中，《商君书》无疑发挥了理论指导作用。这一制度的核心是政治，对此，刘泽华提出"王权主义"进行深刻的解剖，李振宏进而指出："权力的属性是专制，专制主义的幽灵弥漫于几千年文明史的一切领域。从官场到社会，从政治到经济，从制度到文化，从思想到精神，直至人们最隐秘的心灵领域，无一不被专制权力所控制。"① 总之，不论是"国家本位论"还是"君主独裁论"，对这个问题的进一步追问，就是所谓"治道"和君民关系问题。学界普遍认为《商君书》的"治道"大体可概括为尊君弱民、重法崇公、尚力尚壹，其体现的君民关系，主流意见认为是尊君抑民、弱民、愚民，这既符合《商君书》思想的主旋律，也符合君主专制制度的本质属性。

在《商君书》思想的专题研究中，多数讨论是承接民国时期的话题而来的，只不过研究者在相同的论题下不断注入新的理念和内容。在思想解放的天空下，学术研究随着各种理论思潮的潮起潮落，不断转换理论构架和概念体系，因此，《商君书》思想内容的讨论也深深印上了各种思潮的印记。比如学界普遍肯定《商君书》的历史观是进步史观或进化论，这是运用马克思主义唯物史观认识问题必然得出的结论。而对其局限性的分析则认为，这种英雄史观未能准确揭示历史发展的真正动力，不符合人民群众才是历史的创造者这一唯物主义基本原理，这是围绕历史创造者大讨论的产物。

《商君书》思想的核心论题是法治和农战，这也是改革开放新时期讨论的热门话题，发表的成果用汗牛充栋来形容也不为过。就法治研究而论，举凡与现代法学体系与概念体系有关的内容，如法哲学、法的产生、法的内涵与外延、法的特征、法的作用、预防犯罪、法治教育与普及等都被纳入研究视野，讨论的范围相比于民国时期大为扩展。就认识深度来说，论法的

---

① 李振宏：《跳出社会形态思维，从国家政体角度看秦至清社会性质》，李振宏主编：《朱绍侯九十华诞纪念文集》，郑州：河南大学出版社2015年版，第20页。

起源，将之理解为"是社会发展到一定阶段、适应保护私有财产的需要而产生的"，要比民国所谓"人群进化之势"的解说无疑更为准确和深刻。论法的内涵，将之区分为国家的各种规章制度和需要遵守的法律禁令两个层次，也比此前的泛泛而论显得更为深入和透彻。论法的作用，将之归结为"定分止争"、"备民""制民""胜民"、加强君权和富国强兵。至于其余的论题，或比附西语的概念，或为注疏之法，于《商君书》法治思想本身的研究不能说画蛇添足，但也增色不大。《商君书》法治理论中的"赏刑"原则是这一时期研究的焦点问题，其中的"壹刑"即"刑无等级"，自民国以来就给予了充分肯定，这一时期推进的地方表现在回归理性，即看到了君主专制时代的"壹刑"只能停留在提倡的水平，在现实中不可能真正落实。此外，学界讨论较多的还有重刑主张和刑赏关系，而且分歧较大。"以刑去刑"是否具有历史"正当性"，其实不能仅就"重刑"本身来评价，而应当从"重刑"的依据和立法的主体去分析，要遵守历史主义原则，而不是形式主义方法。谈到"法治"，实际上涉及立法、司法和行政的关系。民国时期对《商君书》的立法思想已经揭露得淋漓尽致，所谓"商君之立法权，专属诸君主，而不许人民参与"、君主享有"立法权和废法权"。改革开放新时期的研究本应延续这一话题，进一步讨论立法权与行政权的关系，或许感觉题意已尽，除了"法权在君"的概括，转而把笔墨泼洒于其他方面，这或许是令人遗憾的。

关于《商君书》的农战思想，驱民于农有其历史根据，驱民于战有其现实需要，所以古今评价分歧不大，争议的是"重农抑末"或"重农抑商"。改革开放新时期对这一论题的推进研究，是认识到《商君书》的"抑末"，"实际上是抑制民间工商业而发展官营工商业"。至于说"抑末"摧残了资本主义萌芽、阻碍了中国社会向资本主义转化，是中国封建社会长期停滞不前的一个重要原因之类，如果仅仅从一种历史传统的角度认识问题，把它放在五种社会形态理论之中去评断，或许可以把中国社会长期落后于西方的原因推导到《商君书》的"抑末"主张上，但如果资本主义萌芽本身就是出于民族主义情绪想象出来的产物，或者是政治家的一种理论推演，那么这个结论可能就显得过于幼稚了。

我们说改革开放新时期的《商君书》思想研究拓宽了研究领域，主要是指这一时期开辟了财政思想、管理思想、人口思想以及生态、文学、音乐、档案等专题的研究。其实，重农思想本来就属于经济思想范畴，只是由于农战主张在书中具有纲领性地位，所以才单列出来进行考察。财政思想是随着高等院校学科的细化而衍生出来的，运用这些新兴学科的原理透视《商君书》的财政经济思想，将之定位为"国民经济军事化思想""国家控制论""君本位下的经济攫取"等，这比"抟""壹""利出一孔"等提法更符合现代语境，也多了一些哲学的味道。《商君书》的人口思想主要体现在户籍管理、"徕民"主张、人地关系方面，其中的户籍管理设想对秦国乃至后代都产生了深远的影响，中国也因此成为历史上户籍制度最为严密的国度。可若一定要在其中挖掘出诸如增殖人口、调整人口结构之类，恐怕就给人以赶时髦的感觉了。

综上，两千年来，特别是19世纪末20世纪初以来的百余年间，《商君书》研究积累了非常丰硕的成果，在各个领域都取得了重大成就。在校释方面，严谨的《商君书》学术性注本多达十数种，其中较具代表性的有朱师辙《商君书解诂定本》、蒋礼鸿《商君书锥指》、高亨《商君书注译》、张觉《商君书校疏》、周立升等《商子汇校汇注》等。关于《商君书》成书问题的认识，由辨定真伪逐步转向成书年代考察，具体篇章具体分析已成学界共识。虽然对各篇写作时间的分析聚讼纷纭，但基本都集中在秦孝公时期到秦统一前后，作者群基本圈定在商鞅及其弟子、门客、私徒属、后学等构成的所谓"商学派"。《商君书》思想研究基本涵盖了一般思想史研究所关涉的诸多层面，对该书思想背景的分析都能抓住战国的时代特征以及身处其中的秦国所面临的内外形势。对于《商君书》思想文化渊源的寻索，大致包括吸收诸子百家（法家、儒家、道家、兵家、墨家、名家、杂家等）的思想，借鉴李悝、吴起的变法经验，以及来自卫国的政治传统与文化风俗。对于《商君书》理论基础的归纳大多集中在书中的历史观与人性论两点上，言其历史观的性质存在进化史观与否的分歧，论其人性论更是众说纷纭，如趋利避害说、人性自利说、性恶说、非善非恶说、历时说等。

对《商君书》思想内容的专题解读，除了作为理论基础的历史观与人性论，学界探讨较多的有法治思想、政治思想、吏治思想、军事思想、农战思想、礼法关系、经济思想、军民关系论、人口思想、管理思想等。为了更好地认识《商君书》的思想，还有论者将其与《韩非子》《孟子》《管子》《吕氏春秋》，以及西方改革家梭伦等人的思想学说进行比较。鉴于《商君书》与商鞅以及秦国之密切关系，人们还探讨了《商君书》对秦国乃至古代中国的影响，不仅在宏观层面充分肯定了《商君书》对秦国政治发展与制度建设的参考甚至指导意义，还结合出土材料具体考察了《商君书》与秦国户籍、爵赏、法律、告奸、连坐、官僚、上计等制度之间的关联。还有论者提出，《商君书》塑造了秦国的专制主义、功利文化和尚武精神。也正是基于《商君书》的思想主张对秦国产生的影响，人们又将之与秦国的崛起以及速亡联系起来，探讨其间的因果关系。主流观点认为，商鞅（法家）的治国思想不仅造就了秦国的富强，奠定了秦一统天下的基础，也是导致秦速亡的重要因素。但也有学者认为，将秦的速亡归罪于法家思想是缺乏合理依据的，有失公允。

总之，《商君书》的校释已进入集成、总结的阶段，经过前辈学人的校勘与注释，书中大部分内容基本得到了较为完满的解释。因此，在没有早期版本重见天日的情况下，很难获得超越前人的校释之作。今后，《商君书》校释的主要工作应该在现有条件下，借助出土之战国简牍古书与简牍文书，对书中的疑难字句与名物制度进行细致考证，在一些关节点上实现突破，进而势如破竹，贯通商鞅及其后学的思想主张。

当前，对《商君书》成书时代的研究已经进入瓶颈期，虽然具体篇章具体分析的总体原则已成共识，但书中大多数篇章的撰写时间依然难以定论，其作者更是无从考据。该问题的突破，一方面固然可以寄希望于新材料的发现，另一方面还得从方法入手。学界考辨《商君书》成书年代的依据与方法归纳起来大体包括：第一，书中出现商鞅不及知见的称谓、史事、制度；第二，书中思想内容的歧异、矛盾；第三，同时期文献中没有留下商鞅著书的记载；第四，书中作者自称"公孙鞅"；第五，书中内容反映的时代背景和特征；第六，书中内容与其他相关文献雷同；第七，书中学说与法家其他诸子主张近似；第八，书中内容是否与《史记·商君列传》相合；第九，语言文风。其中，第一条最为坚实可信，但只适用于少数篇章，大部分篇章行文中根本没有明显时间特征的称谓、史事、制度，其他诸条或片面、或偏颇、或武断，并不能作为充分、有效的判断依据。因之，我们需要在进一步深入评估已有方法的适用度与有效性的同时，另辟蹊径，积极开拓新的辨别方法。

《商君书》思想研究渐趋泛滥，部分问题的解读存在过当之嫌。在对商鞅思想文化渊源的寻索中，人们极尽所能，几乎寻遍与《商君书》思想有关联的其他著述、诸侯国文化传统、人物言行，以致有些思想文化渊源与《商君书》或商鞅的关联是非常间接甚至牵强的。对《商君书》思想内容的解读更是泛滥无归，我们仅从文章标题或论著章节名称来看，其思想专题就包括法治、重刑、预防犯罪、普法、治安、变法、改革、德法、耕战、富国强兵、政治、治道、行政、治国、君道、吏治、治民、愚民、利民、民本、社会理想、礼学、经济、重农抑商、理财、财政、消费、军事、历史观、人性论、人口、移民、管理、社会控制、一元化、档案、生态、文学、音乐、传播、尚力、心理学、辩证法、无宿治、事功、平等、自治、和谐等。由此可见，但凡与《商君书》内容有所关联的学科和专业都想从书中寻觅写作的灵感，并试图用现代流行的概念和范畴对其进行重新解读，其实，很多论著并没有多少新意。不仅如此，一些论者出于史鉴的考虑，还不厌其烦地论说《商君书》的现实意义。实际上对现实社会而言，《商君书》的正面借鉴价值是非常有限的，更多的是反面教训与警醒作用。今后对于《商君书》的思想研究，应该牢牢抓住其君主专制的本质，注重核心和主体思想的深度剖析。

六经皆史，子书的论说离不开那个时代的思想、制度、民生、风俗等知识背景，今后，深入挖掘《商君书》的史料价值应当成为《商君书》研究的一个重点方向。虽然我们还无法确知《商君书》各篇的作者和撰写时代，但其基本创作于秦孝公至秦始皇之间，而且作者与秦国关系密切，将之作为战国中晚期秦国的资料是大体无误的。虽然自20世纪70年代以来，陆续出土的秦简推动了《商君书》与秦史的研究，但依然存在较大的空间，还需进一步系统、全面地发掘《商君书》中有关秦政、秦制的资料，如《商君书》与商鞅变法、《商君书》中的职官、《商君书》对秦的统治理念的影响等。

回顾、总结历史，是为更好地理解当代和预测未来。学术研究的推进总是建立在前人已有成果的基础上，梳理学术史是一切学术研究的起点，古人所谓"辨章学术，考镜源流"的意义正在于此。总结学术活动的历史，不仅可以吸取过往学术研究的经验和教训，还能助益于将来学术事业的发展。我们撰写这部《〈商君书〉学术史》，就是希望总结前人研究《商君书》之得失，为今后《商君书》的进一步研究奠定基础。如拙作能对未来《商君书》研究有所助益，既为学林之幸，亦是作者之幸。

参考文献

一、古代典籍

1. 黎翔凤撰,梁运华整理:《管子校注》,北京:中华书局 2004 年版。

2. 朱谦之:《老子校释》,北京:中华书局 1984 年版。

3. 程树德撰,程俊英、蒋见元点校:《论语集释》,北京:中华书局 1990 年版。

4. 吴则虞:《晏子春秋集释》,北京:中华书局 1962 年版。

5. [清]孙诒让撰,孙启治点校:《墨子间诂》,北京:中华书局 2001 年版。

6. 《商子》,《景印文渊阁四库全书》第 729 册,台北:台湾商务印书馆 1986 年版。

7. [清]严可均校:《商君书》,上海:世界书局 1935 年版。

8. [清]严万里校:《商君书》,《二十二子》,缩印浙江书局汇刻本,上海:上海古籍出版社 1986 年版。

9. [清]郭庆藩撰,王孝鱼点校:《庄子集释》,北京:中华书局 1961 年版。

10. [清]焦循撰,沈文倬点校:《孟子正义》,北京:中华书局

1987年版。

11. [清]王先谦撰，沈啸寰、王星贤点校：《荀子集解》，北京：中华书局1988年版。

12. [清]王先慎撰，钟哲点校：《韩非子集解》，北京：中华书局1998年版。

13. (战国)吕不韦著，陈奇猷校释：《吕氏春秋新校释》，上海：上海古籍出版社2002年版。

14. 王利器：《新语校注》，北京：中华书局1986年版。

15. [汉]贾谊撰，阎振益、钟夏校注：《新书校注》，北京：中华书局2000年版。

16. [汉]韩婴撰，许维遹校释：《韩诗外传集释》，北京：中华书局1980年版。

17. 何宁：《淮南子集释》，北京：中华书局1998年版。

18. [汉]司马迁撰，[南朝宋]裴骃等注：《史记》，点校本二十四史修订本，北京：中华书局2014年版。

19. 王利器校注：《盐铁论校注》，北京：中华书局1992年版。

20. [汉]刘向：《战国策·书录》，收入何建章注释：《战国策注释》，北京：中华书局1990年版。

21. [汉]杨雄：《剧秦美新》，收入[南朝梁]萧统编，[唐]李善注：《文选》卷四十八《符命》，上海：上海古籍出版社1986年版。

22. 黄晖：《论衡校释（附刘盼遂集解）》，北京：中华书局1990年版。

23. [汉]班固撰，[唐]颜师古注：《汉书》，北京：中华书局1962年版。

24. [汉]崔德正：《大理箴》，见[唐]徐坚等：《初学记》卷十二《大理卿》，北京：中华书局1962年版。

25. ［汉］王符著，［清］汪继培笺、彭铎校正：《潜夫论笺校正》，北京：中华书局1985年版。

26. ［三国魏］杜恕：《体论》，见［唐］魏徵等合编：《群书治要》卷四十八《体论》，台北：世界书局2011年版。

27. ［三国魏］桓范：《政要论》，见［唐］魏徵等合编：《群书治要》卷四十七《政要论》，台北：世界书局2011年版。

28. ［晋］傅玄：《傅子》，见［唐］魏徵等合编：《群书治要》卷四十九《傅子》，台北：世界书局2011年版。

29. ［晋］陈寿撰，［南朝宋］裴松之注：《三国志》，北京：中华书局1959年版。

30. ［晋］释道恒：《释驳论》，见［南朝梁］僧祐撰，李小荣校笺：《弘明集校笺》卷六《释驳论》，上海：上海古籍出版社2013年版。

31. ［晋］司马彪：《续汉书》，周天游辑注：《八家后汉书辑注》，上海：上海古籍出版社1986年版。

32. ［南朝宋］范晔撰，［唐］李贤等注：《后汉书》，北京：中华书局1965年版。

33. ［南朝梁］刘勰著，詹锳义证：《文心雕龙义证》，上海：上海古籍出版社1989年版。

34. ［南朝梁］刘勰：《灭惑论》，见［南朝梁］僧祐撰，李小荣校笺:《弘明集校笺》，上海：上海古籍出版社2013年版。

35. ［唐］房玄龄等：《晋书》，北京：中华书局1974年版。

36. ［唐］王方庆辑：《魏郑公谏录》，上海：商务印书馆1939年版。

37. ［唐］赵蕤：《长短经》，周斌：《〈长短经〉校证与研究》，成都：巴蜀书社2003年版。

38. ［唐］徐坚等：《初学记》，北京：中华书局1962年版。

39. ［唐］司马贞：《史记索隐》，［汉］司马迁撰，［南朝宋］裴骃等注：《史记》，点校本二十四史修订本，北京：中华书局2014年版。

40. ［唐］韩愈：《进士策问》，屈守元、常思春主编：《韩愈全集校注》，成都：四川大学出版社1996年版。

41. 王天海、王韧:《意林校释》，北京：中华书局2014年版。

42. ［后晋］刘昫等:《旧唐书》，北京：中华书局1975年版。

43. ［宋］龙衮撰，张剑光校点：《江南野史》，收入朱易安、傅璇琮等主编：《全宋笔记》（第一编 三），郑州：大象出版社2003年版。

44. ［宋］欧阳修著，李逸安点校：《欧阳修全集》，北京：中华书局2001年版。

45. ［宋］苏轼著，孔凡礼点校：《苏轼文集》，北京：中华书局1986年版。

46. ［宋］苏轼撰，孔凡礼整理：《东坡志林》，收入朱易安、傅璇琮等主编：《全宋笔记》（第一编 九），郑州：大象出版社2003年版。

47. ［宋］苏辙著，曾枣庄、马德富校点：《栾城集·栾城应诏集》，上海：上海古籍出版社1987年版。

48. ［宋］晁公武撰，孙猛校证：《郡斋读书志校证》，上海：上海古籍出版社1990年版。

49. ［宋］李焘撰，上海师范大学古籍整理研究所、华东师范大学古籍研究所点校：《续资治通鉴长编》，北京：中华书局1995年版。

50. ［宋］洪迈撰，孔凡礼整理：《容斋续笔》，收入上海师范大学古籍整理研究所编:《全宋笔记》(第五编 五),郑州:大象出版社 2012 年版。

51. [宋]方崧卿:《韩集举正》,《景印文渊阁四库全书》第 1073 册,台北:台湾商务印书馆 1986 年版。

52. [宋]魏仲举编:《五百家注昌黎文集》,《景印文渊阁四库全书》第 1074 册,台北:台湾商务印书馆 1986 年版。

53. [宋]真德秀著,朱人求点校:《大学衍义》,上海:华东师范大学出版社 2010 年版。

54. [宋]陈振孙:《直斋书录解题》,《景印文渊阁四库全书》第 674 册,台北:台湾商务印书馆 1986 年版。

55. [宋]陈振孙撰,徐小蛮、顾美华点校:《直斋书录解题》,上海:上海古籍出版社 1987 年版。

56. [宋]吴泳:《鹤林集》,《景印文渊阁四库全书》第 1176 册,台北:台湾商务印书馆 1986 年版。

57. [宋]黄震:《黄氏日抄》,《景印文渊阁四库全书》第 708 册,台北:台湾商务印书馆 1986 年版。

58. [宋]王应麟撰,武秀成、赵庶洋校证:《玉海艺文校证》,南京:凤凰出版社 2013 年版。

59. [宋]马端临著,上海师范大学古籍研究所、华东师范大学古籍研究所点校:《文献通考》,北京:中华书局 2011 年版。

60. [元]李治撰,刘德权点校:《敬斋古今黈》,北京:中华书局 1995 年版。

61. [元]脱脱等:《宋史》,北京:中华书局 1977 年版。

62. [明]宋濂著,顾颉刚标点:《诸子辨》,北京:朴社 1926 年版。

63. 《明实录·明太祖实录》,台北:"中央研究院"历史语言研究所 1962 年校印本。

64.《明实录·明宣宗实录》,台北:"中央研究院"历史语言研究所 1962 年校印本。

65.《明实录·明英宗实录》,台北:"中央研究院"历史语言研究所 1962 年校印本。

66.［明］归有光辑:《诸子汇函》,四库全书存目丛书编纂委员会编:《四库全书存目丛书》(子部 126 册),济南:齐鲁书社 1995 年版。

67.［明］李贽:《藏书》,张建业主编,漆绪邦、张凡注:《李贽全集注·藏书注》,北京:社会科学文献出版社 2010 年版。

68.［明］李贽:《藏书世纪列传总目后论》,收入李贽撰,陈蔚松、顾志华译注:《李贽文选译》,成都:巴蜀书社 1994 年版。

69.［明］葛天民、吴沛泉汇编:《明镜公案》,上海:上海古籍出版社 1994 年版。

70.［明］杨尔增:《两晋秘史》,北京:大众文艺出版社 2000 年版。

71.［明］冯梦龙改编,［清］蔡元放修订,陈先行、李梦生校点:《东周列国志》,上海:上海古籍出版社 2012 年版。

72.［明］张岱撰,刘耀林校注:《夜航船》,杭州:浙江古籍出版社 1987 年版。

73.［明］余邵鱼:《周朝秘史》,北京:大众文艺出版社 2000 年版。

74.［明］清溪道人著,兑玉校点:《禅真逸史》,济南:齐鲁书社 1986 年版。

75.［明］程登吉著,［清］邹圣脉增补,胡遐之点校:《幼学琼林》,长沙:岳麓书社 2002 年版。

301

76. ［清］丁耀亢撰，李增坡主编，张清吉校点：《丁耀亢全集（下）》，郑州：中州古籍出版社1999年版。

77. ［清］黄宗羲：《户部贵州清吏司主事兼经筵日讲官次公董公墓志铭》，收入［清］黄宗羲著，陈乃乾编：《黄梨洲文集》，北京：中华书局1959年版。

78. ［清］顾炎武著，黄汝成集释，栾保群、吕宗力校点：《日知录集释》，上海：上海古籍出版社2006年版。

79. ［清］王夫之：《读通鉴论》，北京：中华书局1975年版。

80. ［清］王夫之：《读四书大全说》，北京：中华书局1975年版。

81. ［清］纪昀著，吴敢、韦如之校点：《阅微草堂笔记》，杭州：浙江古籍出版社1998年版。

82. ［清］严可均：《铁桥漫稿》，丛书集成续编第158册，台北：新文丰出版公司1988年版。

83. ［清］严可均校辑：《全上古三代秦汉三国六朝文》，北京：中华书局1958年版。

84. ［清］管同：《对用刑说》，收入［清］葛士濬辑：《皇朝经世文续编》，天章书局石印本，1902年。

85. ［清］鲁一同：《与高伯平论学案小识》，收入［清］葛士濬辑：《皇朝经世文续编》，天章书局石印本，1902年。

86. ［清］孙兆熊：《中西律例繁简考》，收入［清］陈忠倚辑：《皇朝经世文三编》，上海书局石印本，1902年。

87. ［清］李经邦：《中外各国刑律轻重宽严异同得失考》，收入［清］陈忠倚辑:《皇朝经世文三编》，上海书局石印本，1902年。

88. ［清］陈惕庵：《盐城陈惕庵孝廉呈都察院请代奏书》，收入［清］甘韩辑，［清］杨凤藻校正：《皇朝经世文新编续集》，台北：文海出版社1972年版。

89. [清]李元度：《皋陶论》，收入[清]葛士濬辑：《皇朝经世文续编》，天章书局石印本，1902年。

90. [清]俞樾：《诸子平议》，北京：中华书局1954年版。

91. [清]谭献著，范旭仑、牟晓朋整理：《复堂日记》，石家庄：河北教育出版社2001年版。

92. [清]孙诒让著，梁运华点校：《札迻》，北京：中华书局1989年版。

93. [清]陶鸿庆：《读诸子札记》，北京：中华书局1959年版。

94. [清]于鬯著，张华民点校：《香草续校书》，北京：中华书局1963年版。

二、今人论著

（一）著作

1. 梁启超：《管子》，梁启超等编著：《中国六大政治家》，初版于1909年，北京：中华书局2014年版。

2. 麦孟华：《商君》，梁启超等编著：《中国六大政治家》，初版于1909年，北京：中华书局2014年版。

3. 王时润：《商君书斠诠》，长沙：宏文图书社1915年版，收入华东师范大学《子藏》编纂中心编、方勇总编纂：《子藏·法家部·商君书卷》第七册，北京：国家图书馆出版社2015年版。

4. 尹桐阳：《商君书新释》，初版于1918年，1923年刊《起圣斋丛书·政法四书》本，收入华东师范大学《子藏》编纂中心编、方勇总编纂：《子藏·法家部·商君书卷》第八册，北京：国家图书馆出版社2015年版。

5. 胡适：《中国哲学史大纲》，初版于1919年，北京：商务印书馆2011年版。

6. 朱师辙：《商君书解诂定本》，《商君书解诂》初版于1921

年,《商君书解诂定本》初版于1948年,北京:古籍出版社1956年版。

7. 金受申:《〈古今伪书考〉考释》,北京:中华印刷局1924年版。

8. 熊梦:《老子商君经济思想》,北京:志学社1925年版。

9. 吕思勉:《经子解题》,初版于1926年,上海:华东师范大学出版社1995年版。

10. 顾颉刚编著:《古史辨》第一册,初版于1926年,上海:上海古籍出版社1982年版。

11. 梁启超演讲,周传儒、姚名达、吴其昌笔记:《古书真伪及其年代》,1927年梁氏在燕京大学授课讲义,北京:中华书局1955年版。

12. 支伟成:《商君书之研究》,上海:泰东图书局1927年版。

13. 傅斯年:《战国子家叙论》,1928年傅氏任教中山大学期间的讲稿,收入欧阳哲生主编:《傅斯年全集》第2卷,长沙:湖南教育出版社2003年版。

14. 顾实:《重考古今伪书考》,上海:大东书局1928年版。

15. 刘汝霖:《周秦诸子考》,北平:文化学社1929年版。

16. 简书:《商君书笺正》,上海:民智书局1931年版。

17. 刘咸炘:《子疏定本》,写定于1931年,刘咸炘著,黄曙辉编校:《刘咸炘学术论集·子学编》,桂林:广西师范大学出版社2007年版。

18. 黄云眉:《古今伪书考补证》,金陵大学中国文化研究所1932年版。

19. 陈启天:《商君书校释》,上海:商务印书馆1935年版。

20. 罗焌著,罗书慎点校:《诸子学述》,初版于1935年,上海:华东师范大学出版社2008年版。

21. 钱穆：《先秦诸子系年》，初版于 1935 年，北京：商务印书馆 2015 年版。

22. 李源澄：《诸子概论》，上海：开明书店 1936 年版。

23. 余嘉锡：《古书通例》，20 世纪 30 年代余氏在京授课讲义，北京：中华书局 2007 年版。

24. 蒋礼鸿：《商君书锥指》，撰成于 1944 年，北京：中华书局 1986 年版。

25. 郭沫若：《十批判书》，初版于 1945 年，北京：东方出版社 1996 年版。

26. 陈启天：《商鞅评传》，上海：商务印书馆 1947 年版。

27. 蒋伯潜编著：《诸子通考》，南京：正中书局 1948 年版。

28. 杨宽：《商鞅变法》，上海：上海人民出版社 1955 年版。

29. 高亨注译：《商君书注译》，北京：中华书局 1974 年版。

30. 钱存训：《中国古代书史》，香港：香港中文大学 1975 年版。

31. 杨宽：《战国史》，上海：上海人民出版社 1980 年版。

32. 祝瑞开：《先秦社会和诸子思想新探》，福州：福建人民出版社 1981 年版。

33. 北京图书馆文献丛刊编辑部、吉林省图书馆学会会刊编辑部编：《中国当代社会科学家》第 1 辑，北京：书目文献出版社 1983 年版。

34. 刘泽华：《先秦政治思想史》，天津：南开大学出版社 1984 年版。

35. 贺凌虚注译：《商君书今注今译》，台北：台湾商务印书馆 1987 年版。

36. 中国人民解放军国防大学党史党建政工教研室编：《"文化大革命"研究资料》，北京：党史出版社 1988 年版。

37. 刘泽华：《先秦士人与社会》，初版于 1988 年，天津：天津人民出版社 2004 年版。

38. [德]卡尔·雅斯贝尔斯著，柯锦华、范进译：《智慧之路——哲学导论》，北京：中国国际广播出版社 1988 年版。

39. 郑良树：《商鞅及其学派》，上海：上海古籍出版社 1989 年版。

40. 《党的文献》编辑部编：《共和国走过的路——建国以来重要文献专题选集(1953—1956)》，北京：中央文献出版社 1991 年版。

41. 慈溪市地方志编纂委员会编：《慈溪县志》，杭州：浙江人民出版社 1992 年版。

42. 中国军事博物馆编著：《中国战典》，北京：解放军出版社 1994 年版。

43. 曾振宇：《前期法家研究——法、术、势社会政治理论的建构》，济南：山东大学出版社 1996 年版。

44. 郑师渠：《晚清国粹派：文化思想研究》，北京：北京师范大学出版社 1997 年版。

45. 郑良树：《商鞅评传》，南京：南京大学出版社 1998 年版。

46. 张晋藩总主编、朱勇主编：《中国法制通史》第九卷《清末·中华民国》，北京：法律出版社 1999 年版。

47. 杜泽逊：《文献学概要》，北京：中华书局 2001 年版。

48. 周密：《商鞅刑法思想及变法实践》，北京：北京大学出版社 2002 年版。

49. 《中国军事史》编写组编：《中国历代战争年表》，北京：解放军出版社 2003 年版。

50. 何勤华、李秀清：《外国法与中国法——20 世纪中国移植外国法反思》，北京：中国政法大学出版社 2003 年版。

51. 张晋藩：《中国近代社会与法制文明》，北京：中国政法大学出版社2003年版。

52. 刘建国：《先秦伪书辨正》，西安：陕西人民出版社2004年版。

53. 中国史学会秘书处编：《中国史学会五十年》，郑州：海燕出版社2004年版。

54. 上海市社会科学界联合会编，姜义华、武克全主编：《二十世纪中国社会科学·历史学卷》，上海：上海人民出版社2005年版。

55. 曹之：《中国古籍编撰史》，武汉：武汉大学出版社2006年版。

56. 张觉校注：《商君书校注》，长沙：岳麓书社2006年版。

57. 何广棪：《陈振孙之子学及其〈直斋书录解题〉子录考证（上）》，台北县：花木兰文化出版社2007年版。

58. 康珮：《〈商君书〉与商鞅治道之研究》，台北县：花木兰文化出版社2008年版。

59. 张林祥：《〈商君书〉的成书与思想研究》，北京：人民出版社2008年版。

60. 卢毅：《"整理国故"运动与中国现代学术转型》，北京：中共中央党校出版社2008年版。

61. 司马朝军：《文献辨伪学研究》，武汉：武汉大学出版社2008年版。

62. 赵毅、赵轶峰主编：《中国古代史》，北京：高等教育出版社2010年版。

63. 晁福林：《春秋战国的社会变迁》（上册），北京：商务印书馆2011年版。

64. 耿相新：《中国简帛书籍史》，北京：生活·读书·新知三联书店2011年版。

65. 张觉：《商君书校疏》，北京：知识产权出版社 2012 年版。

66. 赵轶峰主编：《中华文明史》，西安：陕西师范大学出版总社有限公司 2012 年版。

67. 仝卫敏：《出土文献与〈商君书〉综合研究》，新北：花木兰文化出版社 2013 年版。

68. 中共中央文献研究室编：《毛泽东年谱(1949—1976)》第六卷，北京：中央文献出版社 2013 年版。

69. 张守卫：《〈直斋书录解题〉研究》，合肥：安徽大学出版社 2015 年版。

70. 华东师范大学《子藏》编纂中心编、方勇总编纂：《子藏·法家部·商君书卷》全九册，北京：国家图书馆出版社 2015 年版。

71. 冯天瑜等：《近代汉字术语的生成演变与中西日文化互动研究》，北京：经济科学出版社 2016 年版。

(二) 论文(民国时期)

1. 梁启超：《变法通议》，梁氏原载于《实务报》《清议报》1896 年至 1899 年的政论文结集，梁启超：《饮冰室合集·文集之一》，北京：中华书局 1989 年版。

2. 佚名：《第二课论秦孝公用商鞅变法自强》，《蒙学报》1897 年第 2 期。

3. 梁启超：《论中国宜讲求法律之学》，原载于《湘报》1898 年第 5 号，《饮冰室合集·文集之一》，北京：中华书局 1989 年版。

4. 章太炎：《商鞅》，始撰于 1898 年，收入《訄书》，上海人民出版社编：《章太炎全集》(三)，上海：上海人民出版社 1984 年版。

5. 沈家本：《新译法规大全序》，作于 1907 年，收入：《寄簃文存》卷六，北京：商务印书馆 2015 年版。

6. 佚名：《论商君农政(录民报)》，《农趣》1920 年第 1 期。

7. 胡适：《研究国故的方法》，原载上海《民国日报·觉悟》副刊 1921 年 8 月 4 日，收入欧阳哲生编：《胡适文集》(12)，北京：北京大学出版社 1998 年版。

8. 胡朴安：《商君学说》，《国学周刊》1923 年第 1 期。

9. 胡朴安：《商君学说（一续）》，《国学周刊》1923 年第 2 期。

10. 胡朴安：《商君学说（二续）》，《国学周刊》1923 年第 3 期。

11. 胡朴安：《商君学说（六续）》，《国学周刊》1923 年第 7 期。

12. 黄漱庵：《商君耕战之法适宜于秦地说》，《学生文艺丛刊汇编》1924 年第 1 卷第 1 册。

13. 陈心一：《商君学说》，《法政学报》1925 年第 4 卷第 2 期。

14. 丘汉平：《商君底法治主义论》，《法学季刊（上海）》1926 年第 2 卷第 7 期。

15. 曾昭六：《商君之经济思想》，《上海总商会月报》1926 年第 6 卷第 4 号。

16. 今：《商鞅之经济政策：节录经济史稿之一部》，《毓文周刊》1928 年第 234 期。

17. 曹觉生：《现代人物的商君》，《学风（安庆）》1931 年第 1 卷第 6 期。

18. 陈鸾书：《商君经济政策之检讨》，《安徽建设月刊》1931 年第 3 卷第 2 号。

19. 王时润：《周秦名学三种序》，《南开大学周刊》1931 年第 102 期。

20. 陈其策：《商君政治思想之要旨》，《湖南大学期刊》1932 年第 6 期。

21. 朱元懋：《商鞅与韩非》，《先导月刊（南京）》1934 年第 2 卷第 3 期。

22. 赵佩玺：《商君书与商鞅变法的探讨》，《法学专刊》1935年第3—4期。

23. 朱元懋：《商鞅与韩非（续）》，《先导月刊（南京）》1935年第2卷第5期。

24. 罗根泽：《商君书探源》，《国立北平图书馆馆刊》1935年第9卷第1号。

25. 梁海仁：《商君之法治思想述评》，《南风（广州）》1936年第12卷第1期。

26. 璞山：《商君之政治思想》，《青岛自治周刊》1936年第179期。

27. 明真：《商鞅的农战政策之研究》，《明耻》月刊1937年第3卷第2期。

28. 辛克：《商鞅农战政策之研究》，《协大艺文》1937年第7期。

29. 汪民桢：《商鞅的农战政策之研究：兼求教于蒋百里先生》，《国闻周报》1937年第14卷第20期。

30. 容肇祖：《商君书考证》，《燕京学报》1937年第21期。

31. 蒙季甫：《商君书说民弱民篇为解说去强篇刊正记》，《图书集刊》1942年创刊号。

32. 南极：《商鞅之重农思想及其干涉主义之推阐》，《中联银行月刊》1942年第4卷第1期。

33. 杜蘅之：《商鞅的政治思想》，《行政与训练》1942年第4卷第2期。

34. 熊公哲：《辨商君书》，《中国学报（重庆）》1943年第1卷第2期。

35. 徐文珊：《读商君书》，《正言》1944年创刊号。

36. 齐思和：《商鞅变法考》，《燕京学报》1947年第33期。